Oldenbourg
● Textausgaben

Oldenbourg
Textausgaben

Herausgegeben von
Klaus-Michael Bogdal
Clemens Kammler

Lyrik
Vom Barock bis zur Gegenwart

● Texte, Kommentar und Materialien

Bearbeitet von Oliver Müller

Oldenbourg

Bibliografische Information der Deutschen Nationalbibliothek:
Die Deutsche Nationalbibliothek verzeichnet diese Publikation
in der Deutschen Nationalbibliografie; detaillierte bibliografische
Daten sind im Internet über http://dnb.ddb.de abrufbar.

Das Papier ist aus chlorfrei gebleichtem Zellstoff hergestellt,
ist säurefrei und recyclingfähig.

© 2011 Oldenbourg Schulbuchverlag GmbH, München
    www.oldenbourg-bsv.de

Das Werk und seine Teile sind urheberrechtlich geschützt. Jede
Nutzung in anderen als den gesetzlich zugelassenen Fällen bedarf
der vorherigen schriftlichen Einwilligung des Verlages. Hinweis zu
§ 52a UrhG: Weder das Werk noch seine Teile dürfen ohne eine
solche Einwilligung eingescannt und in ein Netzwerk eingestellt
werden. Dies gilt auch für Intranets von Schulen und sonstigen
Bildungseinrichtungen. Der Verlag übernimmt für die Inhalte, die
Sicherheit und die Gebührenfreiheit der in diesem Werk genann-
ten externen Links keine Verantwortung. Der Verlag schließt seine
Haftung für Schäden aller Art aus. Ebenso kann der Verlag keine
Gewähr für Veränderungen eines Internetlinks übernehmen.

1. Auflage 2011
Druck 15 14 13 12 11
Die letzte Zahl bezeichnet das Jahr des Drucks.

Umschlagkonzept: Mendell & Oberer, München
Umschlaggestaltung: Erasmi + Stein, München
Umschlagbild: plainpicture/Westend61
Layoutentwurf: Almut Jegodtka
Lektorat: Katja Hohenstein, Claudia Schumacher,
Petra Bernhard (Assistenz)
Herstellung: Cornelia Colditz, Angelika Brandtner
Satz: fidus Publikations-Service GmbH, Nördlingen
Gesamtherstellung: Himmer AG, Augsburg

ISBN 978-3-637-01296-7

Inhalt

Barock und Galante Zeit 17
Martin Opitz, *Ach liebste, laß uns eilen* 18
Martin Opitz, *Ich empfinde fast ein Grauen* 19
Simon Dach, *Grübinne versetzt eine burg* 20
Daniel Czepko, *Unglück prüfet das Gemüthe.
  Von der Tugend.* 21
Daniel Czepko, *Spiele wohl! Das Leben ein
  Schauspiel.* 21
Daniel Czepko, *Ich liebe das und weiß nicht was* ... 23
Daniel Czepko, *Ohne Nachtheil* 23
Paul Fleming, *Wie er wolle geküsset seyn* 24
Paul Fleming, *Ich war an Kunst, und Gut, und
  Stande groß und reich* 25
Philipp von Zesen, *Das Siebende Lied. Ermunterung
  zur Fröligkeit. Von lauter Dactylischen Versen.* ... 26
Andreas Gryphius, *Thränen des Vaterlandes* 28
Andreas Gryphius, *Es ist alles eitel* 29
Simon Dach, *Horto recreamur amœno* 30
Andreas Gryphius, *Schluss des 1648sten Jahres* 31
Friedrich von Logau, *Hunger* 32
Friedrich von Logau, *David durch Michal
  verborgen* 33
Friedrich von Logau, *Über den Tod eines lieben
  Freundes* 33
Friedrich von Logau, *Himmel und Erde* 33
Friedrich von Logau, *Der natürliche Mensch* 34
David Schirmer, *Marnia und ein Buch* 34
Paul Gerhardt, *Geh aus, mein Herz,
  und suche Freud* 36
Angelus Silesius (Johann Scheffler),
  Du mußt, was Gott ist, sein 39

Angelus Silesius (Johann Scheffler), *Der Mensch ist Ewigkeit*	40
Angelus Silesius (Johann Scheffler), *Gott wird, was er nie war*	40
Angelus Silesius (Johann Scheffler), *Der Fall Evens ist Ursach, daß Gott Mensch worden*	40
Angelus Silesius (Johann Scheffler), *Die Sünd ist allein das Übel*	41
Angelus Silesius (Johann Scheffler), *Der verdammte Übeltäter*	41
Christian Hoffmann von Hoffmannswaldau, *Die Welt*	42
Daniel Casper von Lohenstein, *Künstlich erhöheter Raub*	42
Daniel Casper von Lohenstein, *Uberschrifft des Tempels der Ewigkeit*	43
Joachim Neander, *Der Lobende*	44
Christian Hoffmann von Hoffmannswaldau, *Sonnet. Vergänglichkeit der Schönheit.*	46
Christian Hoffmann von Hoffmannswaldau, *So soll der purpur deiner lippen*	47
Benjamin Neukirch, *Auff die krönung des Römischen Königs Josephi*	48
Benjamin Neukirch, *An Sylvien*	49
Johann Christian Günther, *An seine Magdalis*	50
Johann Christian Günther, *Die Pest ergriff den Leib der schönen Flavia*	50
Johann Christian Günther, *Als er der Phillis einen Ring mit einem Totenkopfe überreichte*	52
Aufklärung und Sturm und Drang	53
Barthold Hinrich Brockes, *Gedanken bey der Section eines Körpers*	54

Friedrich von Hagedorn, *Die Alster*	55
Johann Wilhelm Ludwig Gleim, *Anakreon*	57
Johann Peter Uz, *Ein Traum*	58
Friedrich Gottlieb Klopstock, *Der Zürchersee (1750)*	59
Gotthold Ephraim Lessing, *Der Tanzbär*	62
Gotthold Ephraim Lessing, *Die Küsse*	63
Gotthold Ephraim Lessing, *Die Türken*	64
Johann Wilhelm Ludwig Gleim, *Bey Eröfnung des Feldzuges 1756*	64
Johann Wolfgang Goethe, *Annette an ihren Geliebten*	66
Johann Peter Uz, *Das Erdbeben*	67
Heinrich Christian Boie, *An Doris*	68
Ludwig Christoph Heinrich Hölty, *An einen Knaben*	69
Gottfried August Bürger, *Der Bauer*	70
Gotthold Ephraim Lessing, *Merkur und Amor*	71
Matthias Claudius, *Im Mai*	71
Johann Wolfgang Goethe, *Es schlug mein Herz*	72
Johann Wolfgang Goethe, *Maifest*	73
Ludwig Christoph Heinrich Hölty, *Minnelied*	75
Ludwig Christoph Heinrich Hölty, *Maylied*	76
Jakob Michael Reinhold Lenz, *In einem Gärtchen am Contade*	77
Jakob Michael Reinhold Lenz, *Fühl alle Lust fühl alle Pein*	78
Johann Wolfgang Goethe, *Prometheus*	78
Johann Wolfgang Goethe, *Ganymed*	81
Johann Wolfgang Goethe, *Ich saug' an meiner Nabelschnur*	82
Ludwig Christoph Heinrich Hölty, *Die künftige Geliebte*	83

Ludwig Christoph Heinrich Hölty,
Der Stern der Seelen, eine Phantasie 84
Jakob Michael Reinhold Lenz, *Ueber die
Dunkelheiten in Klopstock und andern* 85
Jakob Michael Reinhold Lenz, *Der Dichter, verliebt* 85
Jakob Michael Reinhold Lenz, *Aus ihren Augen
lacht die Freude* 85
Jakob Michael Reinhold Lenz, *Die erwachende
Vernunft* 86
Matthias Claudius, *Abendlied* 86
Matthias Claudius, *Kriegslied* 88
Gottfried August Bürger, *Herr von Gänsewitz zum
Kammerdiener* 89
Johann Heinrich Voß, *Der Kuss* 89
Johann Heinrich Voß, *Stand und Würde* 91
Gottfried August Bürger, *Prometheus* 91
Gottfried August Bürger, *Der dunkle Dichter* 92
Johann Heinrich Voß, *Die Spinnerin* 92
Gottfried August Bürger, *Mittel gegen den Hochmut
der Großen* 93
Friedrich Gottlieb Klopstock, *Kennet euch selbst* .. 93
Friedrich Gottlieb Klopstock, *Der Erobrungskrieg
(1793)* 94
Matthias Claudius, *Christiane* 97

Klassik und Romantik 98
Johann Wolfgang Goethe, *An den Mond* 99
Johann Wolfgang Goethe, *Wandrers Nachtlied* 100
Johann Wolfgang Goethe, *Ein gleiches* 101
Johann Wolfgang Goethe, *Der Fischer* 101
Johann Wolfgang Goethe, *Der Erlkönig* 103
Johann Wolfgang Goethe, *Mignon* 104
Johann Wolfgang Goethe, *Grenzen der Menschheit* 105

Johann Wolfgang Goethe, *Das Göttliche* 107
Johann Wolfgang Goethe, *Froh empfind' ich mich nun auf klassischem Boden begeistert* 109
Friedrich Schiller, *Der Tanz* 111
Friedrich Schiller, *Die Teilung der Erde* 113
Ludwig Tieck, *Die Spinnerin* 114
Clemens Brentano, *Die Liebe fing mich ein mit ihren Netzen* 115
Friedrich Schiller, *Nänie* 116
Johann Wolfgang Goethe, *Natur und Kunst, sie scheinen sich zu fliehen* 117
Friedrich Hölderlin, *Hälfte des Lebens* 117
Friedrich Hölderlin, *Lebenslauf* 118
Friedrich von Hardenberg (Novalis), *Wenn nicht mehr Zahlen und Figuren* 119
Friedrich von Hardenberg (Novalis), *Der Himmel war umzogen* 119
Karoline von Günderrode, *Der Kuß im Traume, aus einem ungedruckten Romane* 122
Karoline von Günderrode, *Die Malabarischen Witwen* 122
Clemens Brentano, *Der Spinnerin Nachtlied* 123
Clemens Brentano, *Die Liebe lehrt* 124
Clemens Brentano, *Hör, es klagt die Flöte* 125
Johann Wolfgang Goethe, *Mächtiges Überraschen* . 126
Joseph von Eichendorff, *Zwielicht* 126
Theodor Körner, *Lied der schwarzen Jäger* 127
Joseph von Eichendorff, *Waldgespräch* 128
Ludwig Tieck, *An einen Liebenden im Frühling 1814* 129
Johann Wolfgang Goethe, *Selige Sehnsucht* 130
Johann Wolfgang Goethe, *Hatem* 131
Johann Wolfgang Goethe, *Suleika* 132
Johann Wolfgang Goethe, *Lied und Gebilde* 133

Spätromantik, Vormärz und Realismus 134
Joseph von Eichendorff, *Frühlingsfahrt* 135
August von Platen, *Es liegt an eines Menschen
　Schmerz* 136
Heinrich Heine, *Die Lotosblume ängstigt* 137
Heinrich Heine, *Die Loreley* 138
Heinrich Heine, *Mein Herz, mein Herz ist traurig* . 139
Eduard Mörike, *Ein Irrsal kam in die
　Mondscheingärten* 140
Eduard Mörike, *Um Mitternacht* 141
Eduard Mörike, *Er ists* 142
Eduard Mörike, *Erstes Liebeslied eines Mädchens* .. 142
Heinrich Heine, *Das Fräulein stand am Meere* 143
Joseph von Eichendorff, *Sehnsucht* 144
Joseph von Eichendorff, *Mondnacht* 145
Joseph von Eichendorff, *Wünschelrute* 145
Nicolaus Lenau, *Die drei Zigeuner* 146
Georg Herwegh, *Aufruf* 147
Annette von Droste-Hülshoff, *Am Turme* 149
Annette von Droste-Hülshoff, *Das Spiegelbild* 150
Heinrich Heine, *Die schlesischen Weber* 152
Gottfried Keller, *Winternacht* 153
Georg Weerth, *Das Hungerlied* 153
Ferdinand Freiligrath, *Freie Presse* 154
Eduard Mörike, *Auf eine Lampe* 157
Heinrich Heine, *Der Asra* 158
Heinrich Heine, *Laß die heilgen Parabolen* 158
Heinrich Heine, *Lotosblume* 159
Theodor Storm, *Meeresstrand* 160
Robert Prutz, *Wo sind die Lerchen hingeflogen* 161
Emanuel Geibel, *An König Wilhelm* 162
Theodor Storm, *Geh nicht hinein* 164
Conrad Ferdinand Meyer, *Der römische Brunnen* . 166

Conrad Ferdinand Meyer, *Der schöne Tag* 166
Conrad Ferdinand Meyer, *Zwei Segel* 167
Theodor Fontane, *Auf dem Matthäikirchhof* 168

Klassische Moderne und Expressionismus 169
Friedrich Nietzsche, *Der Freigeist* 170
Karl Henckell, *Das Lied vom Eisenarbeiter* 171
Richard Dehmel, *Entbietung* 172
Arno Holz, *Unvergeßbare Sommergrüße* 173
Arno Holz, *Im Thiergarten* 175
Hugo von Hofmannsthal, *Ballade des äußeren Lebens* 176
Stefan George, *der Herr der Insel* 177
Stefan George, *Komm in den totgesagten park und schau* 178
Rainer Maria Rilke, *Ich fürchte mich so* 178
Rainer Maria Rilke, *Herbsttag* 179
Else Lasker-Schüler, *Weltende* 180
Rainer Maria Rilke, *Der Panther* 180
Rainer Maria Rilke, *Römische Fontäne* 181
Rainer Maria Rilke, *Blaue Hortensie* 182
Else Lasker-Schüler, *Ein alter Tibetteppich* 183
Georg Heym, *Der Schläfer im Walde* 183
Georg Heym, *Der Gott der Stadt* 185
Alfred Lichtenstein, *Die Dämmerung* 186
Jakob van Hoddis, *Weltende* 186
Georg Trakl, *Verfall* 187
Gottfried Benn, *Kleine Aster* 187
Gottfried Benn, *D-Zug* 188
Georg Trakl, *De profundis* 189
Georg Trakl, *Im Herbst* 190
Emmy Hennings, *Nach dem Cabaret* 191
Jakob van Hoddis, *Kinematograph* 191

Alfred Wolfenstein, *Städter* 192
Ernst Stadler, *Form ist Wollust* 193
Alfred Lichtenstein, *Punkt* 193
Alfred Lichtenstein, *Die Operation* 194
Alfred Lichtenstein, *Liebeslied* 195
August Stramm, *Wiedersehen* 195
Wilhelm Klemm, *Schlacht an der Marne* 196
Georg Trakl, *Grodek* 197
August Stramm, *Patrouille* 198
August Stramm, *Schlachtfeld* 198
Hugo Ball, *Karawane* 199

Weimarer Republik, Nationalsozialismus und Exil 200
Bertolt Brecht, *Vom Schwimmen in Seen und*
 Flüssen 201
B. Traven, *Das Tanzlied des Totenschiffes* 202
Kurt Tucholsky, *Arbeit für Arbeitslose* 203
Bertolt Brecht, *Vom armen B. B.* 205
Mascha Kaléko, *Großstadtliebe* 207
Erich Kästner, *Chor der Fräuleins* 208
Erich Kästner, *Die Zeit fährt Auto* 209
Erich Kästner, *Und wo bleibt das Positive,*
 Herr Kästner? 210
Bertolt Brecht, *Terzinen über die Liebe* 211
Gertrud Kolmar, *An die Gefangenen* 213
Bertolt Brecht, *Vorschlag, die Architektur*
 mit der Lyrik zu verbinden 215
Gottfried Benn, *Einsamer nie –* 216
Bertolt Brecht, *Schlechte Zeit für Lyrik* 216
Oskar Loerke, *Leitspruch* 217
Else Lasker-Schüler, *Die Verscheuchte* 218
Reinhold Schneider, *Entfremdet ist das Volk mir* ... 219

Nachkrieg und Gegenwart 220
Rudolf Hagelstange, *Denn Furcht beherrscht seit
  langem Eure Tage* 221
Nelly Sachs, *Qual, Zeitmesser eines fremden Sterns* . 221
Nelly Sachs, *Chor der Geretteten* 222
Paul Celan, *Todesfuge* 224
Marie Luise Kaschnitz, *Beschwörung (I)* 226
Günter Eich, *Inventur* 227
Günter Eich, *Träume* 228
Erich Kästner, *In memoriam memoriae* 230
Ingeborg Bachmann, *Die gestundete Zeit* 230
Hans Bender, *Heimkehr* 231
Bertolt Brecht, *Böser Morgen* 232
Bertolt Brecht, *Rudern, Gespräche* 232
Gottfried Benn, *Nur zwei Dinge* 233
Ingeborg Bachmann, *Erklär mir, Liebe* 234
Marie Luise Kaschnitz, *Hiroshima* 235
Paul Celan, *Tenebrae* 236
Peter Rühmkorf, *Im Vollbesitz seiner Zweifel* 237
Hans Magnus Enzensberger, *An alle Fernsprech-
  teilnehmer* 240
Johannes Bobrowski, *Der Ilmensee 1941* 241
Peter Huchel, *Winterpsalm* 243
Hans Magnus Enzensberger, *Middle Class Blues* ... 244
Wolfgang Hilbig, *ihr habt mir ein haus gebaut* 245
Rose Ausländer, *Schallendes Schweigen* 246
Kurt Bartsch, *Chausseestraße 125* 247
Wolf Biermann, *Portrait eines alten Mannes* 247
Paul Celan, *Du liegst im großen Gelausche* 248
Ernst Jandl, *ottos mops* 249
Eugen Gomringer, *Schweigen* 250
Marie Luise Kaschnitz, *Die Gärten* 250

Rolf Dieter Brinkmann, *Einen jener
  klassischen* 251
Ernst Jandl, *wien: heldenplatz* 252
Sarah Kirsch, *Die Luft riecht schon nach Schnee* ... 253
Wolf Wondratschek, *In den Autos* 253
Uwe Kolbe, *Ich bin erzogen im Namen einer
  Weltanschauung* 255
Robert Gernhardt, *Erinnerung an eine Begegnung
  in Duderstadt* 256
Ulla Hahn, *Im Rahmen* 257
Ulla Hahn, *Anständiges Sonet* 257
Sarah Kirsch, *Bäume* 258
Rose Ausländer, *Song* 258
Ursula Krechel, *Todestag* 259
Thomas Kling, *niedliche achterbahn* 260
Durs Grünbein, *Tag X* 261
Friederike Mayröcker, *beim Anblick eines jungen
  Kindes in der Straße* 262
Karl Krolow, *Air* 263
Robert Gernhardt, *Der letzte Gast* 263
Marcel Beyer, *Verklirrter Herbst* 264
Lutz Rathenow, *Kapitalismus mit Tübinger Antlitz* . 265
Volker Braun, *Nach dem Massaker der Illusionen* .. 266
Hans Magnus Enzensberger, *Drinnen und draußen* 266

Wort- und Sacherklärungen 268

Materialien 331
Material 1 Martin Opitz: Buch von der deutschen
  Poeterey 331
Material 2 Johann Georg Sulzer: Allgemeine
  Theorie der schönen Künste, Artikel
  ‚Lied (Dichtkunst)' 343
Material 3 Johann Wolfgang Goethe: ‚Naturformen
  der Dichtung', in ‚Noten und Abhand-
  lungen' zum *West-Östlichen Divan* 347
Material 4 Arno Holz: ‚Die Kunst. Ihr Wesen und
  ihre Gesetze' 349
Material 5 Bertolt Brecht: ‚Über das Zerpflücken
  von Gedichten' 356
Material 6 Gottfried Benn: … Lyrik …
  (Auszug) 358
Material 7 Dieter Lamping: Das lyrische Gedicht .. 366

Bildquellenverzeichnis 372

Autoren- und Quellenverzeichnis 373

Hinweise zur Benutzung:
Kurze Worterklärungen befinden sich in der Randspalte
direkt neben dem Haupttext, längere Wort- und Sach-
erklärungen auf S. 268 ff. Die Fundstellen werden stets
nach Seite und Zeile angegeben (z. B. 19.20).

Barock und Galante Zeit

Das Barock ist eine Zeitepoche, die in der Literatur mit dem Dreißigjährigen Krieg beginnt und ca. 1730 endet. Es ist eine Zeit, in der Denken und Handeln durch religiöse Konflikte, Kriegserfahrungen und die Versuche des Bürgertums, sich dem höfischen Lebensstil des Adels anzupassen, geprägt werden. Eine Zeit, in der eine dichtungstaugliche Hochsprache aufgebaut wird. Die Poesie dieser Zeit folgt fixen Regeln und die Dichter verstehen sich nicht als Neuschöpfer, sondern als Entdecker neuer Variationsmöglichkeiten im gegebenen Rahmen. In der zweiten Jahrhunderthälfte wird die Lyrik immer bilderreicher und komplexer; es entsteht der barocke „Schwulst".

Martin Opitz
Ach liebste, laß uns eilen

Ach liebste, laß uns eilen,	Seite 268
Wir haben Zeit,	Seite 268
Es schadet uns verweilen	
Uns beyderseit.	Uns beiden

5 Der Edlen Schönheit Gaben	Geschenke
Fliehen fuß für fuß:	Stück für Stück, allmählich
Daß alles was wir haben,	
Verschwinden muß.	sodass

Der Wangen Ziehr verbleichet,	
10 Das Haar wird greiß,	grau
Der Augen Feuer weichet,	Hitze, Glut; Begattungstrieb
Die Brunst wird Eiß.	
	Eis

Das Mündlein von Corallen	
Wird ungestalt,	unansehnlich
15 Die Händ' als Schnee verfallen,	wie
Und du wirst alt.	

Drumb laß uns jetzt geniessen
Der Jugend Frucht,
Eh' als wir folgen müssen
20 Der Jahre Flucht.   Fliehen; Flug

Wo du dich selber liebest,	
So liebe mich,	
Gieb mir das wann du giebest	Seite 268
Verlier auch ich.	

Martin Opitz
Ich empfinde fast ein Grauen

Ich empfinde fast ein Grauen
Daß ich, Plato, für und für   Seite 268
Bin gesessen über dir;
Es ist Zeit hinauß zu schauen,
5 Und sich bey den frischen Quellen
In dem grünen zu ergehn,
Wo die schönen Blumen stehn
Und die Fischer Netze stellen.   Netze auslegen

Worzu dienet das studieren
10 Als zu lauter Ungemach?   Verdruss, Beschwernis
Unter dessen laufft die Bach   der Bach
Unsers Lebens das wir führen,
Ehe wir es inne werden,
Auff ihr letztes Ende hin,
15 Dann kömpt ohne Geist und Sinn   kommt
Dieses alles in die Erden.   der tote Körper

Hola, Junger, geh' und frage
Wo der beste Trunck mag seyn,   Getränke
Nimb den Krug, und fülle Wein.
20 Alles Trawren, Leid und Klage   Trauern
Wie wir Menschen täglich haben,
Eh' uns Clotho fort gerafft   Seite 268
Will ich in den süssen Safft,
Den die Traube gibt vergraben.

25 Kauffe gleichfals auch Melonen,
Und vergieß deß Zuckers nicht;
Schawe nur daß nichts gebricht.   nichts fehlt

Jener mag der Heller schonen,   *die; geringwertige Münze*
Der bey seinem Gold' und Schätzen
30 Tolle sich zu krencken pflegt,   *Seite 268*
Und nicht satt zu Bette legt: *solange*
Ich wil weil ich kan, mich letzen.   *laben, erquicken*

Bitte meine gute Brüder
Auff die Music und ein Glaß;
35 Kein Ding schickt sich, dünck mich baß,   *Keine Dinge passen, scheint mir, besser zusammen.*
Als ein Trunck und gute Lieder.
Laß' ich schon nicht viel zu erben,
Ey so hab ich edlen Wein;
Wil mit andern lustig seyn,
40 Wann ich gleich allein muß sterben.

Simon Dach
Grübinne versetzt eine burg
Seite 268

War ists, euer jugend zier,   *die Schönheit eurer Jugend*
Schöne jungfrau, kompt mir für   *kommt*
Wie die burg, so mit dem wall   *vor*
Ist versehen überall.   *die*
5 Doch weil nichts so starck und fest   *Burgmauer*
Ist zu keiner zeit gewest,   *gewesen*
Daß es nicht durch große macht   *überlegene Streitkräfte*
Zur verwüstung wer gebracht,   *wäre gebracht worden*
Wird auch, und zwar ohne blitz,
10 Ohne donner der geschütz,   *Seite 268*
Morgen vor dem sonnenschein
Diese burg erstiegen seyn.

20   Barock und Galante Zeit

Daniel Czepko
Unglück prüfet das Gemüthe. Von der Tugend.

Ie mehr du Würtze reibst, ie lieblicher sie schmeckt: — Gewürze
Ie mehr du Feuer störst, ie weiter es sich streckt: — Seite 269
Ie mehr das Schiff beschwert, ie sicherer es geht; — beladen ist
Ie mehr der Baum geprest, ie ruhiger er steht; — Seite 269
5 Ie mehr man Eysen braucht, ie mehr blinckt es herfür: — verwendet
Ie mehr man Silber schmeltzt, ie mehr glänztz seine Zier.
So ist die Tugend auch, ie mehr man sie wil neiden, — aus Missgunst, mit Hass verfolgen
Je mächtiger sie wird, und stärckt sich durch ihr Leiden.

Daniel Czepko
Spiele wohl! Das Leben ein Schauspiel.

Was ist dein Lebenslauff und Thun, o Mensch? ein Spiel. — Schauspiel
Den Innhalt sage mir? Kinds, Weibs und Tods Beschwerde. — Belastung, Schmerz
Was ist es vor ein Platz, darauff wir spielen? Die Erde. — für
Wer schlägt und singt dazu? Die Wollust ohne Ziel. — spielt ein Saiteninstrument / sinnlosen sinnlichen Vergnügungen

5 Wer heißt auff das Gerüst' uns treten? Selbst die Zeit. — Bühne
Wer zeigt die Schauer mir? Mensch, das sind bloß die Weisen, — Zuschauer / Seite 269
Was ist vor Stellung hier? Stehn, schlaffen, wachen, reisen, — Seite 269
Wer theilt Gesichter aus? Allein die Eitelkeit. — Theatermasken

Wer macht den SchauPlatz auff? Der wunderbare Gott. — das Theater
10 Was vor ein Vorhang deckts? Das ewige Versehen. — Die ewige Zuversicht
Wie wird es abgetheilt? Durch leben, sterben, flehen. — Wie ist es gegliedert
Wer führt uns ab, wer zeucht uns Kleider aus? Der Tod.

Wo wird der Schluß erwartt des Spieles? in der Grufft.
Wer spielt am besten mit? Der wol sein Ammt kan führen. — seine Aufgabe erledigen kann
15 Ist das Spiel vor sich gut? Das Ende muß es zieren. — für / der Abschluss; das Ziel
Wenn ist es aus? o Mensch! wenn dir dein JESUS rufft.

Daniel Czepko
Ich liebe das und weiß nicht was

Was über
diese Schönheit hinaus

Was mehr als diese Zier
Die Pfauen so nicht mahlet,   schmückt
Was mehr, als was da strahlet,
Aus deinen Augen für: hervor
5 Was mehr, als dieses Licht,   diesen Scharfblick
Das Adler so nicht haben,
Was mehr, als alle Gaben,   Seite 269
Und ihre grosse Pflicht:
Ist, das ich lieb gewonnen,
10 Was ists? Ich such es hier,
Und ist, bleibt es bey mir,
Weil ich es hab, entronnen.   verflossen

Daniel Czepko
Ohne Nachtheil

Weil die Angel offen stunden,   Türangeln
Hab ich mich zu euch gefunden:
Fraülein, in der Kammer Thür,   Schlafzimmertür
Euer Mensch verrieth sie mir.   Kammermädchen

5 Fangt nicht auf sie an zu schmähen,   schimpfen
Denn ich habe nichts gesehen,
Als wie ihr des Todes Bild   den Schlaf
In den blossen Armen hielt.

Ich zog ab den leisen Fuß,   *entfernte mich leise*
10 Legt aufs Bettuch einen Kuß: *küsste das Betttuch*
Eh auch Euch was solte wecken,
Wolt ich Euch selbst selbst zudecken.   *Seite 269*

Paul Fleming
Wie er wolle geküsset seyn

Nirgends hin, als auf den Mund,
da sinckts in deß Herzen grund.
Nicht zu frey, nicht zu gezwungen,   *verkrampft*
nicht mit gar zu fauler Zungen.

5 Nicht zu wenig nicht zu viel:
beydes wird sonst Kinderspiel.
Nicht zu laut, und nicht zu leise,
bey der Maß' ist rechte weise.   *In der Mitte*

Nicht zu nahe, nicht zu weit,
10 Diß macht Kummer, jenes Leid.
Nicht zu trucken, nicht zu feuchte,   *trocken*
wie Adonis Venus reichte.   *Seite 269*

Nicht zu harte, nicht zu weich,
Bald zugleich, bald nicht zugleich.
15 Nicht zu langsam, nicht zu schnelle,
Nicht ohn Unterscheid der Stelle.   *Unterscheidung*

Halb gebissen, halb gehaucht,
halb die Lippen eingetaucht.
Nicht ohn Unterscheid der Zeiten.   Unter-
20 Mehr alleine, denn bey Leuten.   scheidung

Küsse nun ein Jedermann,
wie er weiß, will, soll und kan.
Ich nur, und die Liebste wissen,
wie wir uns recht sollen küssen.

Paul Fleming
**Ich war an Kunst, und Gut, und Stande groß
und reich**

Ich war an Kunst, und Gut, und Stande groß und   Seite 270
    reich.
    Seite 270
Des Glückes lieber Sohn. Von Eltern guter Ehren.
    von ehren-
Frey Meine, Kunte mich aus meinen Mitteln   vollen Eltern
    nehren,
    meine
Mein Schall floh überweit. Kein Landsman sang   Dichtung
    mir gleich.   fand weite
    Verbreitung
    Seite 270

5 Von reisen hochgepreist, für keiner Mühe bleich.   Seite 270
Jung, wachsam, unbesorgt. Man wird mich nennen   keiner Mühsal
    hören.   ausweichend
Biß daß die letzte Glut diß alles wird verstören.   bis zum
    Jüngsten Tag
Diß, Deutsche Klarien, diß ganze danck' ich Euch.   Musen

Verzeiht mir, bin ichs werth, Gott, Vater, Liebste, Freunde.
10 Ich sag' Euch gute Nacht und trette willig ab.
Sonst alles ist gethan, biß an das schwarze Grab.

Was frey dem Tode steht, das thu er seinem Feinde. *Was dem Tod zu tun freisteht*
Was bin ich viel besorgt, den Othem aufzugeben? *Warum sollte ich mich davor fürchten*
An mir ist minder nichts, das lebet, als mein Leben. *zu leben aufzuhören.*

nichts weniger lebendig, als

Philipp von Zesen
Das Siebende Lied. Ermunterung zur Fröligkeit. Von lauter Dactylischen Versen.

Laßet uns Meyen und Kräntze bereiten, *Seite 270*
Sehet! Ach sehet die frölichen Zeiten!
Sehet ihr Brüder und mercket hierbey,
Welche Veränderung solches nur sey.

5 Laßet uns weinen und trauren vertreiben,
Klagen und zagen sol heute verbleiben, *Angst haben*
Klagen und zagen verjaget itzund, *unterbleiben*
Heute seyd lustig und machet es kunt. *(allen) bekannt*

Laßet uns Zucker und Honig bestellen,
10 Laßet uns holen die guten Gesellen,
Laßet herbringen die Spanischen Wein, *Seite 270*
Weil wir anitzo beysammen hier seyn. *jetzt*

Laßet uns Bürckene Meyer bestellen,   Seite 270
Daß wir Euch schencken ihr guten Gesellen,   einschenken
15 Laßet den Bürckenen Meyer ümbgehn,   herumgehen
Laßet die Gläser nicht stille so stehn.

Laßet den Malvasier heute besuchen,   Seite 270
Laßet aufftragen Pasteten und Kuchen,   aufsuchen
Gebet uns Gläser und Krüge voll Bier,
20 Weil wir anitzo beysammen allhier.   hier beisammen sind

Laßet die Lauten und Geigen erklingen,
Laßet uns eylen zum Tantze, zum springen,
Nehmet die Kegel und Boßel in acht,   Wendet euch Kegeln und Kegelkugeln zu
Laßet uns spielen, biß kommet die Nacht.

25 Laßet uns Geistlich- und Weltliche Lieder
Klingen und singen, ihr liebsten Brüder,
Laßet uns letzen; Die Jugend vergeht,
Wehmuth und trauren im Alter entsteht.

Andreas Gryphius
Thränen des Vaterlandes. anno 1636

Wir sind doch numehr gantz, ja mehr denn gantz verheeret! — durch Krieg verwüstet
Der frechen Völcker schar, die rasende Posaun, — Seite 270
Das vom Blutt fette Schwerdt, die donnernde Carthaun, — wahnsinnige Kanone
Hat aller Schweiß, und Fleiß, und Vorrath auffgezehret.
5 Die Türme stehn in Glutt, die Kirch ist umgekehret. — in Flammen
Das Rathauß ligt im Grauß, die Starcken sind zerhaun, — in Trümmern
Die Jungfern sind geschänd't, und wo wir hin nur schaun, — vergewaltigt
Ist Feuer, Pest, und Tod, der Hertz und Geist durchfähret.
Hir durch die Schantz und Stadt, rinnt allzeit frisches Blutt. — Seite 270
10 Dreymal sind schon sechs Jahr, als unser Ströme Flutt,
Von Leichen fast verstopfft, sich langsam fort gedrungen.
Doch schweig ich noch von dem, was ärger als der Tod,
Was grimmer denn die Pest, und Glutt und Hungersnoth/
Das auch der Seelen Schatz, so vilen abgezwungen. — Seite 271

Andreas Gryphius
Es ist alles eitel

Dv sihst, wohin du sihst nur Eitelkeit auff Erden. — Seite 271
Was diser heute baut, reist jener morgen ein:
Wo itzund Städte stehn, wird eine Wisen seyn, — jetzt, heute
Auff der ein Schäfers-Kind wird spilen mitt den Herden:
5 Was itzund prächtig blüht, sol bald zutretten werden.
Was itzt so pocht und trotzt ist Morgen Asch und Bein, — Seite 271 / Seite 271
Nichts ist, das ewig sey, kein Ertz, kein Marmorstein. — Metall
Itzt lacht das Glück uns an, bald donnern die Beschwerden.
Der hohen Thaten Ruhm muß wie ein Traum vergehn. — Die Bekanntheit und Anerkennung großer Taten
10 Soll denn das Spil der Zeit, der leichte Mensch bestehn?
Ach! was ist alles diß, was wir vor köstlich achten, — für wertvoll halten
Als schlechte Nichtikeit, als Schatten, Staub und Windt;
Als eine Wisen-Blum, die man nicht wider find't. — Wiesenblume
Noch wil was Ewig ist kein einig Mensch betrachten! — Dennoch / einziger / bedenken

Simon Dach
Horto recreamur amœno

Der habe lust zu würffeln und zu karten, — Mag einer Lust zu [...] haben
Der zu dem tantz, und der zum kühlen wein,
Ich liebe nichts, als was in diesem garten
Mein drangsals-trost und kranckheits-artz kan seyn. — Elend, Bedrängnis, Schmerz, Kummer
5 Ihr grünen bäume,
Du blumen-zier,
Ihr hauß der reyme, — Seite 271
Ihr zwinget mir
Dieß Lied herfür.

10 Mir mangelt nur mein spiel, die süsse geige, — Mir fehlt
Die würdig ist, daß sie mit macht erschall' — kräftig
Hie, wo das laub und die begrünten zweige
Am graben mich umbschatten überal, — mich vollständig mit Schatten umgeben
Hie, wo von weiten — Hier / aus der Ferne
15 Die gegend lacht,
Wo an der seiten
Der wiesen pracht
Mich frölich macht.

Was mir gebricht an geld und grossen schätzen, — Was mir fehlt
20 Muß mein gemüht und dessen güldne ruh — Geist, Seele
Durch freyes thun und frölichkeit ersetzen,
Die schleusst vor mir das haus der sorgen zu.
Ich wil es geben
Umb keine welt,
25 Daß sich mein leben
Oft ohne geld
So freudig hält.

Gesetzt, daß ich den erdenkreiß besesse, — Angenommen
Und hätte nichts mit guter Lust gemein, — hätte keinen Anteil an guter Lust
30 Wann ich der zeit in angst und furcht genösse,
Was würd' es mir doch für ein vortheil seyn? — Seite 271
Weg mit dem allen,
Was unmuht bringt! — Verdruss, Ärgernis
Mir sol gefallen,
35 Was lacht und singt
und freud' erzwingt.

Ihr alten bäum', und ihr noch junge pflantzen,
Ringsumb verwahrt vor aller winde stoß, — geschützt
Wo umb und umb sich freud' und ruh verschantzen, — überall
40 Senckt alle Lust herab in meinen schoß,
Ihr solt imgleichen — Seite 271
Durch dieß mein Lied
Auch nicht verbleichen,
So lang man blüht
45 Auf Erden sieht.

Andreas Gryphius
Schluss des 1648sten Jahres

Zeuch hin, betrübtes Jahr! zeuch hin mit meinen schmertzen! — Zieh hin
Zeuch hin mit meiner angst und überhäufftem weh! — übermäßiger Wehklage
Zeuch so viel leichen nach! Bedrängte zeit, vergeh, — Zeit der Bedrängnis
Und führe mit dir weg die last von diesem hertzen!

⁵ Herr! vor dem unser jahr als ein geschwätz und schertzen, — wie ein scherzhaftes Geschwätz ist
Fällt meine zeit nicht hin wie ein verschmeltzter schnee? — vergeht mein Leben nicht
Laß doch, weil mir die sonn gleich in der mittagshöh, — geschmolzener / solange
Mich noch nicht untergehn, gleich ausgebrennten kertzen! — zugleich
Herr! es ist genung geschlagen, — Seite 271
¹⁰ Angst und ach genung getragen,
Gib doch nun etwas frist, dass ich mich recht bedenke! — sodass ich sorgfältig nachdenken kann
Gib, dass ich der handvoll jahre
Froh werd' eins vor meiner Bahre!
Missgönne mir doch nicht dein liebliches — Seite 271
¹⁵ geschencke!

Friedrich von Logau
Hunger

Hunger ist der beste Koch;
Dieses mangelt ihm nur noch, — fehlt ihm
Daß er, wie sonst andre Sachen,
Sich nicht selbst kan schmackhaft machen.

Friedrich von Logau
David durch Michal verborgen

Die Michal legt ein Bild ins Bett an David's stat   Seite 271
Und dann zu seinem Haupt ein Fell von einer
   Ziegen.
Will mancher wie ein Bild im Bette stille liegen,
So giebt man ihm gemein ein Fell, das Hörner hat.   Seite 272

Friedrich von Logau
Über den Tod eines lieben Freundes

Mein andrer Ich ist tod! O Ich, sein andrer Er,
Erwüntschte, daß Ich Er, Er aber Ich noch wär.

Friedrich von Logau
Himmel und Erde

Der Mann soll seyn der Himmel; das Weib wil seyn
   die Erde,
Daß Erde von dem Himmel umfangen immer
   werde,
Daß Erde von dem Himmel sich stets gewärmet
   wisse,
Daß Erde von dem Himmel den Einfluß stets
   genisse.

die Beeinflussung; das, was eingeflößt wird

Friedrich von Logau
Der natürliche Mensch

Ein Maulwurff in dem Geistlichen, im Weltlichen
    ein Luchs,
Ein Esel in dem Nützlichen, im Schädlichen ein
    Fuchs
Ist ieder Mensch, der seinen Geist,
Der himmlisch ist, mit Erde speist.

David Schirmer
Marnia und ein Buch

Nun empfind ich keinen Grauen,
daß ich, Phöbus, für und für   Seite 272
bin gesessen neben dir.   immer wieder
Andre mögen ümb sich schauen,   sich umsehen
5 und bey jenen Springe-Quellen   Springbrunnen
in den Wiesen sich ergehn,
ich wil bey den Büchern stehn,   auf ihnen
und auf sie mein Tichten stellen.   meine Dichtung aufbauen

Artlich läßt es sich studieren,   Angemessen
10 Wenn man weit vom Ungemach   Ärger
leitet seinen Lebens-Bach,
er, weil wir ihn weißlich führen,   solange / auf kluge Weise leiten
wird kein Theil dem Tode werden,
denn der kluge Geist und Sinn   Seite 272
15 Schwingt sich durch die Wolcken hin,
und kömmt gar nicht in die Erden.

Holla, Jungfer, geh und frage, Seite 272
Wo das beste Buch mag seyn,
laß den Opitz binden ein, Seite 272
20 diese Friest der kurzen Tage, Seite 272
die wir Menschen auf uns haben,
wil ich in den Bienen-Safft, Seite 272
den die Musen abgerafft, Seite 272
tieffer, als in Sand, vergraben. weggenommen

25 Kauffe gleichfals andre Sachen,
und vergiß den Tscherning nicht! Seite 272
Schau dass keiner dir gebricht.
Jener mag recht thörlich lachen, irre; dumm
der bey seinen Gold und Schätzen
30 tolle sich zu kräncken pflegt, Seite 272
und ohn Lust sich schlaffen legt,
Ich wil mich mit Büchern letzen. laben, erquicken

Bitte die gelehrten Brüder Lade [...] ein
auf die Music und auf das,
35 wobey stets der Plato saß. Seite 272
Bringe mit die schönen Lieder.
Marnia, dich laß ich erben,
bey den Büchern und bei dir
Wil ich bleiben für und für,
40 Bücher lassen keinen sterben.

Marnia und ein Buch

Paul Gerhardt
Geh aus, mein Herz, und suche Freud

1. Geh aus, mein Herz, und suche Freud
In dieser lieben Sommerzeit
An deines Gottes Gaben;   Geschenken
Schau an der schönen Gärten Zier
5 Und siehe, wie sie mir und dir   für mich und dich
Sich ausgeschmücket haben.   geschmückt

2. Die Bäume stehen voller Laub,
Das Erdreich decket seinen Staub   Seite 272
Mit einem grünen Kleide;
10 Narzissus und die Tulipan,   Narzissen / Tulpen
Die ziehen sich viel schöner an   Seite 273
Als Salomonis Seide.

3. Die Lerche schwingt sich in die Luft,
Das Täublein fleugt aus seiner Kluft   fliegt
15 Und macht sich in die Wälder;   sich auf den Weg
Die hochbegabte Nachtigall
Ergötzt und füllt mit ihrem Schall
Berg, Hügel, Tal und Felder.

4. Die Glucke führt ihr Völklein aus,   Henne
20 Der Storch baut und bewohnt sein Haus,   ihre Küken
Das Schwälblein speist die Jungen;
Der schnelle Hirsch, das leichte Reh
Ist froh und kommt aus seiner Höh
Ins tiefe Gras gesprungen.

5. Die Bächlein rauschen in dem Sand
Und malen sich in ihrem Rand
Mit schattenreichen Myrten;
Die Wiesen liegen hart dabei
Und klingen ganz von Lustgeschrei
Der Schaf und ihrer Hirten.

schmücken sich an

Seite 273

unmittelbar daneben

6. Die unverdroßne Bienenschar
Fleucht hin und her, sucht hie und dar
Ihr edle Honigspeise.
Des süßen Weinstocks starker Saft
Bringt täglich neue Stärk und Kraft
In seinem schwachen Reise.

fliegt

dünnen Zweig

7. Der Weizen wächset mit Gewalt,
Darüber jauchzet Jung und Alt
Und rühmt die große Güte
Des, der so überflüssig labt
Und mit so manchem Gut begabt
Das menschliche Gemüte.

kraftvoll

mit mehr, als notwendig ist

ausstattet

8. Ich selbsten kann und mag nicht ruhn;
Des großen Gottes großes Tun
Erweckt mir alle Sinnen;
Ich singe mit, wenn alles singt,
Und lasse, was dem Höchsten klingt,
Aus meinem Herzen rinnen.

9. Ach, denk ich, bist du hier so schön
50 Und läßt du uns so lieblich gehn
Auf dieser armen Erden,
Was will doch wohl nach dieser Welt   im Jenseits
Dort in dem festen Himmelszelt
Und güldnen Schlosse werden!

55 10. Welch hohe Lust, welch heller Schein
Wird wohl in Christi Garten sein!   im Paradies
Wie muß es da wohl klingen,
Da so viel tausend Seraphim   Seite 273
Mit eingestimmtem Mund und Stimm   harmoni-
   schem
60 Ihr Halleluja singen!   Seite 273

11. O wär ich da, o stünd ich schon,
Ach, süßer Gott, vor deinem Thron   Seite 273
Und trüge meine Palmen,   nach Art und
So wollt ich nach der Engel Weis   Weise der
   Engel
65 Erhöhen deines Namens Preis   die Anprei-
Mit tausend schönen Psalmen!   sung deines
   Namens
   bereichern

12. Doch gleichwohl will ich, weil ich noch   den Leib als
Hier trage dieses Leibes Joch,   Joch
Auch nicht gar stille schweigen;   ganz
70 Mein Herze soll sich fort und fort
An diesem und an allem Ort
Zu deinem Lobe neigen.   verneigen

38 Barock und Galante Zeit

13. Hilf mir und segne meinen Geist
Mit Segen, der vom Himmel fleußt, — fließt
75 Daß ich dir stetig blühe!
Gib, daß der Sommer deiner Gnad
In meiner Seelen früh und spat — spät
Viel Glaubensfrücht erziehe!

14. Mach in mir deinem Geiste Raum,
80 Daß ich dir werd ein guter Baum,
Und laß mich wohl bekleiben; — gut Wurzeln fassen und gedeihen
Verleihe, daß zu deinem Ruhm
Ich deines Gartens schöne Blum
Und Pflanze möge bleiben!

85 15. Erwähle mich zum Paradeis
Und laß mich bis zur letzten Reis — Reise
An Leib und Seele grünen;
So will ich dir und deiner Ehr
Allein und sonsten keinem mehr
90 Hier und dort ewig dienen.

Angelus Silesius (Johann Scheffler)
Du mußt, was Gott ist, sein

Soll ich mein letztes End und ersten Anfang finden,
So muß ich mich in Gott und Gott in mir ergründen
Und werden das, was er: ich muß ein Schein im Schein,
Ich muß ein Wort im Wort, ein Gott in Gotte sein.

Angelus Silesius (Johann Scheffler)
Der Mensch ist Ewigkeit

Ich selbst bin Ewigkeit, wenn ich die Zeit verlasse
Und mich in Gott und Gott in mich zusammenfasse.

Angelus Silesius (Johann Scheffler)
Gott wird, was er nie war

Der ungewordne Gott wird mitten in der Zeit,   Seite 273
Was er nie ist gewest in aller Ewigkeit.   gewesen ist

Angelus Silesius (Johann Scheffler)
Der Fall Evens ist Ursach, daß Gott Mensch worden

Der ewge Gottessohn kommt her in diese Wüsten   Jesus Christus / diese Welt
Und nährt sich wie ein Kind an einer Jungfrau Brüsten.   = Maria
Wer hat ihm dieses Weh verursacht und gemacht?
Ein abgefallnes Weib hat ihn dazu gebracht.   Gott untreu gewordenes

Angelus Silesius (Johann Scheffler)
Die Sünd ist allein das Übel

Kein Übel ist als Sünd: und wären keine Sünden,
So wär in Ewigkeit kein Übel auch zu finden.

Angelus Silesius (Johann Scheffler)
Der verdammte Übeltäter

Ach weh, wo bin ich nun? bei lauter höllschen Mohren,   *Seite 273 / der Gefolgschaft des Teufels*
Bei teuflischem Gesind, in Leviathans Schlund,
In einem feurgen Pfuhl, der ohne Maß und Grund.   *Seite 274 / Inferno / unbegrenzt*
Ach weh! verfluchter Tag, in dem ich bin geboren!
5 Ich war zur Seligkeit ersehen und erkoren,   *ausersehen und auserwählt*
Der Himmel stund mir frei; ich wußte kurz und rund,   *Seite 274*
Was Gottes Wille war, und hielt doch nicht den Bund.   *Seite 274*
Nun muß ich ewig sein verstoßen und verloren!
O du verfluchter Leib, zu was hast du mich bracht!   *wohin hast du mich gebracht*
10 O du verfluchte Seel, was hast du mir gemacht!   *mir*
Ach tausend Ach und Weh! Was hilft mich nun mein Prangen,   *mir / selbstgefällige Glanzentfaltung,*
Mein Geiz und böse Lust! Ach hätt ich Guts getan!
Nun ist die Reu zu spät, Gott nimmt sie nicht mehr an,   *Seite 274*
Ich bleib in Ewigkeit mit höllscher Qual umfangen.

Christian Hoffmann von Hoffmannswaldau
Die Welt

Was ist die Welt, und ihr berühmtes gläntzen?
Was ist die Welt und ihre gantze Pracht?
Ein schnöder Schein in kurtzgefasten Gräntzen, — dürftiger, wertloser
Ein schneller Blitz bey schwartzgewölckter Nacht.
5 Ein bundtes Feld, da Kummerdisteln grünen; — Seite 274
Ein schön Spital, so voller Kranckheit steckt.
Ein Sclavenhauß, da alle Menschen dienen,
Ein faules Grab, so Alabaster deckt. — Seite 274
Das ist der Grund, darauff wir Menschen bauen,
10 Und was das Fleisch für einen Abgott hält. — Seite 274
Komm Seele, komm, und lerne weiter schauen,
Als sich erstreckt der Zirckel dieser Welt. — Seite 274
Streich ab von dir derselben kurtzes Prangen, — Streif ab, zieh aus
Halt ihre Lust für eine schwere Last. — kurz währenden Glanz
15 So wirstdu leicht in diesen Port gelangen, — Hafen
Da Ewigkeit und Schönheit sich umbfast.

Daniel Casper von Lohenstein
Künstlich erhöheter Raub

Nicht zürne: daß mein Herz so heissen Brand ausübet, — Sei nicht böse, so heiß ist
Weil deine Schönheit selbst der Flammen Zunder hegt, — Seite 274
Schuld und Entschuldigung in ihren Augen trägt.
Das Meer kan nicht darfür, daß sich der Himmel trübet,

5 Sich mit der Wolcken armt, der Erde Dünste liebet.
Die Sonn' ists, die das Salz in allen Dingen regt,   *Seite 274*
Der Klüffte Glutt beseelt, den Geist der Welt bewegt,
So Schnee als Eise Brand, den Steinen's Leben giebet.   *Dem Schnee wie dem Eis*

Sol meine Seele nun entseelter als ein Stein,
10 Mein Herze frostiger als Eises-Zapfen seyn?
Es brennt, und ist von Lieb, als schmelzend Erzt zerronnen.   *Metall*

Denn Lieb' ist ja die Glut der Seelen; sie erfüllt
Mit Feuer unser Herz, das aus den Augen kwillt;   *quillt*
Die, sind der Liebe Brunn, der Seelen ihre Sonnen.   *Die Augen*

Daniel Casper von Lohenstein
Uberschrifft des Tempels der Ewigkeit

Ihr dürres Volck, leblose Leute, todte Stumme,   *ausgetrocknetes, mageres*
Ihr Sterblichen, die ihr euch wünscht zu leben,
Die ihr den hellen Tag für Nacht,   *für hier: gegen*
Die Krone für Gefängnüs, Freyheit für die Ketten,
5 Für Kercker Ruhm, für wenig alles alle,   *Seite 275*
Die ihr für Nebel Glanz, für Dünste Sonnenschein,
Fürs Grab den Thron, den Zepter für das Grabescheit,   *Seite 275*
Für nichts nicht viel, den Himmel für die Erden,
Für Aschen Gold,
10 Das Leben für den Tod,

Die Seide für den Koth,   *hier:* gegen
Verwechseln wolt!   Kot, Schlamm, Schmutz
Ihr Menschen, die ihr Götter wollet werden,
Die ihr den Kitzel schnöder Eitelkeit,   Eintauschen wollt
15 Der Träume nichts, der Ehrsucht süsse Pein   Seite 275
Der Wehmuth Wermuth, der Wollüste Galle   Seite 275
Verschmeht, und Euch von Dorn' auf Rosen wollet betten;   Seite 275
Kommt, kommt, hier segelt her, und macht
Den Lebens-Nachen an, wolt ihr erheben   Das Lebensboot fest
20 Den Preiß der Ewigkeit, das wahre für das   Seite 275
tumme.   Seite 275
   Seite 275

Joachim Neander
Der Lobende
Ps. CIII. 1.   Psalm 103,1

Lobe den Herren meine Seele, und was in mir ist   Lobpreise, Rühme
* seinen heiligen Nahmen.*
Mel. Hastu dann Jesu dein Angesicht etc.

1.
Lobe den Herren, den mächtigen König der Ehren,   Seite 275
5 Meine geliebete Seele, das ist mein Begehren.
Kommet zu Hauf,   Kommt zahlreich
Psalter und Harffe wach't auf   Seite 275
Lasset die Musicam hören.   die Musik

2.

Lobe den Heeren, der alles so herrlich regieret,
Der dich auff Adelers Fittigen sicher geführet, — auf Adlerflügeln
Der dich erhält, — für die sorgt
Wie es dir selber gefällt,
Hastu nicht dieses verspüret. — bemerkt

3.

Lobe den Herren, der künstlich und fein dich bereitet, — kunstvoll dich geschaffen hat
Der dir Gesundheit verliehen, dich freundlich geleitet.
In wie viel Noht,
Hat nicht der gnädige Gott
Uber dir Flügel gebreitet.

4.

Lobe den Herren, der deinen Stand sichtbahr gesegnet, — Zustand
Der aus dem Himmel mit Strömen der Liebe geregnet,
Dencke daran,
Was der Allmächtige kan,
Der dir mit Liebe begegnet.

5.

Lobe den Herren, was in mir ist, lobe den Namen,
Alles was Otem hat, lobe mit Abrahams Samen, — Atem / den Kindern Israel
Er ist dein Licht,
Seele, vergiß es ja nicht,
Lobende, schliesse mit Amen. — Seite 275

Der Lobende

Christian Hoffmann von Hoffmannswaldau
Sonnet. Vergänglichkeit der Schönheit.

Es wird der bleiche tod mit seiner kalten hand
Dir endlich mit der zeit umb deine brüste streichen,
Der liebliche corall der lippen wird verbleichen; | Seite 275
Der schultern warmer schnee wird werden kalter sand, | Seite 275
5 Der augen süsser blitz, die kräffte deiner hand,
Für welchen solches fällt, die werden zeitlich weichen, | Seite 275 / nach einiger Zeit verschwinden
Das haar, das itzund kan des goldes glantz erreichen, | Vertilgt
Tilgt endlich tag und jahr als ein gemeines band. | wie / wertloses
Der wohlgesetzte fuß, die lieblichen gebärden,
10 Die werden theils zu staub, theils nichts und nichtig werden, | Seite 275
Denn opfert keiner mehr der gottheit deiner pracht. | Dann
Diß und noch mehr als diß muß endlich untergehen, | schlussendlich
Dein hertze kan allein zu aller zeit bestehen, | standhalten
Dieweil es die natur aus diamant gemacht. | Weil

Christian Hoffmann von Hoffmannswaldau
So soll der purpur deiner lippen

So soll der purpur deiner lippen	Seite 276
Itzt meiner freyheit bahre seyn?	Jetzt
Soll an den corallinen klippen	korallenrot, aus Korallen bestehenden
Mein mast nur darum lauffen ein,	
5 Daß er an statt dem süssen lande,	einlaufen
Auff deinem schönen munde strande?	
Ja, leider! es ist gar kein wunder,	
Wenn deiner augen sternend licht,	wie Sterne funkelndes
Das von dem himmel seinen zunder,	Seite 276
10 Und sonnen von der sonnen bricht,	
Sich will bey meinem morrschen nachen	
Zu einen schönen irrlicht machen.	Seite 276
Jedoch der schiffbruch wird versüsset,	
Weil deines leibes marmel-meer	Marmor
15 Der müde mast entzückend grüsset,	Seite 276
Und fährt auff diesem hin und her,	dem Marmel-Meer
Biß endlich in dem zucker-schlunde	
Die geister selbsten gehn zu grunde.	die Lebensgeister
Nun wohl! diß urthel mag geschehen,	kann gefällt werden
20 Daß Venus meiner freyheit schatz	
In diesen strudel möge drehen,	Seite 276
Wenn nur auff einem kleinen platz,	
In deinem schooß durch vieles schwimmen,	
Ich kan mit meinem ruder klimmen.	

25 Da will, so bald ich angeländet, — angelandet
　　Ich dir ein altar bauen auff, — einen Altar
　　Mein hertze soll dir seyn verpfändet, — ein üppiges Opfer daraufleigen
　　Und fettes opffer führen drauff;
　　Ich selbst will einig mich befleissen, — einzig danach streben
30 Dich gött- und priesterin zu heissen.

Benjamin Neukirch
Auff die krönung des Römischen Königs Josephi

Europa zanckte sich und wolte gerne wissen, — Seite 276
Wer in Germanien noch würde könig seyn.
Der stoltze Ludewig war äusserst drauff beflissen, — bemühte sich sehr um Mittel
Wie er das deutsche reich möcht auseinander streun: — die Einheit des Deutschen Reiches zerstören könnte
5 Drum spahrt' er weder gelt, noch müh und schmeicheleyen, — Seite 276
　　Und bot sein eignes kind zu einem käyser an: — Seite 276
Wer, sprach er, wird euch mehr als dieser Printz erfreuen, — als Kaiserkandidaten / Fürst
Der so, wie ich, die kunst sich zu vergrössern kan? — Seite 276
Allein der himmel rieff: Behalte deine Gaben, — Geschenke
10 Ich will ein Josephs-Hertz und keinen Nero haben. — Seite 276 / Seite 276

Benjamin Neukirch
An Sylvien

Was fluchst du, Sylvia, wenn meine schwartze hand — schimpfst / Seite 276
Um deinen busen spielet? — Seite 276
Sie war so weiß als du, eh' sie der liebe brand, — Seite 277
Und deine macht gefühlet.
5 Flöstu das feuer nun in meine glieder ein, — Flößt du
So kan ja meine hand nicht schnee und marmel seyn. — Marmor
Du sprichst: Sie hat hier nichts zu suchen und zu thun.
Gar recht; Es soll auch bleiben.
Sie suchet nichts als dich, sie wünschet bloß zu ruhn
10 Und ihren schertz zu treiben.
Was ursach hast du dann, daß du dich so beklagst? — Welchen Grund hast du dann noch
Da du doch diese gunst den flöhen nicht versagst. — gewährst

Johann Christian Günther
An seine Magdalis

Mein Kind, ich bin der Huld nicht wert, — Seite 277
Die mir von deiner Hand so häufig widerfährt. — Seite 277
Drum zürne nicht, wenn ich — zuteil wird
Mich in dies seltne Glücke — besondere
5 Nicht, wie ich sollte, schicke,
Und glaube sicherlich:
Würdiget dein Gnadenstrahl — hält ...
Meine Lippen noch einmal, — für wert
Deinen schönen Mund zu küssen,
10 So werd ich fürchten müssen,
Daß nicht die Wollust dieser Zeit — Dass die
Durch ihre Süßigkeit
Mir die Lust zum Himmel raube
Und ich der Gegenwart mehr als der Zukunft
15 glaube.

Johann Christian Günther
Die Pest ergriff den Leib der schönen Flavia

Die Pest ergriff den Leib der schönen Flavia, — Seite 277
Der Mund warf Jäscht und Schaum, die Brust geschwollne Beulen, — Seite 277
Die Augen wurden welk, und niemand war mehr da, — trocken
Und niemand konnte sie mit Kraut und Pflaster heilen. — Seite 277

5 Ihr treuer Thyrsis kam und warf den treuen Arm   Seite 277
Der Schönen um den Hals, den Stank und Eiter   Gestank
füllte;
Die Liebe macht' ihm mehr als Angst und Fieber warm,
Daher er in der Schoß die starke Sehnsucht stillte.   dem

10 Seht, welch ein Wunderwerk! Die Kranke wird entzückt   vgl. Seite 276
Und durch den Perlentau mit neuer Kraft begossen;
Sie hebt den schwachen Leib und lacht und hüpft und drückt,
15 So daß es, wie man sagt, auch selbst den Tod verdrossen.   beim Tod Unlust erregte

Und kurz, sie ward gesund. Was tut die Liebe nicht!   wurde
Ihr Ärzte, prahlt nicht mehr mit eurem
20 Doktortittel;
Die Kunst, so Thyrsis kann, ist besser eingericht.   wirkungsvoller
Ihr Mägdgens, lernt und braucht dergleichen Lebensmittel!   Seite 277

Die Pest ergriff den Leib der schönen Flavia

Johann Christian Günther

Als er der Phillis einen Ring mit einem Totenkopfe überreichte

Erschrick nicht vor dem Liebeszeichen,
Es träget unser künftig Bild,
Vor dem nur die allein erbleichen,   kein Ansehen hat
Bey welchen die Vernunft nichts gilt.
5 Wie schickt sich aber Eis und Flammen?   Wie passen […] zusammen
Wie reimt sich Lieb und Tod zusammen?
Es schickt und reimt sich gar zu schön,
Denn beide sind von gleicher Stärke   Seite 277
Und spielen ihre Wunderwerke   Seite 277
10 Mit allen, die auf Erden gehn.   Seite 277

Ich gebe dir dies Pfand zur Lehre: zu deiner Belehrung
Das Gold bedeutet feste Treu,
Der Ring, daß uns die Zeit verehre,   dass uns Zeit vergönnt werde
Die Täubchen, wie vergnügt man sei;
15 Der Kopf erinnert dich des Lebens,   Seite 277 / an das Leben
Im Grab ist aller Wunsch vergebens,
Drum lieb und lebe, weil man kann,   solange
Wer weiß, wie bald wir wandern müssen!
Das Leben steckt im treuen Küssen,
20 Ach, fang den Augenblick noch an!

Aufklärung und Sturm und Drang

In der Epoche des Sturm und Drang steht die Wissenschaftlichkeit auch in der Dichtung im Vordergrund. Es ist die Zeit der Aufklärung, die als bürgerliches Projekt die Orientierung an Adelstugenden verwirft und einen eigenen Wertekanon konzipiert; eine Zeit, über die Kant sagt, sie sei der Ausgang des Menschen aus seiner selbstverschuldeten Unmündigkeit. Natur, Tugenden und Geselligkeit erfahren eine Aufwertung und die Sprache des Gedichts wird wieder einfacher – weg vom barocken Bombast. Es entsteht auch ein Zweig politischer Lyrik, in der das Bürgertum den herrschenden Adel attackiert. Die sog. Empfindsamkeit (eine Tendenz der Aufklärung) entdeckt das Gefühlsleben als Quelle lyrischen Sprechens und führt eine neue Art der Subjektivität in die Lyrik ein, die der Sturm und Drang radikalisiert.

Barthold Hinrich Brockes
Gedanken bey der Section eines Körpers

Kaum warf ich meinen Blick auf das zerstückte Weib,   *die zerlegte Frauenleiche*
kaum sah ich den zum Teil vom Haut entblößten Leib,
Ich kunnte kaum so bald die blutgen Muskeln schauen,   *konnte*
Als mich ein widriges und ekelhaftes Grauen   *abstoßendes und von Ekel begleitetes Entsetzen*
5 Den Augenblick befiel. Allein es hatte kaum
Der kluge Carpser angefangen;   *Seite 278*
Er ließ uns kaum so bald die weisen Wunder sehn,   *Kaum, dass er uns die weisen Wunder sehen ließ*
Die von der bildenden Natur daran geschehn:
So macht die Regung gleich weit süßrer Regung Raum.   *Seite 278*

10 Furcht, Grauen, Ekel war den Augenblick vergangen;   *im selben Moment*
Mich nahm Bewundrung erst, darauf Erstaunen ein,
Dem folgt Erniedrigung und Ehrfurcht allgemach,   *allmählich*
Und diesem auf den Fuß Lob, Brunst und Andacht nach.   *unmittelbar*
Es fing ein helles Feur von einer heilgen Lust
15 In meiner, Gott zum Ruhm, mit Dank erfüllten Brust,
Zu Ehre des, der hier so wunderbar
Des Körpers Wunderbau gefüget, an zu brennen.
Ich wußte selber nicht, wie mir zu Muthe war.
Den Menschen giebet sich der Schöpfer hell und klar
20 Am allerdeutlichsten am Menschen zu erkennen.

Es scheint, ob könne man in diesen Wunderwerken,   *als*
In diesem Meisterstück der bildenden Natur,
Von unserm Schöpfer selbst hier eine helle Spur,
Ganz überzeuglich klar und gleichsam sichtbar merken.   *überzeugend / wahrnehmen*
25 Ach! rief ich, laßt denn hier an diesem Schauplatz schreiben: *Seite 278*
Hier kann kein Atheist ein Atheiste bleiben.   *Seite 278*

Friedrich von Hagedorn
Die Alster

Beförderer vieler Lustbarkeiten,   *Förderer / Vergnügungen*
Du angenehmer Alsterfluß!
Du mehrest Hamburgs Seltenheiten   *Besonderheiten*
Und ihren fröhlichen Genuß.
5 Dir schallen zur Ehre,
Du spielende Fluth!
Die singenden Chöre,
Der jauchzende Muth.

Der Elbe Schifffahrt macht uns reicher;
10 Die Alster lehrt gesellig sein!   *Seite 278*
Durch jene füllen sich die Speicher;   *Lagerräume für Waren*
Auf dieser schmeckt der fremde Wein.
In treibenden Nachen   *Booten*
Schifft Eintracht und Lust,   *Fährt mit einem Schiff*
15 Und Freyheit und Lachen
Erleichtern die Brust.

Das Ufer ziert ein Gang von Linden,   *eine schmale Lindenallee*
In dem wir holde Schönen sehn,   *anmutige; uns zugeneigte*
Die dort, wann Tag und Hitze schwinden,
20 Entzückend auf- und niedergehn.
Kaum haben vorzeiten   *vor langer Zeit*
Die Nymphen der Jagd,   *Seite 278*
Dianen zur Seiten,   *Seite 278*
So reizend gelacht.

25 O siehst du jemals ohn Ergetzen,   *ohne große Freude*
Hammonia! des Walles Pracht,   *Seite 278*
Wann ihn die blauen Wellen netzen   *Wenn*
Und jeder Frühling schöner macht?   *nass machen*
Wann jenes Gestade,   *Wenn*
30 Das Flora geschmückt,   *Ufer*
So manche Najade   *Seite 278*
Gefällig erblickt?   *Seite 278*

Ertönt, ihr scherzenden Gesänge,
Aus unserm Lustschiff um den Strand!
35 Den steifen Ernst, das Wortgepränge   *Seite 278*
Verweist die Alster auf das Land.
Du leeres Gewäsche,
Dem Menschenwitz fehlt!   *Seite 278*
O fahr' in die Frösche;
40 Nur uns nicht gequält!   *Nur uns quäl nicht*

Hier lärmt, in Nächten voll Vergnügen,
Der Pauken Schlag, des Waldhorns Schall;
Hier wirkt, bey Wein und süssen Zügen,   Seite 278
Die rege Freyheit überall.
45 Nichts lebet gebunden,   muntere, bewegte
Was Freundschaft hier paart.   Seite 278
O glückliche Stunden!
O liebliche Fahrt!

Johann Wilhelm Ludwig Gleim
Anakreon

Anakreon, mein Lehrer,   Seite 279
Singt nur von Wein und Liebe;
Er salbt den Bart mit Salben,   Seite 279
Und singt von Wein und Liebe;
5 Er krönt sein Haupt mit Rosen,   Seite 279
Und singt von Wein und Liebe;
Er paaret sich im Garten,   findet Partnerinnen
Und singt von Wein und Liebe;
Er wird beim Trunk ein König,
10 Und singt von Wein und Liebe;
Er spielt mit seinen Göttern,
Er lacht mit seinen Freunden,
Vertreibt sich Gram und Sorgen,
Verschmäht den reichen Pöbel,   Seite 279
15 Verwirft das Lob der Helden,   Seite 279
Und singt von Wein und Liebe;
Soll denn sein treuer Schüler
Von Haß und Wasser singen?

Johann Peter Uz
Ein Traum

O Traum, der mich entzücket!
Was hab ich nicht erblicket!
Ich warf die müden Glieder   *Seite 279*
In einem Thale nieder,   *Seite 279*
5 Wo einen Teich, der silbern floß,
Ein schattigtes Gebüsch umschloß.

Da sah ich durch die Sträuche
Mein Mädchen bey dem Teiche.
Das hatte sich, zum Baden,
10 Der Kleider meist entladen,   *Die meisten ihrer Kleider ausgezogen*
Bis auf ein untreu weiß Gewand,
Das keinem Lüftgen widerstand.

Der freye Busen lachte,
Den Jugend reizend machte.
15 Mein Blick blieb sehnend stehen
Bey diesen regen Höhen,   *beweglichen Hügeln*
Wo Zephyr unter Lilien blies   *Seite 279*
Und sich die Wollust greifen ließ.

Sie fieng nun an, o Freuden!
20 Sich vollends auszukleiden;
Doch, ach! indems geschiehet,   *gerade als dies*
Erwach ich und sie fliehet.
O schlief ich doch von neuem ein!
Nun wird sie wohl im Wasser seyn.

Friedrich Gottlieb Klopstock
Der Zürchersee (1750)

Schön ist, Mutter Natur, deiner Erfindung Pracht Seite 279
Auf die Fluren verstreut, schöner ein froh Gesicht,
  Das den großen Gedanken
  Deiner Schöpfung noch Einmal denkt.

5 Von des schimmernden Sees Traubengestaden her, mit Weinreben bewachsene Uferabhänge
Oder, flohest du schon wieder zum Himmel auf,
  Kom in röthendem Strale im rötlichen Licht der Abendsonne
  Auf dem Flügel der Abendluft,

Kom, und lehre mein Lied jugendlich heiter seyn,
10 Süße Freude, wie du! gleich dem beseelteren
  Schnellen Jauchzen des Jünglings, Seite 279
  Sanft, der fühlenden Fanny gleich. Seite 280

Schon lag hinter uns weit Uto, an dessen Fuß der Ütliberg
Zürch in ruhigem Thal freye Bewohner nährt; Zürich
15 Schon war manches Gebirge Seite 280
  Voll von Reben vorbeygeflohn. vorübergeeilt

Jetzt entwölkte sich fern silberner Alpen Höh,
Und der Jünglinge Herz schlug schon empfindender,
  Schon verrieth es beredter mit mehr und treffenderen Worten
20 Sich der schönen Begleiterin.

„Hallers Doris," die sang, selber des Liedes werth, Seite 280
Hirzels Daphne, den Kleist innig wie Gleim liebt; Seite 280
  Und wir Jünglinge sangen,
  Und empfanden, wie Hagedorn. Seite 280

25 Jetzo nahm uns die Au in die beschattenden   Jetzt
   Kühlen Arme des Walds, welcher die Insel krönt;   Seite 280
   Da, da kamest du, Freude!
   Volles Maßes auf uns herab!   In vollem Maße

   Göttin Freude, du selbst! dich, wir empfanden dich!
30 Ja, du warest es selbst, Schwester der Menschlichkeit,   des Menschseins, des menschlichen Wesens
   Deiner Unschuld Gespielin,
   Die sich über uns ganz ergoß!

   Süss ist, fröhlicher Lenz, deiner Begeistrung Hauch,   Frühling
   Wenn die Flur dich gebiert, wenn sich dein Odem sanft   Atem
35 In der Jünglinge Herzen,
   Und die Herzen der Mädchen gießt.

   Ach du machst das Gefühl siegend, es steigt durch dich
   Jede blühende Brust schöner, und bebender,
   Lauter redet der Liebe
40 Nun entzauberter Mund durch dich!

   Lieblich winket der Wein, wenn er Empfindungen,
   Beßre sanftere Lust, wenn er Gedanken winkt,
   Im sokratischen Becher   Seite 280
   Von der thauenden Ros' umkränzt;   Tau spendenden Rose

45　Wenn er dringt bis ins Herz, und zu Entschließungen,   *Entschlüssen*
　　Die der Säufer verkennt, jeden Gedanken weckt,   *falsch beurteilt*
　　Wenn er lehret verachten,   *uns beibringt zu*
　　Was nicht würdig des Weisen ist.

　　Reizvoll klinget des Ruhms lockender Silberton   *Nachruhms*
50　In das schlagende Herz, und die Unsterblichkeit
　　Ist ein großer Gedanke,
　　Ist des Schweisses der Edlen werth!

　　Durch der Lieder Gewalt, bey der Urenkelin   *durch die Kraft der Lieder / Gedichte*
　　Sohn und Tochter noch seyn; mit der Entzückung Ton
55　Oft beym Namen genennet,
　　Oft gerufen vom Grabe her,

　　Dann ihr sanfteres Herz bilden, und, Liebe, dich,   *formen; erziehen*
　　Fromme Tugend, dich auch gießen ins sanfte Herz,
　　Ist, beym Himmel! nicht wenig!
60　Ist des Schweisses der Edlen werth!

　　Aber süßer ist noch, schöner und reizender,
　　In dem Arme des Freunds wissen ein Freund zu seyn!
　　So das Leben genießen,
　　Nicht unwürdig der Ewigkeit!

65　Treuer Zärtlichkeit voll, in den Umschattungen,
　　In den Lüften des Walds, und mit gesenktem Blick
　　Auf die silberne Welle,
　　That ich schweigend den frommen Wunsch:

Wäret ihr auch bey uns, die ihr mich ferne liebt,   Seite 280
70 In des Vaterlands Schooß einsam von mir
   verstreut,
   Die in seligen Stunden
   Meine suchende Seele fand;

   O so bauten wir hier Hütten der Freundschaft   Seite 280
   uns!
   Ewig wohnten wir hier, ewig! Der Schattenwald
75 Wandelt' uns sich in Tempe,   Seite 280
   Jenes Thal in Elysium!   Seite 280

Gotthold Ephraim Lessing
Der Tanzbär

   Ein Tanzbär war der Kett' entrissen,   Seite 280
   Kam wieder in den Wald zurück,
   Und tanzte seiner Schar ein Meisterstück
   Auf den gewohnten Hinterfüßen.   Seite 281
5 „Seht, schrie er, das ist Kunst; das lernt man in der   Seite 281
   Welt.
   Tut mir es nach, wenns euch gefällt,   Macht es wie ich
   Und wenn ihr könnt!" Geh, brummt ein alter Bär,
   Dergleichen Kunst, sie sei so schwer,
10 Sie sei so rar sie sei,
   Zeigt deinen niedern Geist und deine Sklaverei.

Ein großer Hofmann sein,   Seite 281
Ein Mann, dem Schmeichelei und List   Seite 281
Statt Witz und Tugend ist;   Seite 281
15 Der durch Kabalen steigt, des Fürsten Gunst erstiehlt,   Intrigen
Mit Wort und Schwur als Komplimenten spielt,   und auch mit
Ein solcher Mann, ein großer Hofmann sein,
Schließt das Lob oder Tadel ein?   Soll man dies loben oder tadeln

Gotthold Ephraim Lessing
Die Küsse

Ein Küßchen, das ein Kind mir schenket,
Das mit den Küssen nur noch spielt,   noch nur
Und bei dem Küssen noch nichts denkt,
Das ist ein Kuß, den man nicht fühlt.

5 Ein Kuß, den mir ein Freund verehret,
Das ist ein Gruß, der eigentlich
Zum wahren Küssen nicht gehöret:
Aus kalter Mode küßt er mich.   Seite 281

Ein Kuß, den mir mein Vater gibet,
10 Ein wohlgemeinter Segenskuß,
Wenn er sein Söhnchen lobt und liebet,
Ist etwas, das ich ehren muß.

Ein Kuß von meiner Schwester Liebe
Steht mir als Kuß nur so weit an,   Seite 281
15 Als ich dabei mit heißerm Triebe
An andre Mädchen denken kann.

Ein Kuß, den Lesbia mir reichet,   *Seite 281*
Den kein Verräter sehen muß,   *darf*
Und der dem Kuß der Tauben gleichet;   *Seite 281*
20 Ja, so ein Kuß, das ist ein Kuß.

Gotthold Ephraim Lessing
Die Türken

Die Türken haben schöne Töchter,   *Seite 281*
Und diese scharfe Keuschheitswächter;   *Harems-*
Wer will, kann mehr als Eine frein: *wächter*
Ich möchte schon ein Türke sein.   *Seite 281*

5 Wie wollt' ich mich der Lieb' ergeben!   *hingeben*
Wie wollt' ich liebend ruhig leben,
Und – – Doch sie trinken keinen Wein;   *Seite 281*
Nein, nein, ich mag kein Türke sein.

Johann Wilhelm Ludwig Gleim
Bey Eröffnung des Feldzuges 1756

Krieg ist mein Lied! Weil alle Welt
Krieg will, so sey es Krieg!
Berlin sey Sparta! Preussens Held   *= preußische Hauptstadt*
Gekrönt mit Ruhm und Sieg!   *Seite 282*

5 Gern will ich seine Thaten thun;
Die Leyer in der Hand,   *Seite 282*
Wenn meine blutgen Waffen ruhn,
Und hangen an der Wand.

Auch stimm ich hohen Schlachtgesang
10 Mit seinen Helden an,
Bey Paucken und Trompetenklang,   *Seite 282*
Im Lärm von Roß und Mann;

mit Handgranaten ausgerüsteter Fußsoldat

Und streit', ein tapfrer Grenadier,
Von *Friedrichs* Muth erfüllt!   *Seite 282*
15 Was acht ich es, wenn über mir
Kanonen-Donner brüllt?

Ein Held fall ich; noch sterbend droht
Mein Säbel in der Hand!
Unsterblich macht der Helden Tod,   *Seite 282*
20 Der Tod fürs Vaterland!

Auch kommt man aus der Welt davon,
Geschwinder wie der Blitz;
Und wer ihn stirbt, bekommt zum Lohn,
Im Himmel hohen Sitz!

25 Wenn aber ich, als solch ein Held,
Dir, Mars, nicht sterben soll,   *Seite 282*
Nicht glänzen soll im Sternenzelt:
So leb' ich dem Apoll!   *Seite 282*

So werd aus *Friedrichs* Grenadier,   der Rühmer
30 Dem Schutz, der Ruhm des Staats;   die Schönheiten der deutschen Sprache
So lern er deutscher Sprache Zier,
Und werde sein Horaz.

Seite 282

Dann singe Gott und *Friederich*,
Nichts kleiners, stolzes Lied!
35 Dem Adler gleich erhebe dich,
Der in die Sonne sieht!

– – mares animos in Martia bella   Seite 282
Versibus exacuo – –

Johann Wolfgang Goethe
Annette an ihren Geliebten

Ich sah, wie Doris bei Damöten stand,   Seite 282
Er nahm sie zärtlich bei der Hand;
Lang sahen sie einander an,
Und sahn sich um, ob nicht die Eltern wachen,
5 Und da sie niemand sahn,
  Geschwind – genug, sie machten's, wie wir's machen.

Johann Peter Uz
Das Erdbeben

Die Erde hat gebebt und ihr geborstner Grund — aufgebrochner
Die Königinn am Meer verschlungen, — Seite 282
Und schwärzre Trübsal noch droht unsrem armen Rund — Erde(-nrund)
Von schwärmender Propheten Zungen: — Seite 282

5 Wie aus bemoostem Schutt der Uhu, wann die Nacht — moosbewachsenen Trümmern
In furchtbarn Schatten ihn verstecket,
Auf stille Dächer fliegt, selbst melancholisch wacht, — schwermütig
Und heulend müde Städte wecket.

Auf Schwanenfedern horcht die Wollust und erschrickt; — Seite 283
10 Ein Schauer bebt durch ihre Glieder.
Der sorgenvolle Geiz, auch schlafend unerquickt, — Zittert
Bebt heut und wuchert morgen wieder. — treibt unmoralische Geschäfte

Propheten wimmeln stets in trüber Zeit hervor:
Der leichte Pöbel glaubt, er zittert, — leichtgläubige
15 Wie dürres Laub im Herbst, und wie das schwache Rohr — Seite 283
Der Flügel eines Wests erschüttert. — Seite 283

Ihr Musen, die ihr einst, im Frühling meiner Zeit, — Seite 272
Mich mit Ambrosia genähret, — Seite 283
Als ihr, in eurem Hayn voll heilger Dunkelheit,
20 Die deutsche Leyer mich gelehret!

Zufrieden dank ich euch, daß immer gleiche Lust
In meiner Seelen helle scheinet,
Und euer stiller Freund nicht, an der Thorheit Brust, — Unvernunft
Nach Fantasien lacht und weinet. — Illusionen

25 O laßt, zu aller Zeit, mein Antlitz heiter seyn,
Nicht bloß in sonnenvollen Tagen,
Wann mich die Freude sucht, und Saitenspiel und Wein — Wenn
Die Wolken vor mir her verjagen:

Nicht bloß im dunkeln Busch und wo die Nachtigall — Seite 283
30 Bald singend über mir verweilet, — sich aufhält
Bald an der Quelle seufzt, die reiner, als Crystall, — Seite 283
Geschwätzig über Kiesel eilet.

Es müss' auf meiner Stirn, wann schon die Erde bebt, — und wenn auch
Der göttliche Gedanke schimmern,
35 Daß Tugend glücklich ist und meine Seele lebt,
Auch unter ganzer Welten Trümmern!

Heinrich Christian Boie
An Doris

Was stehst du da und marterst dich, — quälst dich mit der Frage
Wer deine Gunst verdient? O Doris, wähle mich!
Denn ich bin jung genug mich deiner werth zu zeigen
Und alt genug mein Glück zu schweigen. — zu verschweigen

Ludwig Christoph Heinrich Hölty
An einen Knaben

Wohl dir, dem noch der bleiche Mund
Der Amme Lieder singt,
Den noch der kleine Schlummergott
In Schwanenarme schlingt.

5 Wohl dir, dein kleiner Busen kennt
Den Flitterprunk der Welt,
Und Amor nicht, den losen Gott,
Der schlaue Netze stellt.

Doch bald entfliegt, mit Adlerflug,
10 Die süße, goldne Zeit,
Die Tag und Nacht der sanfte Schlaf
Mit Mohnlaub überstreut.

Dann plagt ein mürrischer Pedant
Dein Köpfchen mit Latein,
15 So sehr Mamachen auf ihn schmählt,
Bis in die Nacht hinein.

Du fluchst dem ehrlichen Terenz
Noch oft in seiner Gruft,
Wenn er von deinem Steckenpferd
20 Dich in die Schule ruft.

Du wünschest oft, wenn Cicero
Dein süßes Spiel verrückt,
O hätt er doch, der böse Mann,
Das Tagslicht nie erblickt.

25 Ruh sanft, so lange dir das Lied
　　Der Amme noch erschallt,
　　Die süße Morgendämmerung
　　Der Kindheit fliehet bald.

Gottfried August Bürger
Der Bauer
an seinen durchlauchtigen Tyrannen

Wer bist du, Fürst, daß ohne Scheu
Zerrollen mich dein Wagenrad,
Zerschlagen darf dein Roß?

Wer bist du, Fürst, daß in mein Fleisch
5 Dein Freund, der Jagdhund, ungebleut　　　　　　ungeprügelt
Darf Klau' und Rachen haun?

Wer bist du, daß, durch Saat und Forst,
Das Hurra deiner Jagd mich treibt,
Entatmet, wie das Wild? –　　　　　　　　　　　　Atemlos

10 Die Saat, so deine Jagd zertritt,　　　　　　　　Seite 283
Was Roß und Hund und du verschlingst,
Das Brot, du Fürst, ist mein.

Du Fürst hast nicht, bei Egg' und Pflug,
Hast nicht den Erntetag durchschwitzt.
15 Mein, mein ist Fleiß und Brot! –

Ha! du wärst Obrigkeit von Gott?
Gott spendet Segen aus; du raubst!
Du nicht von Gott, Tyrann!

Gotthold Ephraim Lessing
Merkur und Amor

Merkur und Amor zogen
Auf Abenteuer durch das Land.
Einst wünscht sich jener Pfeil und Bogen;
Und gibt für Amors Pfeil und Bogen
5 Ihm seinen vollen Beutel Pfand.

Mit so vertauschten Waffen zogen,
Und ziehn noch, beide durch das Land.
Wenn jener Wucher sucht mit Pfeil und Bogen,
Entzündet dieser Herzen durch das Pfand.

Matthias Claudius
Im Mai

Tausend Blumen um mich her,
Wie sie lachend stehn!
Adam hat nicht lachender
Sie am Phrat gesehn.
5 Hier, die schöne grüne Flur,
Hier, der Wald, und der Waldgesang!
O Natur, Natur,
Habe Dank!

Johann Wolfgang Goethe
Es schlug mein Herz

Es schlug mein Herz. Geschwind zu Pferde!
Und fort, wild wie ein Held zur Schlacht.
Der Abend wiegte schon die Erde,
Und an den Bergen hing die Nacht.
5 Schon stund im Nebelkleid die Eiche   stand
Wie ein getürmter Riese da,   hoch aufge-
Wo Finsternis aus dem Gesträuche   richteter
Mit hundert schwarzen Augen sah.

Der Mond von seinem Wolkenhügel
10 Sah schläfrig aus dem Duft hervor,   dünnen Dunst
Die Winde schwangen leise Flügel,
Umsausten schauerlich mein Ohr.   schauer-
Die Nacht schuf tausend Ungeheuer,   erregend
Doch tausendfacher war mein Mut,
15 Mein Geist war ein verzehrend Feuer,   vernichten-
Mein ganzes Herz zerfloß in Glut.   des, aufbrau-
    chendes

Ich sah dich, und die milde Freude
Floß aus dem süßen Blick auf mich.
Ganz war mein Herz an deiner Seite,   Ohne Rest;
20 Und jeder Atemzug für dich.   Intakt
Ein rosenfarbes Frühlingswetter   rosenfarbiges
Lag auf dem lieblichen Gesicht
Und Zärtlichkeit für mich, ihr Götter,   zarte Gefühle
Ich hofft' es, ich verdient' es nicht.

25 Der Abschied, wie bedrängt, wie trübe!   *beängstigt, gequält*
Aus deinen Blicken sprach dein Herz.
In deinen Küssen welche Liebe,
O welche Wonne, welcher Schmerz!
Du gingst, ich stund und sah zur Erden   *stand*
30 Und sah dir nach mit nassem Blick,   *Seite 284*
Und doch, welch Glück, geliebt zu werden,
Und lieben, Götter, welch ein Glück!

Johann Wolfgang Goethe
Maifest

Wie herrlich leuchtet
Mir die Natur!
Wie glänzt die Sonne!
Wie lacht die Flur!   *Landschaft*

5 Es dringen Blüten
Aus jedem Zweig
Und tausend Stimmen
Aus dem Gesträuch.   *den Sträuchern*

Und Freud und Wonne   *Freude*
10 Aus jeder Brust.
O Erd', o Sonne,
O Glück, o Lust,

O Lieb', o Liebe,
So golden schön
15 Wie Morgenwolken
Auf jenen Höhn,   *Hügelkuppen in der Ferne*

Du segnest herrlich
Das frische Feld,
Im Blütendampfe — *dichter, feuchter Dunst von Blüten*
20 Die volle Welt!

O Mädchen, Mädchen,
Wie lieb' ich dich!
Wie blickt dein Auge,
Wie liebst du mich!

25 So liebt die Lerche — *Seite 284*
Gesang und Luft,
Und Morgenblumen
Den Himmelsduft, — *Tau*

Wie ich dich liebe
30 Mit warmen Blut,
Die du mir Jugend
Und Freud' und Mut

Zu neuen Liedern
Und Tänzen gibst.
35 Sei ewig glücklich,
Wie du mich liebst.

Ludwig Christoph Heinrich Hölty
Minnelied

den 16. Febr. 1773

Euch, ihr Schönen,
Will ich krönen,
Bis an meinen Tod,
Mit Gesangesweisen;
5 Bis an meinen Tod,
Eure Tugend preisen.

Ihr, o Guten,
Wohlgemuthen,
Macht das Leben süß,
10 Macht den Mann zum Engel,
Und zum Paradies
Eine Welt voll Mängel.

Wer die Süße
Treuer Küße
15 Nicht gekostet hat,
Irret, wie verloren,
Auf dem Lebenspfad,
Ist noch ungebohren.

Wer die Süße
20 Treuer Küße
Schon gekostet hat,
Tritt auf lauter Rosen,
Wo sein Fuß sich naht,
Blühen lauter Rosen.

Ludwig Christoph Heinrich Hölty
Maylied

den 17. Febr. 1773

Der Anger steht so grün, so grün,   Weide, Wiese
Die blauen Veilchenglocken blühn,   Seite 285
Und Schlüßelblumen drunter,   Seite 285
Der Wiesengrund   wiesen-
5 Ist schon so bunt,   bedeckte
Und färbt sich täglich bunter.   Umgebung
       eines Baches

Drum komme, wem der May gefällt,
Und freue sich der schönen Welt,
Und Gottes Vatergüte,   Seite 285
10 Die diese Pracht
Hervorgebracht,
Den Baum und seine Blüthe.

Jakob Michael Reinhold Lenz
In einem Gärtchen am Contade als der Dichter
gebadet hatte mit Bleifeder auf eine Karte geschmiert

Erlaube mir, du freundlichster der Wirte,
Du Bild der Gottheit, daß ich diese Myrte   Seite 285
Verflecht in dein verzoddelt Haar!   zerzaustes
In deinem Gärtchen, das du selbst erzogen,   aufgebaut
5 Sing ich für dich, was Hunderte gelogen:
Beatus ille – und was keiner war.   Seite 285

Für meine funfzehn Sols nehm ich die Stelle   Seite 285
Von dir auf eine Stunde ein. –   für
Denn sieh, ich komm aus Aganippens Quelle   Seite 285
10 Und bin von jeder Sorge rein,
Von jeder Leidenschaft. In diesem Augenblicke
Schickt mich die Gottheit her, dir zuzusehn,   Gott
Ganz Herz und Ader für dein Glücke,
Und find es unaussprechlich schön.

15 Das muß *gesungen* sein. Da alles singet   Während
In unsern Tagen, schwieg ich lang.
Die Freude, dacht ich, welche klinget,
Verliert sich schneller als ihr Klang.
Doch deine stille Lust, die niemand neidet,   auf die niemand
20 Die niemand fühlt als du allein und ich,   neidisch ist
Wird die mit einem Lied umkleidet,
Erhöht vielleicht – verbessert sich.

Was hält mich ab, mein Liedel dir zu zeigen?   kleines Lied
Ach, du verstehst es nicht – doch zeig ichs hier
25 Den Bäumen, die wie du ihr Glück verschweigen.
Heut abend sitz hieher, dann rauschen sie es dir.

Jakob Michael Reinhold Lenz
Fühl alle Lust fühl alle Pein

Fühl alle Lust fühl alle Pein
Zu lieben und geliebt zu sein
So kannst du hier auf Erden
Schon ewig seelig werden.

Johann Wolfgang Goethe
Prometheus

Bedecke deinen Himmel, Zeus,   Seite 285
Mit Wolkendunst
Und übe, Knaben gleich,
Der Disteln köpft,
5 An Eichen dich und Bergeshöhn!
Mußt mir meine Erde   Du musst
Doch lassen stehn,
Und meine Hütte,
Die du nicht gebaut,
10 Und meinen Herd,   Seite 285
Um dessen Glut
Du mich beneidest.

Ich kenne nichts Ärmer's
Unter der Son' als euch Götter.
15 Ihr nähret kümmerlich — ernährt
Von Opfersteuern — Opfergaben
Und Gebetshauch — Seite 286
Eure Majestät — Seite 286
Und darbtet, wären — habt Mangel gelitten
20 Nicht Kinder und Bettler
Hoffnungsvolle Toren. — Dummköpfe

Da ich ein Kind war,
Nicht wußt', wo aus, wo ein,
Kehrte ich mein verirrtes Aug' — irregehendes
25 Zur Sonne, als wenn drüber wär'
Ein Ohr, zu hören meine Klage,
Ein Herz wie meins,
Sich des Bedrängten zu erbarmen. — Seite 286

Wer half mir wider — Seite 286
30 Der Titanen Übermut?
Wer rettete vom Tode mich,
Von Sklaverei?
Hast du's nicht alles selbst vollendet,
Heilig glühend Herz?
35 Und glühtest, jung und gut,
Betrogen, Rettungsdank — Dank für die Rettung
Dem Schlafenden dadroben?

Ich dich ehren? Wofür?
Hast du die Schmerzen gelindert
40 Je des Beladenen?   *Seite 286*
Hast du die Tränen gestillet
Je des Geängsteten?   *Geängstigten*
Hat nicht mich zum Manne geschmiedet
Die allmächtige Zeit   *Seite 286*
45 Und das ewige Schicksal,
Meine Herrn und deine?

Wähntest du etwa,   *Hast du dir eingebildet*
Ich sollte das Leben hassen,
In Wüsten fliehn,
50 Weil nicht alle Knabenmorgen -
Blütenträume reiften?

Hier sitz' ich, forme Menschen   *Seite 286*
Nach meinem Bilde,   *Seite 286*
Ein Geschlecht, das mir gleich sei,
55 Zu leiden, weinen,
Genießen und zu freuen sich,
Und dein nicht zu achten,   *dich*
Wie ich.

Johann Wolfgang Goethe
Ganymed

Wie im Morgenrot
Du rings mich anglühst,   von rings
Frühling, Geliebter!   umher
Mit tausendfacher Liebeswonne
5 Sich an mein Herz drängt
Deiner ewigen Wärme
Heilig Gefühl,
Unendliche Schöne!   Schönheit

Daß ich dich fassen möcht'   könnte
10 In diesen Arm!

Ach, an deinem Busen   deiner Brust
Lieg' ich, schmachte,   verzehre mich
Und deine Blumen, dein Gras   im Begehren
Drängen sich an mein Herz.
15 Du kühlst den brennenden
Durst meines Busens,
Lieblicher Morgenwind,
Ruft drein die Nachtigall   Es ruft in den
Liebend nach mir aus dem Nebeltal.   Morgenwind,
                                                    Seite 283

20 Ich komme! Ich komme!
Wohin? Ach, wohin?

Hinauf, hinauf strebt's.
Es schweben die Wolken
Abwärts, die Wolken
25 Neigen sich der sehnenden Liebe,
Mir, mir!
In eurem Schoße
Aufwärts,
Umfangend umfangen!
30 Aufwärts
An deinem Busen,
Alliebender Vater!

vgl. „Gottes Vatergüte", Seite 285

Johann Wolfgang Goethe
Ich saug' an meiner Nabelschnur

Aus dem Tagebuch der Reise in die Schweiz
17. Junius 1775, aufm Zürichersee.

Ich saug' an meiner Nabelschnur
Nun Nahrung aus der Welt.
Und herrlich rings ist die Natur,
Die mich am Busen hält.
5 Die Welle wieget unsern Kahn   Boot
Im Rudertakt hinauf,
Und Berge wolkenangetan   mit Wolken bekleidet
Entgegen unserm Lauf.   Begegnen

Aug mein Aug, was sinkst du nieder?
10 Goldne Träume, kommt ihr wieder?
Weg, du Traum, so gold du bist,
Hier auch Lieb und Leben ist.
Auf der Welle blinken
Tausend schwebende Sterne,
15 Liebe Nebel trinken
Rings die türmende Ferne,
Morgenwind umflügelt
Die beschattete Bucht, — schattenreiche
Und im See bespiegelt — betrachtet
20 Sich die reifende Frucht. sich im Spiegel

Ludwig Christoph Heinrich Hölty
Die künftige Geliebte

Brächte der nächste Frühling meinem Arm dich,
Tönten Vögel aus Blüthen mir das Brautlied; — Sängen
Dann, Geliebte, hätt' ich den Himmel schon auf — Seite 286
    Erden gefunden!

Götter! Sie wird die Welt zum Eden zaubern, — Seite 286
5 Wird die Fluren in Gärten Gottes wandeln, — die Landschaften
Wird, auf meinem Schooße gewiegt, den
    Frühlingsabend beflügeln!

Götter! Ich werd an ihrer Brust entschlummern, — einschlafen
Werd im Traume mit ihrem Busen spielen;
Werde, wachgeschimmert vom May, in ihren
    Armen erwachen!

10 Soll ich dich finden? Komm, du Engel Gottes,
Komm, mein Leben zu heitern! Wenig Freuden
Sproßen auf den Ufern des Lebens! Komm, mein
   Leben zu heitern!

> heiter zu machen

Ludwig Christoph Heinrich Hölty
Der Stern der Seelen, eine Phantasie

Jenen freundlichen Stern, den Gespielen der Abenddämmrung,
Und Verkünder der Ruh, bewohnen die Seelen der Menschen,
Eh der Allschaffende ruft, und die Seelen vom Schlummer erwachen,
Vom halbwachenden Schlummer, den unter Blumen sie schliefen.
5 Geuß durch die Wipfel des Hayns, wo ich singe, schönster der Sterne,
Hellres Licht! Dich beschwebt ich in meiner schlummernden Kindheit,
Und Jahrtausende träumt' ich in deinen Thalen vorüber.
Süßes Gefühl der Erinnrung beschleicht die Bewohner des Erdballs,
Wenn sie dich schaun; dein hellströmender Lichtglanz füllt sie mit Wonne.
10 Alle lieben sie dich, besuchen den Hayn, wo du funkelst

> Seite 287
> Gott
> Gieß
> auf dir/über dich schwebte ich
> Seite 287

Jakob Michael Reinhold Lenz
Ueber die Dunkelheiten in Klopstock und andern

Der Schmecker:
Ich bitte, gebt mir Licht,
Herr, ich versteh euch nicht.
Antwort:
5 Sobald ihr mich versteht,
Herr, bin ich ein schlechter Poet.

> gedankenlose Konsument
>
> macht mir klar, was ihr meint

Jakob Michael Reinhold Lenz
Der Dichter, verliebt

Ich dich besingen, Phyllis? – Nein!
  Ich fühle dich zu sehr, um jetzt nicht stumm zu sein.

> Seite 287

Jakob Michael Reinhold Lenz
Aus ihren Augen lacht die Freude

Aus ihren Augen lacht die Freude,
Auf ihren Lippen blüht die Lust,
Und unterm Amazonenkleide
Hebt Mut und Stolz und Drang die Brust:
5 Doch unter Locken, welche fliegen
Um ihrer Schultern Elfenbein,
Verrät ein Seitenblick beim Siegen
Den schönen Wunsch besiegt zu sein.

> Seite 287
>
> Seite 287

Jakob Michael Reinhold Lenz
Die erwachende Vernunft

Du nicht glücklich? stolzes Herz?   Du bist nicht
Was für Recht hast du zum Schmerz?   Welches
Ists nicht Glück genug für dich
Daß sie da ist, da für sich?

Matthias Claudius
Abendlied

Der Mond ist aufgegangen
Die goldnen Sternlein prangen   Seite 287
Am Himmel hell und klar;
Der Wald steht schwarz und schweiget,
5 Und aus den Wiesen steiget
Der weiße Nebel wunderbar.

Wie ist die Welt so stille,
Und in der Dämmrung Hülle
So traulich und so hold!
10 Als eine stille Kammer,
Wo ihr des Tages Jammer   Kummer
Verschlafen und vergessen sollt.

Seht ihr den Mond dort stehen?
Er ist nur halb zu sehen,
15 Und ist doch rund und schön!
So sind wohl manche Sachen,
Die wir getrost belachen,   ruhig
Weil unsre Augen sie nicht sehn.   belächeln

Wir stolze Menschenkinder
Sind eitel arme Sünder,   *gänzlich*
Und wissen gar nicht viel;   *Seite 287*
Wir spinnen Luftgespinste,   *bauen Luftschlösser*
Und suchen viele Künste,   *Seite 287*
Und kommen weiter von dem Ziel.

Gott, laß uns dein Heil schauen,
Auf nichts Vergänglichs trauen,   *vertrauen*
Nicht Eitelkeit uns freun!   *Uns an nichts Nichtigem erfreuen*
Laß uns einfältig werden,
Und vor dir hier auf Erden   *einfach, schlicht*
Wie Kinder fromm und fröhlich sein!

Wollst endlich sonder Grämen   *ohne*
Aus dieser Welt uns nehmen
Durch einen sanften Tod!
Und, wenn du uns genommen,
Laß uns in Himmel kommen,
Du unser Herr und unser Gott!

So legt euch denn, ihr Brüder,
In Gottes Namen nieder;
Kalt ist der Abendhauch.
Verschon uns, Gott! mit Strafen,
Und laß uns ruhig schlafen!
Und unsern kranken Nachbar auch!

Matthias Claudius
Kriegslied

's ist Krieg! 's ist Krieg! O Gottes Engel wehre,   misch dich
Und rede du darein!   ein
's ist leider Krieg – und ich begehre   ich nehme
Nicht schuld daran zu sein!   für mich in Anspruch

5 Was sollt ich machen, wenn im Schlaf mit Grämen
Und blutig, bleich und blaß,
Die Geister der Erschlagnen zu mir kämen,
Und vor mir weinten, was?

    tapfere
Wenn wackre Männer, die sich Ehre suchten,   verdienen wollten
10 Verstümmelt und halb tot
Im Staub sich vor mir wälzten, und mir fluchten   mich verfluchten
In ihrer Todesnot?

Wenn tausend tausend Väter, Mütter, Bräute,
So glücklich vor dem Krieg,
15 Nun alle elend, alle arme Leute,
Wehklagten über mich?   darüber, dass es mich gibt

Wenn Hunger, böse Seuch und ihre Nöten   üble Krankheiten
Freund, Freund und Feind ins Grab
Versammleten, und mir zu Ehren krähten   allesamt ins Grab brächten
20 Von einer Leich herab?

Was hülf mir Kron und Land und Gold und Ehre?
Die könnten mich nicht freun!
's ist leider Krieg – und ich begehre
Nicht schuld daran zu sein!

Gottfried August Bürger
Herr von Gänsewitz zum Kammerdiener

Verstand
Diener

Befehlt doch draußen, still zu bleiben!
   Ich muß itzt meinen Namen schreiben.

Johann Heinrich Voß
Der Kuss

Du Kleine, willst du gehen?
Du bist ein Kind!
Wie wolltest du verstehen,
Was Küsse sind?
5 Du warst vor wenig Wochen
Ein Knöspchen bloß;
Nun tut, kaum ausgebrochen,
Das Röslein groß!

macht sich
aufgeblüht
wichtig

Weil deine Wange röter
10 Als Äpfel blüht,
Der Augen Blau wie Äther
Im Frühling glüht;
Weil deinen Schleier hebet,
Ich weiß nicht was,
15 Das auf und nieder bebet:
Das meinst du, das?

der Himmel

Seite 288

Weil kraus wie Rebenringel — Seite 288
Dein Haupthaar wallt, — sich anmutig bewegt
Und hell wie eine Klingel
20 Dein Stimmchen schallt;
Weil leicht, und wie gewehet,
Ohn Unterlaß
Dein schlanker Wuchs sich drehet: — Körperbau
Das meinst du, das?

25 Ich sahe voll Gedanken — sah
Durch junges Grün
In blauer Luft die blanken
Gewölkchen ziehn; — Kleinen Wolken
Da warfst du mich, du Bübin, — bewarfst
30 Mit feuchtem Strauß, — Seite 288
Und flohst wie eine Diebin
Ins Gartenhaus.

Nun sitz und schrei im Winkel, — Seite 288
Und ungeküßt,
35 Bis du den Mädchendünkel — Seite 288
Rein abgebüßt!
Ach gar zu rührend bittet
Dein Lächeln mich!
So komm, doch fein gesittet,
40 Und sträube dich!

Johann Heinrich Voß
Stand und Würde

Der adlige Rat
Mein Vater war ein Reichsbaron! — Hohe Beamte, Seite 288
Und Ihrer war, ich meine …?

Der bürgerliche Rat
5 So niedrig, daß, mein Herr Baron, — Von so geringem Stand
Ich glaube, wären Sie sein Sohn,
Sie hüteten die Schweine.

Gottfried August Bürger
Prometheus

Prometheus hatte kaum herab in Erdennacht — vgl. „meinen Herd", Seite 285
Den Quell des Lichts, der Wärm' und alles Lebens,
Das Feuer, von Olymp gebracht;
Sieh, da verbrannte sich – denn Warnen war vergebens –
5 Manch dummes Jüngelchen die Faust aus Unbedacht. — aus Unüberlegtheit
Mein Gott! Was für Geschrei erhuben — ein Geschrei machten
Nicht da so manches dummen Buben
Erzdummer Papa,
Erzdumme Mama,
10 Erzdumme Leibs- und Seelenamme!
Welch Gänsegeschnatter die Klerisei, — der geistliche Stand, Seite 288
Welch Truthahnsgekoller die Polizei! — — Seite 288

Ist's weise, daß man dich verdamme,
Gebenedeite Gottesflamme,   *Seite 288*
15 Allfreie Denk- und Druckerei?   *Seite 288*

Gottfried August Bürger
Der dunkle Dichter

Sankt Lykophron baut Schöppenstädts Palast,   *Seite 289*
Doch keine Fenster drein.   *Um Abhilfe zu schaffen*
Abhelflich trägt das Licht sein Scholiast   *Schulgelehrter, Kommentator*
Im Sack hinein.

Johann Heinrich Voß
Die Spinnerin

Ich armes Mädchen!
Mein Spinnerädchen   *Spinnrad*
Will gar nicht gehn,   *nicht richtig funktionieren*
Seitdem der Fremde
5 In weißem Hemde
Uns half beim Weizenmähn!   *Weizenernte*

Denn bald so sinnig,   *mal*
Bald schlotternd spinn ich   *vernünftig, klug*
In wildem Trab,
10 Bald schnurrt das Rädchen,   *mal*
Bald läuft das Fädchen   *fahrig und unsicher*
Vom vollen Rocken ab.   *Seite 289*

Noch denk ich immer   denk ich
Der Sense Schimmer,   immerzu an
15 Den blanken Hut,
Und wie wir beide
An gelber Weide   Seite 289
So sanft im Klee geruht.

Gottfried August Bürger
Mittel gegen den Hochmut der Großen

Viel Klagen hör ich oft erheben   Seite 289
Vom Hochmut, den der Große übt.
Der Großen Hochmut wird sich geben,
Wenn unsre Kriecherei sich gibt.   Seite 289

Friedrich Gottlieb Klopstock
Kennet euch selbst

Frankreich schuf sich frei. Des Jahrhunderts Seite 289
   edelste Tat hub
   Da sich zu dem Olympus empor!   Seite 289
Bist du so eng begränzt, dass du sie verkennest,   beschränkt
   umschwebet   nicht als das,
                                              was sie ist,
   Diese Dämmerung dir noch den Blick,   erkennen
5 Diese Nacht, so durchwandre die Weltannalen und kannst
   finde   Seite 289
   Etwas darin, das ihr ferne nur gleicht,   Welt-
Wenn du kannst. O Schicksal! das sind sie also, das geschichte
   sind sie   der Tat

Unsere Brüder, die Franken! Und wir? — Seite 289
Ach, ich frag umsonst, ihr verstummet, Deutsche!
Was zeiget
10 Euer Schweigen? bejahrter Geduld — in die Jahre gekommener
Müden Kummer? oder verkündet es nahe
Verwandlung?
Wie die schwüle Stille den Sturm,
Der vor sich her sie wirbelt, die Donnerwolken, bis
Glut sie — Blitze
Werden und werden zerschmetterndes Eis! — Hagel
15 Nach dem Wetter atmen sie kaum die Lüfte, die — Unwetter
Bäche
Rieseln, vom Laube träufelt es sanft,
Frische labet, Gerüch' umduften, die bläuliche — belebt, erquickt
Heitre
Lächelt, das Himmelsgemählde mit ihr;
Alles ist reg und ist Leben und freut sich! die
Nachtigall flötet
20 Hochzeit! liebender singet die Braut!
Knaben umtanzen den Mann, den kein Despot — unrechtmäßiger Herrscher
mehr verachtet!
Mädchen das ruhige, säugende Weib.

Friedrich Gottlieb Klopstock
Der Erobrungskrieg (1793)

Wie sich der Liebende freut, wenn nun die
Geliebte, der hohen
Todeswog' entflohn, wieder das Ufer betritt;
Oft schon hatt' er hinunter geschaut an dem
Marmor des Strandes, — Küstenfelsen

Immer neuen Gram, Scheiter und Leichen gesehn; — Holzstücke

5 Endlich sinket sie ihm aus einem Nachen, der antreibt,
An das schlagende Herz, siehet den lebenden! lebt!
Oder wie die Mutter, die harrend und stumm an dem Thor lag
Einer durchpesteten Stadt, welche den einzigen Sohn
Mit zahllosen Sterbenden ihr, und Begrabenen einschloß,
10 Und in der noch stets klagte das Todtengeläut, — Seite 290
Wie sie sich freuet, wenn nun der rufende Jüngling herausstürzt,
Und die Botschaft selbst, dass er entronnen sey, bringt.
Wie der trübe, bange, der tieferschütterte Zweifler, — Seite 290
(Lastende Jahre lang trof ihm die Wunde schon fort)
Bey noch Einmal ergrifner, itzt festgehaltener Wagschal,
15 Sehend das Übergewicht, sich der Unsterblichkeit freut!
Also freut' ich mich, daß ein großes, mächtiges Volk sich — Seite 290
Nie Eroberungskrieg wieder zu kriegen entschloß;
Und daß dieser Donner, durch sein Verstummen, den Donnern
Anderer Völker, dereinst auch zu verstummen, gebot.
20 Jetzo lag an der Kette das Ungeheuer, der Greuel — Seite 290

Der Erobrungskrieg (1793) **95**

Greuel! itzt war der Mensch über sich selber
erhöht!
Aber, weh uns! sie selbst, die das Unthier zähmten,
vernichten
Ihr hochheilig Gesetz, schlagen Erobererschlacht.
Hast du Verwünschung, allein wie du nie
vernahmst, so verwünsche!
25 Diesem Gesetz glich keins! aber es sey auch kein
Fluch
Gleich dem schrecklichen, der die Hochverräther
der Menschheit,
Welche das hehre Gesetz übertraten, verflucht.   erhabene, ehrwürdige, heilige
Sprechet den Fluch mit aus, ihr blutigen Thränen,
die jetzo
Weint, wer voraussieht; einst, wen das Gesehene   später der, den
trift.
30 Mir lebt nun die Geliebte nicht mehr: der einzige
Sohn nicht!
Und der Zweifler glaubt mir die Unsterblichkeit
nicht!

Matthias Claudius
Christiane

Es stand ein Sternlein am Himmel,
    Ein Sternlein guter Art;
Das tät so lieblich scheinen,   schien so
    So lieblich und so zart!   lieblich

5 Ich wußte seine Stelle
    Am Himmel, wo es stand;
Trat abends vor die Schwelle,   Tür
    Und suchte, bis ich's fand;

Und blieb denn lange stehen,   dann
10   Hatt große Freud in mir:
Das Sternlein anzusehen;
    Und dankte Gott dafür.

Das Sternlein ist verschwunden;
    Ich suche hin und her
15 Wo ich es sonst gefunden,
    Und find es nun nicht mehr.

Klassik und Romantik

Klassik und Romantik sind Strömungen, die sich auf verschiedene Weise dem Grundproblem, dass die subjektive Sicht auf die Welt unhintergehbar sei, stellen (aus Kants Philosophie abgeleitet). Das Programm der Klassiker sucht nach einem Mittel, um die radikale Subjektivität einzuschränken. Dieses Mittel findet sich in einer Ideenlehre, der zufolge bestimmte Ideale überzeitlich gültig und für alle Menschen verbindlich seien. Die Lyrik der Klassik bemüht sich um Klarheit, Formstrenge und Natürlichkeit. Die Romantiker bejahen dagegen Subjektivität, Phantasie und die Sehnsucht nach einer anderen Welt. Ihre Gedichtsprache kennt alle Stillagen von der Einfachheit des Volksliedes über die Strenge des Sonetts bis zu metrisch unregulierten Reimspielen.

Johann Wolfgang Goethe
An den Mond

Füllest wieder Busch und Tal   Du füllst
Still mit Nebelglanz,   wieder
Lösest endlich auch einmal
Meine Seele ganz;

5 Breitest über mein Gefild   Land,
Lindernd deinen Blick,   Landschaft
Wie des Freundes Auge mild
Über mein Geschick.

Jeden Nachklang fühlt mein Herz
10 Froh und trüber Zeit,
Wandle zwischen Freud' und Schmerz
In der Einsamkeit.

Fließe, fließe, lieber Fluß!
Nimmer werd' ich froh,   Nie wieder
15 So verrauschte Scherz und Kuß,
Und die Treue so.

Ich besaß es doch einmal,
Was so köstlich ist!
Daß man doch zu seiner Qual   qualvoller
20 Nimmer es vergißt!   Weise

Rausche, Fluß, das Tal entlang,
Ohne Rast und Ruh,
Rausche, flüstre meinem Sang   Gesang
Melodien zu,

25 Wenn du in der Winternacht
  Wütend überschwillst,   *über die Ufer trittst*
  Oder um die Frühlingspracht
  Junger Knospen quillst.   *sprudelnd fließt*

  Selig, wer sich vor der Welt   *Seite 290*
30 Ohne Haß verschließt,   *gegenüber*
  Einen Freund am Busen hält   *Brust*
  Und mit dem genießt,

  Was, von Menschen nicht gewußt
  Oder nicht bedacht,
35 Durch das Labyrinth der Brust   *Seite 290*
  Wandelt in der Nacht.

Johann Wolfgang Goethe
Wandrers Nachtlied

  Der du von dem Himmel bist,
  Alles Leid und Schmerzen stillest,
  Den, der doppelt elend ist,   *Erfrischung, Stärkung, Labsal*
  Doppelt mit Erquickung füllest,
5 Ach, ich bin des Treibens müde,   *habe das Treiben satt*
  Was soll all der Schmerz und Lust?
  Süßer Friede,
  Komm, ach komm in meine Brust!

Johann Wolfgang Goethe
Ein gleiches

Über allen Gipfeln   Berggipfel
Ist Ruh,
In allen Wipfeln   Baumkronen
Spürest du
5 Kaum einen Hauch;   Windzug
Die Vögelein schweigen im Walde.
Warte nur, balde
Ruhest du auch.

Johann Wolfgang Goethe
Der Fischer

Das Wasser rauscht', das Wasser schwoll,
Ein Fischer saß daran,
Sah nach dem Angel ruhevoll,   der
Kühl bis ans Herz hinan.   Mit kaltem Herzen
5 Und wie er sitzt, und wie er lauscht,
Teilt sich die Flut empor;   Das Wasser steigt und teilt sich
Aus dem bewegten Wasser rauscht
Ein feuchtes Weib hervor.

Sie sang zu ihm, sie sprach zu ihm:
10 „Was lockst du meine Brut
Mit Menschenwitz und Menschenlist
Hinauf in Todesglut?
Ach wüßtest du, wie's Fischlein ist   Seite 291
So wohlig auf dem Grund,
15 Du stiegst herunter, wie du bist,
Und würdest erst gesund.   Seite 291

Labt sich die liebe Sonne nicht,   Erfrischt, Belebt
Der Mond sich nicht im Meer?
Kehrt wellenatmend ihr Gesicht   Seite 291
20 Nicht doppelt schöner her?
Lockt dich der tiefe Himmel nicht,
Das feuchtverklärte Blau?   Seite 291
Lockt dich dein eigen Angesicht
Nicht her in ew'gen Tau?"   zu mir her (ab)

25 Das Wasser rauscht', das Wasser schwoll,
Netzt' ihm den nackten Fuß;   Machte ihm nass
Sein Herz wuchs ihm so sehnsuchtsvoll,
Wie bei der Liebsten Gruß.
Sie sprach zu ihm, sie sang zu ihm;
30 Da war's um ihn geschehn: Da war er erledigt
Halb zog sie ihn, halb sank er hin,
Und ward nicht mehr gesehn.   wurde

Johann Wolfgang Goethe
Der Erlkönig

Wer reitet so spät durch Nacht und Wind?
Es ist der Vater mit seinem Kind;
Er hat den Knaben wohl in dem Arm,
Er faßt ihn sicher, er hält ihn warm. –

5 Mein Sohn, was birgst du so bang dein Gesicht? — verbirgst du
Siehst, Vater, du den Erlkönig nicht? so ängstlich
Den Erlenkönig mit Kron' und Schweif? –
Mein Sohn, es ist ein Nebelstreif. –

„Du liebes Kind, komm, geh mit mir!
10 Gar schöne Spiele spiel' ich mit dir;
Manch' bunte Blumen sind an dem Strand;
Meine Mutter hat manch' gülden Gewand." goldenes

Mein Vater, mein Vater, und hörest du nicht,
Was Erlenkönig mir leise verspricht? –
15 Sei ruhig, bleibe ruhig, mein Kind!
In dürren Blättern säuselt der Wind. – verwelkten

„Willst, feiner Knabe, du mit mir gehn?
Meine Töchter sollen dich warten schön; für dich
Meine Töchter führen den nächtlichen Reihn sorgen
20 Und wiegen und tanzen und singen dich ein." Reigen, Tanz

Mein Vater, mein Vater, und siehst du nicht dort
Erlkönigs Töchter am düstern Ort? –
Mein Sohn, mein Sohn, ich seh' es genau;
Es scheinen die alten Weiden so grau. – Seite 291

25 „Ich liebe dich, mich reizt deine schöne Gestalt;
Und bist du nicht willig, so brauch' ich Gewalt." — wenn du nicht tust, was ich will
Mein Vater, mein Vater, jetzt faßt er mich an!
Erlkönig hat mir ein Leids getan! – — Leid zugefügt

Dem Vater grauset's, er reitet geschwind,
30 Er hält in Armen das ächzende Kind,
Erreicht den Hof mit Mühe und Not;
In seinen Armen das Kind war tot.

Johann Wolfgang Goethe
Mignon

Kennst du das Land, wo die Zitronen blühn, — Italien
Im dunkeln Laub die Goldorangen glühn,
Ein sanfter Wind vom blauen Himmel weht,
Die Myrte still und hoch der Lorbeer steht, — Seite 291
5 Kennst du es wohl?
    Dahin! Dahin
Möcht' ich mit dir, o mein Geliebter, ziehn!

Kennst du das Haus? auf Säulen ruht sein Dach, — Seite 291
Es glänzt der Saal, es schimmert das Gemach, — Zimmer
10 Und Marmorbilder stehn und sehn mich an: — Marmorstatuen
Was hat man dir, du armes Kind, getan?
Kennst du es wohl?
    Dahin! Dahin
Möcht' ich mit dir, o mein Beschützer, ziehn!

15 Kennst du den Berg und seinen Wolkensteg?   schmaler Weg, der durch Wolken geht
Das Maultier sucht im Nebel seinen Weg,
In Höhlen wohnt der Drachen alte Brut,
Es stürzt der Fels und über ihn die Flut: Seite 291
Kennst du ihn wohl?
20   Dahin! Dahin
Geht unser Weg; o Vater, laß uns ziehn!

Johann Wolfgang Goethe
Grenzen der Menschheit

Wenn der uralte   allerälteste
Heilige Vater
Mit gelassener Hand
Aus rollenden Wolken
5 Segnende Blitze   Seite 291
Über die Erde sät,
Küss ich den letzten
Saum seines Kleides,
Kindliche Schauer   körperlich fühlbare Gemüterschütterungen
10 Treu in der Brust.

Denn mit Göttern
Soll sich nicht messen   *sich nicht vergleichen;*
Irgend ein Mensch.   *nicht kämpfen*
Hebt er sich aufwärts
15 Und berührt
Mit dem Scheitel die Sterne,
Nirgends haften dann
Die unsichern Sohlen,
Und mit ihm spielen
20 Wolken und Winde.

Steht er mit festen,
Markigen Knochen   *kräftigen*
Auf der wohlgegründeten
Dauernden Erde,   *Beständigen*
25 Reicht er nicht auf,   *Ist er nicht groß genug*
Nur mit der Eiche
Oder der Rebe
Sich zu vergleichen.

Was unterscheidet
30 Götter von Menschen?
Daß viele Wellen
Vor jenen wandeln,   *den Göttern*
Ein ewiger Strom:
Uns hebt die Welle,
35 Verschlingt die Welle,
Und wir versinken.

Ein kleiner Ring
Begrenzt unser Leben,
Und viele Geschlechter
40 Reihen sich dauernd   beständig
An ihres Daseins
Unendliche Kette.

Johann Wolfgang Goethe
Das Göttliche

Edel sei der Mensch,
Hülfreich und gut!   hilfreich,
Denn das allein   hilfsbereit
Unterscheidet ihn
5 Von allen Wesen,
Die wir kennen.

Heil den unbekannten
Höhern Wesen,   von denen wir
Die wir ahnen!   ahnen, dass
10 Ihnen gleiche der Mensch!   es sie gibt
Sein Beispiel lehr' uns   Das Beispiel,
Jene glauben.   das er gibt

                                                     An jene zu

Denn unfühlend   gefühllos,
Ist die Natur: unempathisch
15 Es leuchtet die Sonne
Über Bös' und Gute,
Und dem Verbrecher
Glänzen wie dem Besten
Der Mond und die Sterne.

20 Wind und Ströme,
Donner und Hagel
Rauschen ihren Weg
Und ergreifen
Vorübereilend,
25 Einen um den andern.

Auch so das Glück Seite 292
Tappt unter die Menge,
Faßt bald des Knaben
Lockige Unschuld,
30 Bald auch den kahlen
Schuldigen Scheitel.

Nach ewigen, ehrnen,
Großen Gesetzen
Müssen wir alle
35 Unseres Daseins
Kreise vollenden.

Nur allein der Mensch
Vermag das Unmögliche:
Er unterscheidet,
40 Wählet und richtet;
Er kann dem Augenblick
Dauer verleihen.

Er allein darf
Den Guten lohnen, belohnen
45 Den Bösen strafen, bestrafen
Heilen und retten,
Alles Irrende, Schweifende
Nützlich verbinden.

Und wir verehren
50 Die Unsterblichen,
Als wären sie Menschen,
Täten im großen,
Was der Beste im kleinen
Tut oder möchte.

55 Der edle Mensch
Sei hilfreich und gut!
Unermüdet schaff' er
Das Nützliche, Rechte,
Sei uns ein Vorbild
60 Jener geahneten Wesen!

Johann Wolfgang Goethe
Froh empfind' ich mich nun auf klassischem Boden begeistert

Froh empfind' ich mich nun auf klassischem Boden begeistert,   Seite 292
   Vor- und Mitwelt spricht lauter und reizender mir.   Vergangenheit und Gegenwart
Hier befolg' ich den Rat, durchblättre die Werke der Alten   der antiken Autoren
   Mit geschäftiger Hand, täglich mit neuem Genuß.   fleißig
5 Aber die Nächte hindurch hält Amor mich anders beschäftigt;   Seite 285
   Wird' ich auch halb nur gelehrt, bin ich doch doppelt beglückt.
Und belehr' ich mich nicht, indem ich des lieblichen Busens   der schönen Brust

Formen spähe, die Hand leite die Hüften hinab? — betrachte
Dann versteh' ich den Marmor erst recht: ich denk' — Seite 292
und vergleiche,
10 Sehe mit fühlendem Aug', fühle mit sehender Hand.
Raubt die Liebste denn gleich mir einige Stunden des Tages,
Gibt sie Stunden der Nacht mir zur Entschädigung hin.
Wird doch nicht immer geküßt, es wird vernünftig gesprochen;
15 Überfällt sie der Schlaf, lieg' ich und denke mir viel. — Seite 292
Oftmals hab' ich auch schon in ihren Armen gedichtet
Und des Hexameters Maß leise mit fingernder Hand — Seite 292
Ihr auf den Rücken gezählt. Sie atmet in lieblichem Schlummer,
Und es durchglühet ihr Hauch mir bis ins Tiefste die Brust.
20 Amor schüret die Lamp' indes und denket der Zeiten, — lässt die Lampe heller brennen
Da er den nämlichen Dienst seinen Triumvirn getan. — denselben / Seite 292

Friedrich Schiller
Der Tanz

Siehe, wie schwebenden Schritts im Wellenschwung sich die Paare
Drehen, den Boden berührt kaum der geflügelte Fuß.
Seh ich flüchtige Schatten, befreit von der Schwere des Leibes?
5 Schlingen im Mondlicht dort Elfen den luftigen Reihn?
Wie, vom Zephir gewiegt, der leichte Rauch in die Luft fließt,
Wie sich leise der Kahn schaukelt auf silberner Flut,
Hüpft der gelehrige Fuß auf des Takts melodischer Woge,
Säuselndes Saitengetön hebt den ätherischen Leib.
10 Jetzt, als wollt es mit Macht durchreißen die Kette des Tanzes,
Schwingt sich ein mutiges Paar dort in den dichtesten Reihn.
Schnell vor ihm her entsteht ihm die Bahn, die hinter ihm schwindet,
Wie durch magische Hand öffnet und schließt sich der Weg.
Sieh! jetzt schwand es dem Blick, in wildem Gewirr durcheinander
15 Stürzt der zierliche Bau dieser beweglichen Welt.
Nein, dort schwebt es frohlockend herauf, der Knoten entwirrt sich,

Nur mit verändertem Reiz stellet die Regel sich her. — die Ordnung sich wieder her

Ewig zerstört, es erzeugt sich ewig die drehende Schöpfung,

Und ein stilles Gesetz lenkt der Verwandlungen Spiel.

20 Sprich, wie geschiehts, daß rastlos erneut die Bildungen schwanken — das, was sich gebildet hat, sich wieder verändert

Und die Ruhe besteht in der bewegten Gestalt? — bestehen bleibt

Jeder ein Herrscher, frei, nur dem eigenen Herzen gehorchet

Und im eilenden Lauf findet die einzige Bahn? — eine vorbestimmte

Willst du es wissen? Es ist des Wohllauts mächtige Gottheit, — der Wohllaut als mächtige Gottheit

25 Die zum geselligen Tanz ordnet den tobenden Sprung,

Die, der Nemesis gleich, an des Rhythmus goldenem Zügel — Seite 293

Lenkt die brausende Lust und die verwilderte zähmt.

Und dir rauschen umsonst die Harmonien des Weltalls, — Seite 293

Dich ergreift nicht der Strom dieses erhabnen Gesangs,

30 Nicht der begeisternde Takt, den alle Wesen dir schlagen,

Nicht der wirbelnde Tanz, der durch den ewigen Raum — das Universum

Leuchtende Sonnen schwingt in kühn gewundenen Bahnen?

Das du im Spiele doch ehrst, fliehst du im Handeln, das Maß. — Das, was du davor fliehst vor dem

Friedrich Schiller
Die Teilung der Erde

„Nehmt hin die Welt!" rief Zeus von seinen Höhen — Seite 293
    Den Menschen zu. „Nehmt, sie soll euer sein!
Euch schenk ich sie zum Erb und ewgen Lehen, — Seite 293
    Doch teilt euch brüderlich darein." — verteilt sie brüderlich unter euch

5 Da eilt, was Hände hat, sich einzurichten,
    Es regte sich geschäftig jung und alt. — emsig
Der Ackermann griff nach des Feldes Früchten, — Bauer
    Der Junker birschte durch den Wald. — adlige Gutsherr

Der Kaufmann nimmt, was seine Speicher fassen,
10   Der Abt wählt sich den edeln Firnewein, — gereiften Wein
Der König sperrt die Brücken und die Straßen — Seite 293
    Und sprach: „Der Zehente ist mein." — vgl. „Die Saat […]", Seite 283

Ganz spät, nachdem die Teilung längst geschehen,
    Naht der Poet, er kam aus weiter Fern.
15 Ach! da war überall nichts mehr zu sehen,
    Und alles hatte seinen Herrn!

„Weh mir! so soll ich denn allein von allen
    Vergessen sein, ich, dein getreuster Sohn?"
So ließ er laut der Klage Ruf erschallen
20   Und warf sich hin vor Jovis Thron. — Seite 293

„Wenn du im Land der Träume dich verweilet", — dich aufgehalten hast
Versetzt der Gott, „so hadre nicht mit mir. — Antwortet
Wo warst du denn, als man die Welt geteilet?" –
    „Ich war", sprach der Poet, „bei dir.

²⁵ Mein Auge hing an deinem Angesichte,
   An deines Himmels Harmonie mein Ohr,
Verzeih dem Geiste, der, von deinem Lichte
   Berauscht, das Irdische verlor!"

„Was tun?" spricht Zeus. „Die Welt ist weggegeben,
³⁰ Der Herbst, die Jagd, der Markt ist nicht mehr mein.   Seite 293
Willst du in meinem Himmel mit mir leben,
   So oft du kommst, er soll dir offen sein."

Ludwig Tieck
Die Spinnerin

    Das Rädchen
      Dreht munter
    Das Fädchen
      Hinunter:
⁵   Wo weilst du   Wo hältst du dich auf
    O Lieber,
    Was eilst du   Was eilst du in der Ferne vorüber
      Fern über?
    Und sinn' ich Tagelang   grüble ich
¹⁰   Und spinn' ich Wochenlang,
    Bist du mein einz'ger Gedank. –

Bald seh' ich Seen,
Wenn's Rädchen surrt,
So wie es schnurrt
Erscheinen Feen. *Seite 294*
Und er geleitet
  Ist unter ihnen:
Wie stolz er schreitet!
  Ihm Geister dienen. *Seite 294*
Dann fliegt er fröhlich
  Durch Abendröte,
Es tönt so selig
  Die Schäferflöte: *Seite 294*
Dann wünsch' ich Schwingen
  Zu ihm zu fliegen,
Aufwärts zu springen,
  In Wolken die Flügel zu wiegen.

Clemens Brentano
Die Liebe fing mich ein mit ihren Netzen

Die Liebe fing mich ein mit ihren Netzen,
Und Hoffnung bietet mir die Freiheit an;
Ich binde mich den heiligen Gesetzen,
Und alle Pflicht erscheint ein leerer Wahn. *erscheint mir als ein*
Es stürzen bald des alten Glaubens Götzen,
Zieht die Natur mich so mit Liebe an.
O süßer Tod, in Liebe neu geboren,
Bin ich der Welt, doch sie mir nicht verloren.

Friedrich Schiller
Nänie

Auch das Schöne muß sterben! Das Menschen und Götter bezwinget,
Nicht die eherne Brust rührt es des stygischen Zeus.
Einmal nur erweichte die Liebe den Schattenbeherrscher,
Und an der Schwelle noch, streng, rief er zurück sein Geschenk.
5 Nicht stillt Aphrodite dem schönen Knaben die Wunde,
Die in den zierlichen Leib grausam der Eber geritzt.
Nicht errettet den göttlichen Held die unsterbliche Mutter,
Wann er, am skäischen Tor fallend, sein Schicksal erfüllt.
Aber sie steigt aus dem Meer mit allen Töchtern des Nereus,
10 Und die Klage hebt an um den verherrlichten Sohn.
Siehe! Da weinen die Götter, es weinen die Göttinnen alle,
Daß das Schöne vergeht, daß das Vollkommene stirbt.
Auch ein Klaglied zu sein im Mund der Geliebten, ist herrlich,
Denn das Gemeine geht klanglos zum Orkus hinab.

Johann Wolfgang Goethe
Natur und Kunst, sie scheinen sich zu fliehen

Natur und Kunst, sie scheinen sich zu fliehen — voreinander
Und haben sich, eh' man es denkt, gefunden; — früher als
Der Widerwille ist auch mir verschwunden, — Die Abneigung
Und beide scheinen gleich mich anzuziehen.

5 Es gilt wohl nur ein redliches Bemühen! — ehrliches, pflichtbewusstes
Und wenn wir erst in abgemeßnen Stunden — einer begrenzten Anzahl von
Mit Geist und Fleiß uns an die Kunst gebunden,
Mag frei Natur im Herzen wieder glühen.

So ist's mit aller Bildung auch beschaffen: — Seite 294
10 Vergebens werden ungebundne Geister — Seite 294
Nach der Vollendung reiner Höhe streben. — Seite 295

Wer Großes will, muß sich zusammenraffen;
In der Beschränkung zeigt sich erst der Meister,
Und das Gesetz nur kann uns Freiheit geben.

Friedrich Hölderlin
Hälfte des Lebens

Mit gelben Birnen hänget
Und voll mit wilden Rosen
Das Land in den See,
Ihr holden Schwäne, — schönen; freundlichen
5 Und trunken von Küssen — Seite 295
Tunkt ihr das Haupt — Taucht
Ins heilignüchterne Wasser. — Seite 295

Weh mir, wo nehm ich, wenn   woher
Es Winter ist, die Blumen, und wo
10 Den Sonnenschein,
Und Schatten der Erde?
Die Mauern stehn
Sprachlos und kalt, im Winde
Klirren die Fahnen.

Friedrich Hölderlin
Lebenslauf

Größers wolltest auch du, aber die Liebe zwingt   Seite 295
   All uns nieder, das Leid beuget gewaltiger,
      Doch es kehret umsonst nicht
         Unser Bogen, woher er kommt.

5 Aufwärts oder hinab! herrschet in heilger Nacht,
   Wo die stumme Natur werdende Tage sinnt,
      Herrscht im schiefesten Orkus
         Nicht ein Grades, ein Recht noch auch?

Dies erfuhr ich. Denn nie, sterblichen Meistern
10   gleich,
   Habt ihr Himmlischen, ihr Alleserhaltenden,
      Daß ich wüßte, mit Vorsicht   Seite 295
         Mich des ebenen Pfads geführt.

Alles prüfe der Mensch, sagen die Himmlischen,   Seite 295
15   Daß er, kräftig genährt, danken für Alles lern,
      Und verstehe die Freiheit,
         Aufzubrechen, wohin er will.

Friedrich von Hardenberg (Novalis)
Wenn nicht mehr Zahlen und Figuren

Wenn nicht mehr Zahlen und Figuren — Seite 295
Sind Schlüssel aller Kreaturen,
Wenn die, so singen oder küssen, — die
Mehr als die Tiefgelehrten wissen,
5 Wenn sich die Welt in's freie Leben,
Und in die Welt wird zurück begeben,
Wenn dann sich wieder Licht und Schatten
Zu ächter Klarheit werden gatten, — echter / verbinden
Und man in Mährchen und Gedichten
10 Erkennt die ewgen Weltgeschichten,
Dann fliegt vor Einem geheimen Wort
Das ganze verkehrte Wesen sofort. — Das Scheinbare, Unechte

Friedrich von Hardenberg (Novalis)
Der Himmel war umzogen

Der Himmel war umzogen, — bewölkt
Es war so trüb' und schwühl,
Heiß kam der Wind geflogen
Und trieb sein seltsam Spiel.

5 Ich schlich in tiefen Sinnen, — tiefen Gedanken
Von stillem Gram verzehrt – — Kummer
Was soll ich nun beginnen?
Mein Wunsch blieb unerhört.

Wenn Menschen könnten leben
Wie kleine Vögelein,
So wollt ich zu ihr schweben — Seite 295
Und fröhlich mit ihr seyn.

Wär hier nichts mehr zu finden,
Wär Feld und Staude leer, — strauchartiger Busch
So flögen, gleich den Winden
Wir übers dunkle Meer.

Wir blieben bey dem Lenze — Frühling
Und von dem Winter weit
Wir hätten Frücht' und Kränze — Seite 295
Und immer gute Zeit.

Die Myrrthe sproßt im Tritte — Seite 295
Der Wohlfahrt leicht hervor, — mit dem Voranschreiten; in den Fußspuren Des Wohlergehens
Doch um des Elends Hütte
Schießt Unkraut nur empor.

Mir war so bang zu Muthe — ängstlich
Da sprang ein Kind heran,
Schwang fröhlich seine Ruthe — Seite 295
Und sah mich freundlich an.

Warum mußt du dich grämen? — traurig sein
O! weine doch nicht so,
Kannst meine Gerte nehmen,
Dann wirst du wieder froh.

Ich nahm sie und es hüpfte
Mit Freuden wieder fort
35 Und stille Rührung knüpfte   verband
Sich an des Kindes Wort.   sich mit

Wie ich so bey mir dachte,
Was soll die Ruthe dir?
Schwank aus den Büschen sachte   Schwankte
40 Ein grüner Glanz zu mir.

Die Königinn der Schlangen
Schlich durch die Dämmerung.
Sie schien gleich goldnen Spangen,
In wunderbaren Prunk.   Pracht

45 Ihr Krönchen sah ich funkeln
Mit bunten Strahlen weit,
Und alles war im Dunkeln
Mit grünen Gold bestreut.

Ich nahte mich ihr leise
50 Und traf sie mit dem Zweig,   der Rute
So wunderbarer Weise
Ward ich unsäglich reich.   unaussprechlich

Karoline von Günderrode
Der Kuß im Traume, aus einem ungedruckten Romane

Es hat ein Kuß mir Leben eingehaucht,   Seite 295
Gestillet meines Busens tiefstes Schmachten,   Hungern; sehnen
Komm, Dunkelheit! mich traulich zu umnachten,   zutraulich;
Daß neue Wonne meine Lippe saugt.   anheimelnd

5 In Träume war solch Leben eingetaucht,
Drum leb' ich, ewig Träume zu betrachten,
Kann aller andern Freuden Glanz verachten,
Weil nur die Nacht so süßen Balsam haucht.   Seite 295

Der Tag ist karg an liebesüßen Wonnen,   nichtige, selbstgefällige Glanzentfaltung
10 Es schmerzt mich seines Lichtes eitles Prangen
Und mich verzehren seiner Sonne Gluthen.
Drum birg dich Aug' dem Glanze irrd'scher Sonnen!   schütze und verstecke dich, Auge, vor
Hüll' dich in Nacht, sie stillet dein Verlangen
Und heilt den Schmerz, wie Lethes kühle Fluthen.   Seite 296

Karoline von Günderrode
Die Malabarischen Witwen

Zum Flammentode gehn an Indusstranden   Seite 296
Mit dem Gemahl, in Jugendherrlichkeit,
Die Frauen, ohne Zagen, ohne Leid,   ohne Furcht
Geschmücket festlich, wie in Brautgewanden.   wie im Brautkleid

5 Die Sitte hat der Liebe Sinn verstanden,   Seite 296
  Sie von der Trennung harter Schmach befreit,   schwer erträglicher Schande
  Zu ihrem Priester selbst den Tod geweiht,   in einer heiligen Zeremonie eingesetzt
  Unsterblichkeit gegeben ihren Banden.

  Nicht Trennung ferner solchem Bunde droht,   in Zukunft
10 Denn die vorhin entzweiten Liebesflammen   Seite 296
  In Einer schlagen brünstig sie zusammen.   leidenschaftlich

  Zur süßen Liebesfeyer wird der Tod,
  Vereinet die getrennten Elemente,
  Zum Lebensgipfel wird das Daseins Ende.   Lebenshöhepunkt

Clemens Brentano
Der Spinnerin Nachtlied

Es sang vor langen Jahren
Wohl auch die Nachtigall,   Seite 296
Das war wohl süßer Schall,
Da wir zusammen waren.   Als

5 Ich sing' und kann nicht weinen,
  Und spinne so allein
  Den Faden klar und rein
  So lang der Mond wird scheinen.

  Als wir zusammen waren
10 Da sang die Nachtigall
  Nun mahnet mich ihr Schall   erinnert mich ihr Gesang daran
  Daß du von mir gefahren.

So oft der Mond mag scheinen,   *wird; will*
Denk' ich wohl dein allein,   *Denk ich nur*
15 Mein Herz ist klar und rein,   *an dich allein*
Gott wolle uns vereinen.

Seit du von mir gefahren,   *gegangen bist*
Singt stets die Nachtigall,
Ich denk' bei ihrem Schall,
20 Wie wir zusammen waren.

Gott wolle uns vereinen   *möge*
Hier spinn' ich so allein,
Der Mond scheint klar und rein,
Ich sing' und möchte weinen.

Clemens Brentano
Die Liebe lehrt

Die Liebe lehrt
Mich lieblich reden,
Da Lieblichkeit
Mich lieben lehrte.

5 Arm bin ich nicht
In Deinen Armen,
Umarmst du mich
Du süße Armut.

Wie reich bin ich
10 In Deinem Reiche,
   Der Liebe Reichtum
   Reichst du mir.

   O Lieblichkeit!
   O reiche Armut!
15 Umarme mich
   In Liebesarmen.

Clemens Brentano
Hör, es klagt die Flöte

Hör, es klagt die Flöte wieder,
Und die kühlen Brunnen rauschen.

Golden wehn die Töne nieder,
Stille, stille, laß uns lauschen!

5 Holdes Bitten, mild Verlangen,   Freundliches,
Wie es süß zum Herzen spricht!   Anmutiges

                                                     mildes

Durch die Nacht, die mich umfangen,
Blickt zu mir der Töne Licht.

Johann Wolfgang Goethe
Mächtiges Überraschen

Ein Strom entrauscht umwölktem Felsensaale,   einem
Dem Ozean sich eilig zu verbinden;   wolkenhohen
Was auch sich spiegeln mag von Grund zu   Gebirgs-
   Gründen,   massiv
5 Er wandelt unaufhaltsam fort zu Tale.

Dämonisch aber stürzt mit einem Male –
Ihr folgen Berg und Wald in Wirbelwinden –
Sich Oreas, Behagen dort zu finden,   Seite 297
Und hemmt den Lauf, begrenzt die weite Schale.

10 Die Welle sprüht und staunt zurück und weichet
Und schwillt bergan, sich immer selbst zu trinken;
Gehemmt ist nun zum Vater hin das Streben.   Ozean

Sie schwankt und ruht, zum See zurückgedeichet;
Gestirne, spiegelnd sich, beschaun das Blinken
15 Des Wellenschlags am Fels, ein neues Leben.

Joseph von Eichendorff
Zwielicht

Dämmrung will die Flügel spreiten,   Seite 297
Schaurig rühren sich die Bäume,   ausbreiten
Wolken ziehn wie schwere Träume –
Was will dieses Graun bedeuten?   lähmende
    Entsetzen

5 Hast ein Reh du, lieb vor andern,
   Laß es nicht alleine grasen,
   Jäger ziehn im Wald und blasen,
   Stimmen hin und wieder wandern.

   Hast du einen Freund hienieden,
10 Trau ihm nicht zu dieser Stunde,
   Freundlich wohl mit Aug und Munde,
   Sinnt er Krieg im tückschen Frieden.

   Was heut müde gehet unter,
   Hebt sich morgen neugeboren.
15 Manches bleibt in Nacht verloren –
   Hüte dich, bleib wach und munter!

> Seite 297
> mehr als andere lieb
> Seite 297
> hin und her
>
> in dieser Welt
>
> beabsichtigt er, (mit dir) Krieg zu führen

Theodor Körner
Lied der schwarzen Jäger

Nach der Weise: Am Rhein, am Rhein ec.
1813.

Ins Feld, ins Feld! Die Rachegeister mahnen.
   Auf, deutsches Volk, zum Krieg!
Ins Feld! ins Feld! Hoch flattern unsre Fahnen,
   Sie führen uns zum Sieg.

5 Klein ist die Schar, doch groß ist das Vertrauen
   Auf den gerechten Gott.
Wo seine Engel ihre Festen bauen,
   Sind Höllenkünste Spott.

> In die Schlacht
> Seite 297
>
> Festungen
>
> Verspottenswertes

Gebt kein Pardon! Könnt ihr das Schwert nicht | Macht keine Gefangenen
10 heben,
   So würgt sie ohne Scheu!
Und hoch verkauft den letzten Tropfen Leben! | teuer
   Der Tod macht alle frei.

Noch trauren wir im schwarzen Rächerkleide | Seite 297
15 Um den gestorb'nen Mut; | Seite 297
Doch fragt man euch, was dieses Rot bedeute,
   Das deutet Frankenblut. | vgl. „die Franken", Seite 290

Mit Gott! – Einst geht hoch über Feindesleichen
   Der Stern des Friedens auf;
20 Dann pflanzen wir ein weißes Siegeszeichen
   Am freien Rheinstrom auf. | Seite 297

Joseph von Eichendorff
Waldgespräch

Es ist schon spät, es wird schon kalt,
Was reitst du einsam durch den Wald?
Der Wald ist lang, du bist allein,
Du schöne Braut! ich führ dich heim! | Der Weg durch den Wald

5 „Groß ist der Männer Trug und List, | Betrügereien und Täuschungen
Vor Schmerz mein Herz gebrochen ist,
Wohl irrt das Waldhorn her und hin,
O flieh! Du weißt nicht, wer ich bin."

So reich geschmückt ist Roß und Weib,
10 So wunderschön der junge Leib,
Jetzt kenn ich dich – Gott steh mir bei!
Du bist die Hexe Lorelei.   Seite 297

„Du kennst mich wohl – von hohem Stein
Schaut still mein Schloß tief in den Rhein.
15 Es ist schon spät, es wird schon kalt,
Kommst nimmermehr aus diesem Wald!"

Ludwig Tieck
An einen Liebenden im Frühling 1814

Wonne glänzt von allen Zweigen,
Mutig regt sich jedes Reis,   Zweig
Blumenkränz' aus Bäumen steigen,
Purpurrot und silberweiß.   Seite 298

5 Und bewegt wie Harfensaiten   Seite 298
Ist die Welt ein Jubelklang,   Seite 298
Durch der Welten Dunkelheiten
Tönt der Nachtigall Gesang.   Seite 296

Warum leuchten so die Felder?
10 Nie hab' ich dies Grün gesehn!   ein solches
Lustgesang dringt durch die Wälder,
Rauschend wie ein Sturmeswehn.

Sieg und Freiheit blühn die Bäume,
Heil dir, Vaterland! erschallt
15 Jubelnd durch die grünen Räume,
Freiheit! braust der Eichenwald.   *Seite 298*

Hoch beglückt, ja hoch gesegnet,
Wem in diesem Lustgefild
Liebesglück noch hold begegnet,   *freundlich,*
20 Und die letzte Sehnsucht stillt.   *anmutig*

Johann Wolfgang Goethe
Selige Sehnsucht

Sagt es niemand, nur den Weisen,
Weil die Menge gleich verhöhnet,   *alles sofort*
Das Lebend'ge will ich preisen,   *verspottet*
Das nach Flammentod sich sehnet.

5 In der Liebesnächte Kühlung,
Die dich zeugte, wo du zeugtest,   *ein*
Überfällt dich fremde Fühlung,   *fremdartiges,*
Wenn die stille Kerze leuchtet.   *neuartiges*
        Gefühl

Nicht mehr bleibest du umfangen
10 In der Finsternis Beschattung,   *Seite 298*
Und dich reißet neu Verlangen   *ein neues*
Auf zu höherer Begattung.   *Verlangen*
        empor

        Seite 298

Keine Ferne macht dich schwierig,   Seite 298
Kommst geflogen und gebannt,
15 Und zuletzt, des Lichts begierig,   nach Licht gierig
Bist du, Schmetterling, verbrannt.

Und solang du das nicht hast,
Dieses: Stirb und werde!
Bist du nur ein trüber Gast
20 Auf der dunklen Erde.

Johann Wolfgang Goethe
Hatem

Nicht Gelegenheit macht Diebe,   Seite 298
Sie ist selbst der größte Dieb;
Denn sie stahl den Rest der Liebe,
Die mir noch im Herzen blieb.

5 Dir hat sie ihn übergeben,
Meines Lebens Vollgewinn,
Daß ich nun, verarmt, mein Leben   mein Leben nur von dir (zurück-
Nur von dir gewärtig bin.   zuerhalten) erwarten kann

Doch ich fühle schon Erbarmen
10 Im Karfunkel deines Blicks   Seite 298
Und erfreu' in deinen Armen
Mich erneuerten Geschicks.

Johann Wolfgang Goethe
Suleika

Hochbeglückt in deiner Liebe,   Tadle; Beschimpfe
Schelt' ich nicht Gelegenheit;
Ward sie auch an dir zum Diebe,   Mag sie dich bestohlen haben
Wie mich solch ein Raub erfreut!

5 Und wozu denn auch berauben?
Gib dich mir aus freier Wahl;   freiwillig
Gar zu gerne möcht' ich glauben –
Ja, ich bin's, die dich bestahl.

Was so willig du gegeben,   gern und freiwillig
10 Bringt dir herrlichen Gewinn,
Meine Ruh', mein reiches Leben
Geb' ich freudig, nimm es hin!   nimm es an (dich)

Scherze nicht! Nichts von Verarmen!
Macht uns nicht die Liebe reich?
15 Halt' ich dich in meinen Armen,
Jedem Glück ist meines gleich.

Johann Wolfgang Goethe
Lied und Gebilde

Mag der Grieche seinen Ton — Seite 298
Zu Gestalten drücken, — Skulpturen
An der eignen Hände Sohn
Steigern sein Entzücken;

5 Aber uns ist wonnereich
In den Euphrat greifen, — Seite 299
Und im flüss'gen Element
Hin und wider schweifen. — Hin und her

Löscht' ich so der Seele Brand,
10 Lied, es wird erschallen;
Schöpft des Dichters reine Hand, — Seite 299
Wasser wird sich ballen. — zusammenballen, formen

Spätromantik, Vormärz und Realismus

In der Spätromantik werden die romantischen Motivwelten popularisiert und verstärkt religiös interpretiert. Politisch wird auf Konservativismus gesetzt – zumindest zum Teil. Es finden sich nämlich auch deutsch-patriotische Strömungen, wie in der politischen Oppositionsbewegungen der Biedermeierzeit (1815–48), welche die Lyrik als Propagandainstrument nutzen. Nach dem Scheitern der bürgerlichen Revolution von 1848 entpolitisiert sich die Lyrik oder wird staatstreu. Es wird resigniert, man wendet sich privaten Dingen zu, der Realität, deren Berechtigung allenfalls in Einzelheiten in Frage gestellt wird. „Realismus" bezeichnet damals Schreibweisen, die nicht jedes beliebige Detail, sondern das Wesentliche der Wirklichkeit einfangen wollen, auch durch symbolische Überhöhung. Die Verskunst folgt Vorbildern aus Klassik und Biedermeier.

Joseph von Eichendorff
Frühlingsfahrt

Es zogen zwei rüstge Gesellen
Zum ersten Mal von Haus,
So jubelnd recht in die hellen
Klingenden, singenden Wellen
5 Des vollen Frühlings hinaus.

Die strebten nach hohen Dingen,
Die wollten trotz Lust und Schmerz,
Was Rechts in der Welt vollbringen,
Und wem sie vorübergingen
10 Dem lachten Sinnen und Herz. –

Der erste, der fand ein Liebchen,
Die Schwieger kauft' Hof und Haus;
Der wiegte gar bald ein Bübchen,
Und sah aus heimlichem Stübchen
15 Behaglich ins Feld hinaus.

Dem zweiten sangen und logen
Die tausend Stimmen in Grund,
Verlockend' Sirenen, und zogen
Ihn in der buhlenden Wogen
20 Farbig klingenden Schlund.

Und wie er auftaucht vom Schlunde,
Da war er müde und alt,
Sein Schifflein das lag im Grunde,
So still war's rings in die Runde
25 Und über die Wasser weht's kalt.

Marginalien:

- frische, kräftige
- Seite 299
- von zu Hause in die Welt
- Etwas Ordentliches
- Schwiegermutter
- heimatlichem; traulichem
- zufrieden und bequem
- Seite 299
- die um körperliche Liebe werbenden

Es singen und klingen die Wellen
Des Frühlings wohl über mir
Und seh ich so kecke Gesellen,
Die Tränen im Auge mir schwellen –   anschwellen
30 Ach Gott, führ uns liebreich zu dir!   Seite 299

August von Platen
Es liegt an eines Menschen Schmerz

Es liegt an eines Menschen Schmerz, an eines
   Menschen Wunde nichts,
Es kehrt an das, was Kranke quält, sich ewig der   Es interessiert
   Gesunde nichts!   für
Und wäre nicht das Leben kurz, das stets der
   Mensch vom Menschen erbt,
So gäb's Beklagenswerteres auf diesem weiten   auf dieser
   Runde nichts!   Erde
5 Einförmig stellt Natur sich her, doch
   tausendförmig ist ihr Tod,
Es fragt die Welt nach meinem Ziel, nach deiner   die Natur
   letzten Stunde nichts;
Und wer sich willig nicht ergiebt dem ehrnen Lose,   ohne Widerstand
   das ihm dräut,
Der zürnt ins Grab sich rettungslos und fühlt in   unabänderlichen Schicksal
   dessen Schlunde nichts;   droht
Dies wissen Alle, doch vergißt es Jeder gerne jeden
   Tag,
10 So komme denn, in diesem Sinn, hinfort aus
   meinem Munde nichts!
Vergeßt, daß euch die Welt betrügt, und daß ihr   Seite 299
   Wunsch nur Wünsche zeugt,

Laßt eurer Liebe nichts entgehn, entschlüpfen
   eurer Kunde nichts! *Kenntnis, Wissen*
Es hoffe Jeder, daß die Zeit ihm gebe, was sie
   Keinem gab, *die Lebenszeit*
Denn Jeder sucht ein All zu sein und Jeder ist im
   Grunde nichts.

Heinrich Heine
Die Lotosblume ängstigt

Die Lotosblume ängstigt *Seite 299*
Sich vor der Sonne Pracht, *hat Angst vor*
Und mit gesenktem Haupte
Erwartet sie träumend die Nacht.

5 Der Mond, der ist ihr Buhle, *Liebhaber*
Er weckt sie mit seinem Licht,
Und ihm entschleiert sie freundlich *enthüllt*
Ihr frommes Blumengesicht.

Sie blüht und glüht und leuchtet,
10 Und starrt stumm in die Höh';
Sie duftet und weinet und zittert
Vor Liebe und Liebesweh.

Heinrich Heine
Die Loreley

Ich weiß nicht was soll es bedeuten,
Daß ich so traurig bin;
Ein Märchen aus alten Zeiten,
Das kommt mir nicht aus dem Sinn.   *kann ich nicht vergessen*

5 Die Luft ist kühl und es dunkelt,
Und ruhig fließt der Rhein;   *Seite 299*
Der Gipfel des Berges funkelt
Im Abendsonnenschein.

Die schönste Jungfrau sitzet
10 Dort oben wunderbar,
Ihr goldnes Geschmeide blitzet,   *goldener Schmuck*
Sie kämmt ihr goldenes Haar.

Sie kämmt es mit goldenem Kamme,
Und singt ein Lied dabei;
15 Das hat eine wundersame,   *geheimnisvolle, unbegreifliche*
Gewaltige Melodei.   *Melodie*

Den Schiffer im kleinen Schiffe   *verzweifelter, schmerzvoller Sehnsucht*
Ergreift es mit wildem Weh;
Er schaut nicht die Felsenriffe,   *beachtet*
20 Er schaut nur hinauf in die Höh.

Ich glaube, die Wellen verschlingen
Am Ende Schiffer und Kahn;
Und das hat mit ihrem Singen
Die Lore-Ley getan.   *bewirkt*

Heinrich Heine
Mein Herz, mein Herz ist traurig

Mein Herz, mein Herz ist traurig,
Doch lustig leuchtet der Mai;
Ich stehe, gelehnt an der Linde,
Hoch auf der alten Bastei.

5 Da drunten fließt der blaue
Stadtgraben in stiller Ruh;
Ein Knabe fährt im Kahne,
Und angelt und pfeift dazu.

Jenseits erheben sich freundlich,
10 In winziger, bunter Gestalt,
Lusthäuser, und Gärten, und Menschen,
und Ochsen, und Wiesen, und Wald.

Die Mägde bleichen Wäsche,
Und springen im Gras herum:
15 Das Mühlrad stäubt Diamanten,
Ich höre sein fernes Gesumm.

Am alten grauen Turme
Ein Schilderhäuschen steht;
Ein rotgeröckter Bursche
20 Dort auf und nieder geht.

Er spielt mit seiner Flinte,
Die funkelt im Sonnenrot,
Er präsentiert und schultert –
Ich wollt, er schösse mich tot.

Eduard Mörike
Ein Irrsal kam in die Mondscheingärten

Ein Irrsal kam in die Mondscheingärten   Irrlicht;
Einer einst heiligen Liebe.   Verwirrung
Schaudernd entdeckt ich verjährten Betrug.   Seite 300
Und mit weinendem Blick, doch grausam,
5 Hieß ich das schlanke,   Gebot ich
Zauberhafte Mädchen   dem
Ferne gehen von mir.   Mich zu
Ach, ihre hohe Stirn,   verlassen
War gesenkt, denn sie liebte mich;
10 Aber sie zog mit Schweigen
Fort in die graue
Welt hinaus.

Krank seitdem,
Wund ist und wehe mein Herz.   Niemals
15 Nimmer wird es genesen!   gesund werden

Als ginge, luftgesponnen, ein Zauberfaden
Von ihr zu mir, ein ängstig Band,   ängstliches, besorgtes
So zieht es, zieht mich schmachtend ihr nach!   sehnsüchtig
– Wie? wenn ich eines Tags auf meiner Schwelle   erwartend
20 Sie sitzen fände, wie einst, im Morgen-Zwielicht,
Das Wanderbündel neben ihr,   Seite 300
Und ihr Auge, treuherzig zu mir aufschauend,
Sagte, da bin ich wieder
Hergekommen aus weiter Welt!

Eduard Mörike
Um Mitternacht

Gelassen stieg die Nacht ans Land,
Lehnt träumend an der Berge Wand,
Ihr Auge sieht die goldne Waage nun   mit gleich
Der Zeit in gleichen Schalen stille ruhn;   hohen Waagschalen
5 Und kecker rauschen die Quellen hervor,   mutiger und
Sie singen der Mutter, der Nacht, ins Ohr   munterer
Vom Tage,
Vom heute gewesenen Tage.

Das uralt alte Schlummerlied,   Schlaflied
10 Sie achtets nicht, sie ist es müd;   beachtet es nicht; achtet
Ihr klingt des Himmels Bläue süßer noch,   es nicht hoch
Der flüchtgen Stunden gleichgeschwungnes Joch.   unaufhaltsamen
Doch immer behalten die Quellen das Wort,
Es singen die Wasser im Schlafe noch fort   Seite 300
15 Vom Tage,
Vom heute gewesenen Tage.

Eduard Mörike
Er ists

Frühling läßt sein blaues Band
Wieder flattern durch die Lüfte;
Süße, wohlbekannte Düfte
Streifen ahnungsvoll das Land. — etwas ahnend
5 Veilchen träumen schon, — vgl. „Veilchenglocken", Seite 285
Wollen balde kommen. — aufblühen
– Horch, von fern ein leiser Harfenton! — vgl. „Harfensaiten", Seite 298
Frühling, ja du bists!
Dich hab ich vernommen! — gehört

Eduard Mörike
Erstes Liebeslied eines Mädchens

Was im Netze? Schau einmal! — Was ist im Netz
Aber ich bin bange; — ängstlich
Greif ich einen süßen Aal? — Seite 300
Greif ich eine Schlange? — Seite 301

5 Lieb ist blinde
Fischerin;
Sagt dem Kinde,
Wo greift's hin?

Schon schnellt mir's in Händen! — bewegt es sich mir rasch und heftig
10 Ach Jammer! o Lust!
Mit Schmiegen und Wenden
Mir schlüpfts an die Brust.

Es beißt sich, o Wunder!
Mir keck durch die Haut,   mutig, dreist
15 Schießt 's Herze hinunter!
O Liebe, mir graut!   ich empfinde Entsetzen

Was tun, was beginnen?   was soll ich tun
Das schaurige Ding,
Es schnalzet da drinnen,   erzeugt ein schnappendes Geräusch
20 Es legt sich im Ring.   Es legt sich ringförmig

Gift muß ich haben!   Ich habe Gift in mir
Hier schleicht es herum,
Tut wonniglich graben   große Lustgefühle erzeugend
Und bringt mich noch um!

Heinrich Heine
Das Fräulein stand am Meere

Das Fräulein stand am Meere   Seite 301
Und seufzte lang und bang,
Es rührte sie so sehre
Der Sonnenuntergang.

5 Mein Fräulein! sein Sie munter,
Das ist ein altes Stück;
Hier vorne geht sie unter
Und kehrt von hinten zurück.   Seite 301

Joseph von Eichendorff
Sehnsucht

Es schienen so golden die Sterne,
Am Fenster ich einsam stand
Und hörte aus weiter Ferne
Ein Posthorn im stillen Land.
5 Das Herz mir im Leib entbrennte,
Da hab ich mir heimlich gedacht:
Ach wer da mitreisen könnte
In der prächtigen Sommernacht!

Zwei junge Gesellen gingen
10 Vorüber am Bergeshang,
Ich hörte im Wandern sie singen
Die stille Gegend entlang:
Von schwindelnden Felsenschlüften,
Wo die Wälder rauschen so sacht,
15 Von Quellen, die von den Klüften
Sich stürzen in die Waldesnacht.

Sie sangen von Marmorbildern,
Von Gärten, die überm Gestein
In dämmernden Lauben verwildern,
20 Palästen im Mondenschein,
Wo die Mädchen am Fenster lauschen,
Wann der Lauten Klang erwacht
Und die Brunnen verschlafen rauschen
In der prächtigen Sommernacht. –

Seitenannotationen:
Seite 301
entbrannte
insgeheim; mit anheimelnden Gefühlen
vgl. „Gesellen", Seite 299
Seite 301
Seite 301
Seite 301

Joseph von Eichendorff
Mondnacht

Es war, als hätt der Himmel
Die Erde still geküßt,
Daß sie im Blütenschimmer
Von ihm nun träumen müßt.

5 Die Luft ging durch die Felder,   Der sanfte
Die Ähren wogten sacht,   Wind
Es rauschten leis die Wälder,
So sternklar war die Nacht.   Seite 301

Und meine Seele spannte
10 Weit ihre Flügel aus,
Flog durch die stillen Lande,
Als flöge sie nach Haus.

Joseph von Eichendorff
Wünschelrute

Schläft ein Lied in allen Dingen,
Die da träumen fort und fort,
Und die Welt hebt an zu singen,
Triffst du nur das Zauberwort.

Nicolaus Lenau
Die drei Zigeuner

Drei Zigeuner fand ich einmal
Liegen an einer Weide, — Seite 291
Als mein Fuhrwerk mit müder Qual
Schlich durch sandige Heide. — Seite 301

5 Hielt der eine für sich allein — abgesondert von den andern
In den Händen die Fiedel, — Violine
Spielte, umglüht vom Abendschein,
Sich ein feuriges Liedel. — Lied

Hielt der zweite die Pfeif im Mund,
10 Blickte nach seinem Rauche,
Froh, als ob er vom Erdenrund
Nichts zum Glücke mehr brauche.

Und der dritte behaglich schlief,
Und sein Zimbal am Baum hing, — Seite 302
15 Über die Saiten der Windhauch lief,
Über sein Herz ein Traum ging.

An den Kleidern trugen die drei
Löcher und bunte Flicken, — irdischen Begebenheiten oder Schicksalen
Aber sie boten trotzig frei
20 Spott den Erdengeschicken.

Dreifach haben sie mir gezeigt,
Wenn das Leben uns nachtet, — dunkel wird
Wie mans verraucht, verschläft, vergeigt
Und es dreimal verachtet.

146 Spätromantik, Vormärz und Realismus

25 Nach den Zigeunern lang noch schaun
   Mußt ich im Weiterfahren,
   Nach den Gesichtern dunkelbraun,
   Den schwarzlockigen Haaren.

Georg Herwegh
Aufruf
1841

Reißt die Kreuze aus der Erden!
Alle sollen Schwerter werden,
Gott im Himmel wird's verzeihn.
Laßt, o laßt das Verseschweißen!
5 Auf den Amboß legt das Eisen!
Heiland soll das Eisen sein.

Eure Tannen, eure Eichen –
Habt die grünen Fragezeichen
Deutscher Freiheit ihr gewahrt? wahrgenommen
10 Nein, sie soll nicht untergehen!
Doch ihr fröhlich Auferstehen Seite 302
Kostet eine Höllenfahrt. Seite 302

Deutsche, glaubet euren Sehern,
Unsre Tage werden ehern, erzen, eisern
15 Unsre Zukunft klirrt in Erz; Metall
Schwarzer Tod ist unser Sold nur, Seite 302
Unser Gold ein Abendgold nur,
Unser Rot ein blutend Herz!

Reißt die Kreuze aus der Erden!
20 Alle sollen Schwerter werden,
Gott im Himmel wird's verzeihn.
Hört er unsre Feuer brausen
Und sein heilig Eisen sausen,
Spricht er wohl den Segen drein.

25 Vor der Freiheit sei kein Frieden,
Sei dem Mann kein Weib beschieden   Seite 302
Und kein golden Korn dem Feld;   reifes
Vor der Freiheit, vor dem Siege   Getreide
Seh kein Säugling aus der Wiege
30 Frohen Blickes in die Welt!

In den Städten sei nur Trauern,
Bis die Freiheit von den Mauern
Schwingt die Fahnen in das Land;
Bis du, Rhein, durch *freie* Bogen
35 Donnerst, laß die letzten Wogen
Fluchend knirschen in den Sand.

Reißt die Kreuze aus der Erden!
Alle sollen Schwerter werden,
Gott im Himmel wird's verzeihn.
40 Gen Tyrannen und Philister!   Gegen Unter-
Auch das Schwert hat seine Priester,   drücker und
Und wir wollen Priester sein!   angepasste
    Feiglinge

Annette von Droste-Hülshoff
Am Turme

Ich steh' auf hohem Balkone am Turm,
Umstrichen vom schreienden Stare,
Und laß' gleich einer Mänade den Sturm   Seite 302
Mir wühlen im flatternden Haare;
5 O wilder Geselle, o toller Fant,   wilder, junger Exzentriker
Ich möchte dich kräftig umschlingen,
Und, Sehne an Sehne, zwei Schritte vom Rand
Auf Tod und Leben dann ringen!

Und drunten seh' ich am Strand, so frisch   unten
10 Wie spielende Doggen, die Wellen   Seite 302
Sich tummeln rings mit Geklaff und Gezisch,
Und glänzende Flocken schnellen.   springen federnd
O, springen möcht' ich hinein alsbald,
Recht in die tobende Meute,
15 Und jagen durch den korallenen Wald
Das Walroß, die lustige Beute!

Und drüben seh' ich ein Wimpel wehn   einen Wimpel
So keck wie eine Standarte,   Seite 302
Seh auf und nieder den Kiel sich drehn
20 Von meiner luftigen Warte;   Seite 302
O, sitzen möcht' ich im kämpfenden Schiff,
Das Steuerruder ergreifen,
Und zischend über das brandende Riff
Wie eine Seemöwe streifen.

25 Wär ich ein Jäger auf freier Flur,   in offenem
   Ein Stück nur von einem Soldaten,   Gelände
   Wär ich ein Mann doch mindestens nur,
   So würde der Himmel mir raten;
   Nun muß ich sitzen so fein und klar,
30 Gleich einem artigen Kinde,
   Und darf nur heimlich lösen mein Haar,
   Und lassen es flattern im Winde!

Annette von Droste-Hülshoff
Das Spiegelbild

Schaust du mich an aus dem Kristall,   Spiegelglas
Mit deiner Augen Nebelball,
Kometen gleich die im Verbleichen;
Mit Zügen, worin wunderlich   heimliche
5 Zwei Seelen wie Spione sich   Lauscher und Späher
Umschleichen, ja, dann flüstre ich: Trugbild;
Phantom, du bist nicht meines Gleichen!   Gespenstische Erscheinung

Bist nur entschlüpft der Träume Hut,   dem Schutz der Träume
Zu eisen mir das warme Blut,   Eiskalt zu machen
10 Die dunkle Locke mir zu blassen;   blass zu machen
Und dennoch, dämmerndes Gesicht,
Drin seltsam spielt ein Doppellicht,
Trätest du vor, ich weiß es nicht,
Würd' ich dich lieben oder hassen?

15 Zu deiner Stirne Herrscherthron,
   Wo die Gedanken leisten Fron — Seite 302
   Wie Knechte, würd ich schüchtern blicken;
   Doch von des Auges kaltem Glast, — Glanz
   Voll toten Lichts, gebrochen fast,
20 Gespenstig, würd, ein scheuer Gast,
   Weit, weit ich meinen Schemel rücken.

   Und was den Mund umspielt so lind, — mild, sanft
   So weich und hülflos wie ein Kind,
   Das möcht in treue Hut ich bergen;
25 Und wieder, wenn er höhnend spielt,
   Wie von gespanntem Bogen zielt,
   Wenn leis' es durch die Züge wühlt, — Gesichtszüge
   Dann möcht ich fliehen wie vor Schergen. — Gerichtsdienern; Henker

   Es ist gewiß, du bist nicht Ich,
30 Ein fremdes Dasein, dem ich mich
   Wie Moses nahe, unbeschuhet, — Seite 302
   Voll Kräfte die mir nicht bewußt,
   Voll fremden Leides, fremder Lust;
   Gnade mir Gott, wenn in der Brust
35 Mir schlummernd deine Seele ruhet!

   Und dennoch fühl ich, wie verwandt,
   Zu deinen Schauern mich gebannt,
   Und Liebe muß der Furcht sich einen.
   Ja, trätest aus Kristalles Rund,
40 Phantom, du lebend auf den Grund, — in die Realität herüber
   Nur leise zittern würd ich, und
   Mich dünkt – ich würde um dich weinen!

Das Spiegelbild

Heinrich Heine
Die schlesischen Weber

Im düstern Auge keine Träne,
Sie sitzen am Webstuhl und fletschen die Zähne:
Deutschland, wir weben dein Leichentuch,   Seite 303
Wir weben hinein den dreifachen Fluch –   Seite 303
5   Wir weben, wir weben!

Ein Fluch dem Gotte, zu dem wir gebeten   gebetet haben
In Winterskälte und Hungersnöten,
Wir haben vergebens gehofft und geharrt,   gewartet
Er hat uns geäfft und gefoppt und genarrt –   betrogen
10   Wir weben, wir weben!

Ein Fluch dem König, dem König der Reichen,
Den unser Elend nicht konnte erweichen,
Der den letzten Groschen von uns erpreßt,
Und uns wie Hunde erschießen läßt –
15   Wir weben, wir weben!

Ein Fluch dem falschen Vaterlande,
Wo nur gedeihen Schmach und Schande,
Wo jede Blume früh geknickt,
Wo Fäulnis und Moder den Wurm erquickt –
20   Wir weben, wir weben!

Das Schiffchen fliegt, der Webstuhl kracht,   Seite 303
Wir weben emsig Tag und Nacht –
Altdeutschland, wir weben dein Leichentuch,   Seite 303
Wir weben hinein den dreifachen Fluch,
25   Wir weben, wir weben!

Gottfried Keller
Winternacht

Nicht ein Flügelschlag ging durch die Welt,
Still und blendend lag der weiße Schnee,
Nicht ein Wölklein hing am Sternenzelt,
Keine Welle schlug im starren See.

5 Aus der Tiefe stieg der Seebaum auf,   Seite 303
Bis sein Wipfel in dem Eis gefror;
An den Ästen klomm die Nix' herauf,   Seite 303
Schaute durch das grüne Eis empor.

Auf dem dünnen Glase stand ich da,
10 Das die schwarze Tiefe von mir schied;
Dicht ich unter meinen Füßen sah
Ihre weiße Schönheit Glied für Glied.

Mit ersticktem Jammer tastet' sie
An der harten Decke her und hin.
15 Ich vergeß das dunkle Antlitz nie,
Immer, immer liegt es mir im Sinn!

Georg Weerth
Das Hungerlied

Verehrter Herr und König,
Weißt du die schlimme Geschicht?
Am Montag aßen wir wenig,
Und am Dienstag aßen wir nicht.

⁵ Und am Mittwoch mußten wir darben,   *Mangel leiden*
Und am Donnerstag litten wir Not;
Und ach, am Freitag starben
Wir fast den Hungertod!

Drum laß am Samstag backen
¹⁰ Das Brot, fein säuberlich –
Sonst werden wir sonntags packen
Und fressen, o König, dich!

Ferdinand Freiligrath
Freie Presse

Festen Tons zu seinen Leuten spricht der Herr der Druckerei: *Mit fester Stimme*
„Morgen, wißt ihr, soll es losgehn, und zum Schießen braucht man Blei!   *Seite 303*
Wohl, wir haben unsre Schriften: – Morgen in die Reihn getreten!
Heute Munition gegossen aus metallnen Alphabeten!   *Seite 303*

⁵ Hier die Formen, hier die Tiegel! Auch die Kohlen fach' ich an!   *Seite 303*
Und die Pforten sind verrammelt, daß uns niemand stören kann!
An die Arbeit denn, ihr Herren! Alle, die ihr setzt und preßt,   *Seite 303*
Helft mir auf die Beine bringen dieses Freiheitsmanifest!"   *Seite 304*

Spricht's, und wirft die ersten Lettern in den Tiegel frischer Hand.
10 Von der Hitze bald geschmolzen brodeln Perl und Diamant;   *zwei Schriftgrößen*
brodeln Kolonel und Korpus; hier Antiqua, dort Fraktur   *zwei Schriftgrößen / zwei Schriftarten*
werfen radikale Blasen, dreist umgehend die Zensur.   *Seite 304*

Dampfend in die Kugelformen zischt die glüh'nde Masse dann: –   *Seite 304*
So die ganze lange Herbstnacht schaffen diese zwanzig Mann;
15 atmen rüstig in die Kohlen; schüren, schmelzen unverdrossen,
bis in runde, blanke Kugeln Schrift und Zeug sie ungegossen!

Wohl verpackt in grauen Beuteln liegt der Vorrat an der Erde,
fertig, daß er mit der Frühe brühwarm ausgegeben werde!
Eine dreiste Morgenzeitung! Wahrlich, gleich beherzt und kühn
20 sah man keine noch entschwirren dieser alten Offizin!   *Werkstätte*

Und der Meister sieht es düster, legt die Rechte auf
sein Herz:
„Daß es also kommen mußte, mir und vielen
macht es Schmerz!
Doch – welch Mittel ist noch übrig, und wie kann
es anders sein? –
Nur als Kugel mag die Type dieser Tage sich   Druckletter
befrein!

45 Wohl soll der Gedanke siegen – nicht des Stoffes   die physische
rohe Kraft!   Gewalt
Doch man band ihn, man zertrat ihn, doch warf
man ihn schnöd in Haft!   mitleidlos
Sei es denn! In die Muskete mit dem Ladstock laßt   Seite 304
euch rammen!
Auch in solchem Winkelhaken steht als Kämpfer   Seite 304
treu beisammen!

Auch aus ihm bis an die Hofburg fliegt und   Seite 304
schwingt euch, trotzige Schriften!
50 Jauchzt ein rauhes Lied der Freiheit, jauchzt und   Ruft froh-
pfeift es hoch in Lüften!   lockend
Schlagt die Knechte, schlagt die Söldner, schlagt
den allerhöchsten Toren,
der sich diese freie Presse selber auf den Hals
beschworen!

Für die rechte freie Presse kehrt ihr heim aus diesem Strauß: *richtige, echte Waffengang*
Bald aus Leichen und aus Trümmern graben wir euch wieder aus!
55 Gießen euch aus stumpfen Kugeln wieder um in scharfe Lettern –
Horch! Ein Pochen an der Haustür! Und Trompeten hör ich schmettern!

Jetzt ein Schuß! – Und wieder einer! – Die Signale sind's Gesellen!
Hallender Schritt erfüllt die Gassen, Hufe dröhnen, Hörner gellen!
Hier die Kugeln! Hier die Büchsen! Rasch hinab! –   *Gewehre*
Da sind wir schon!"
60 Und die erste Salve prasselt! – Das ist Revolution!

Eduard Mörike
Auf eine Lampe

Noch unverrückt, o schöne Lampe, schmückest du,
An leichten Ketten zierlich aufgehangen hier,   *aufgehängt*
Die Decke des nun fast vergeßnen Lustgemachs.   *Seite 304*
Auf deiner weißen Marmorschale, deren Rand
5 Der Efeukranz von goldengrünem Erz umflicht,   *Seite 304*
Schlingt fröhlich eine Kinderschar den   *Seite 304*
   Ringelreihn.   *Seite 304*
Wie reizend alles! lachend, und ein sanfter Geist
Des Ernstes doch ergossen um die ganze Form –
10 Ein Kunstgebild der echten Art. Wer achtet sein?
Was aber schön ist, selig scheint es in ihm selbst.

Heinrich Heine
Der Asra

Täglich ging die wunderschöne
Sultanstochter auf und nieder — Seite 304
Um die Abendzeit am Springbrunn,
Wo die weißen Wasser plätschern.

5 Täglich stand der junge Sklave
Um die Abendzeit am Springbrunn,
Wo die weißen Wasser plätschern;
Täglich ward er bleich und bleicher.

Eines Abends trat die Fürstin
10 Auf ihn zu mit raschen Worten:
Deinen Namen will ich wissen,
Deine Heimat, deine Sippschaft! — Verwandtschaft, Stamm

Und der Sklave sprach: Ich heiße
Mohamet, ich bin aus Yemmen, — Seite 304
15 Und mein Stamm sind jene Asra, — Seite 304
Welche sterben wenn sie lieben. — Seite 304

Heinrich Heine
Laß die heilgen Parabolen

Laß die heilgen Parabolen, — Gleichnisse
Laß die frommen Hypothesen – — Vermutungen
Suche die verdammten Fragen — Bemühe dich
Ohne Umschweif uns zu lösen. — Direkt

5 Warum schleppt sich blutend, elend,
Unter Kreuzlast der Gerechte,   Seite 304
Während glücklich als ein Sieger
Trabt auf hohem Roß der Schlechte?

Woran liegt die Schuld? Ist etwa   Wer oder was ist schuld daran
10 Unser Herr nicht ganz allmächtig?   Seite 304
Oder treibt er selbst den Unfug?
Ach, das wäre niederträchtig.

Also fragen wir beständig,   immer wieder
Bis man uns mit einer Handvoll
15 Erde endlich stopft die Mäuler –
Aber ist das eine Antwort?

Heinrich Heine
Lotosblume

Wahrhaftig, wir beide bilden   sind
Ein kurioses Paar,   seltsames
Die Liebste ist schwach auf den Beinen,
Der Liebhaber lahm sogar.

5 Sie ist ein leidendes Kätzchen,
Und er ist krank wie ein Hund,
Ich glaube, im Kopf sind beide
Nicht sonderlich gesund.

Vertraut sind ihre Seelen,   *Seite 305*
10 Doch jedem von beiden bleibt fremd
Was bei dem andern befindlich   *Was sich beim andern befindet*
Wohl zwischen Seel und Hemd.

Sie sei eine Lotosblume,
Bildet die Liebste sich ein;
15 Doch er, der blasse Geselle,   *bleiche Mann*
Vermeint der Mond zu sein.   *Glaubt*

Die Lotosblume erschließet   *öffnet*
Ihr Kelchlein im Mondenlicht,
Doch statt des befruchtenden Lebens
20 Empfängt sie nur ein Gedicht.

Theodor Storm
Meeresstrand

An's Haff nun fliegt die Möwe,   *Seite 305*
Und Dämm'rung bricht herein;
Über die feuchten Watten   *Seite 305*
Spiegelt der Abendschein.

5 Graues Geflügel huschet   *Graue Vögel*
Neben dem Wasser her;
Wie Träume liegen die Inseln
Im Nebel auf dem Meer.

Ich höre des gärenden Schlammes
10 Geheimnisvollen Ton,
Einsames Vogelrufen –
So war es immer schon.

Noch einmal schauert leise
Und schweiget dann der Wind;
15 Vernehmlich werden die Stimmen,
Die über der Tiefe sind.

Robert Prutz
Wo sind die Lerchen hingeflogen

Wo sind die Lerchen hingeflogen,
die sonst den jungen Tag begrüßt?
Hoch schwebten sie am Himmelsbogen,
Von Morgenlüftchen wach geküßt:
5 Es floß ein Regen süßer Lieder
Herab auf die beglückte Welt,
Und alle Herzen tönten wieder,
Und jedes fühlte sich ein Held.

Jetzt schweigt die Flur! – Lautlose Schwüle
10 liegt ausgegossen weit und breit,
Die Willkür ruht auf seidnem Pfühle
Und freut sich ihrer Sicherheit:
Als hätte mit den freien Kehlen
Sie auch die Herzen stumm gemacht!
15 Als schwiegen zitternd alle Seelen,
Weil sie die Lippen überwacht!

Ich aber sah die Wolken steigen
und Blitze zucken um den Turm –
Ja, es ist wahr! Die Lerchen schweigen,
20 Allein sie schweigen – *vor dem Sturm!*
Ihr habt das Lied nicht hören wollen,
Euch hat die Lerche nichts gelehrt:
Wohlan, so wird der Donner rollen,
Und statt der Saite klirrt das Schwert!

Emanuel Geibel
An König Wilhelm
Lübeck, den 13. September 1868.

Mit festlich tiefem Frühgeläute	frühen Glockenläuten
Begrüßt dich bei des Morgens Strahl,	
Begrüßt, o Herr, in Ehrfurcht heute	
Dich unsre Stadt zum erstenmal;	Beschützer und Beherrscher
5 Dem hohen Schirmvogt ihr Willkommen	
Neidlosen Jubels bringt sie dar,	Mit neidlosem Jubel
Die selbst in Zeiten längst verglommen	längst vergangenen Zeiten
Des alten Nordbunds Fürstin war.	Seite 306
Das Banner, das in jenen Tagen	Fahne (der Hanse)
10 Den Schwestern all am Ostseestrand	
Sie kühngemut vorangetragen,	kühn
Hoch flattert's nun in deiner Hand,	
In deiner Hand, die auserkoren	auserwählt
Vom Herrn der Herrn, dem sie vertraut,	Gott
15 Das Heiligtum, das wir verloren,	Seite 305
Das deutsche Reich uns wieder baut.	

Spätromantik, Vormärz und Realismus

Schon ragt bis zu des Maines Borden — Seite 305
Das Werk, darob dein Adler wacht, — über dem
Versammelnd alle Stämm' im Norden, — Seite 305
20 Die Riesenfeste deutscher Macht; — riesige Festung
Und wie auch wir das Banner pflanzen, — aufstellen
Das dreifach prangt in Farbenglut, — Seite 305
Durchströmt uns im Gefühl des Ganzen
Verjüngte Kraft, erneuter Mut.

25 Im engen Bett schlich unser Leben — Bachbett
Vereinzelt wie der Bach im Sand;
Da hast du uns, was not, gegeben, — was wir benötigten
Den Glauben an ein Vaterland.
Das schöne Recht, uns selbst zu achten,
30 Das uns des Auslands Hohn verschlang, — Seite 305
Hast du im Donner deiner Schlachten — Seite 306
Uns heimgekauft, o habe Dank! — zurückgekauft

Nun weht von Türmen, flaggt von Masten — hisst Flaggen
Das deutsche Zeichen allgeehrt; — von allen geehrt
35 Von ihm geschirmt nun bringt die Lasten
Der Schiffer froh zum Heimatsherd.
Nun mag am harmlos rüst'gen Werke
Der Kunstfleiß schaffen unverzagt, — ohne Furcht
Denn Friedensbürgschaft ist die Stärke, — Gewähr und Garantie des Friedens
40 Daran kein Feind zu rühren wagt.

Drum Heil mit dir und deinem Throne!
Und flicht als grünes Eichenblatt   Seite 306
In deine Gold- und Lorbeerkrone   Seite 306
Den Segensgruß der alten Stadt.
45 Und sei's als letzter Wunsch gesprochen,
Daß noch dereinst dein Aug' es sieht,
Wie übers Reich ununterbrochen
Vom Fels zum Meer dein Adler zieht.   Seite 306

Theodor Storm
Geh nicht hinein

Im Flügel oben hinterm Korridor,   Gebäude-
                                                     flügel
Wo es so jählings einsam worden ist,   plötzlich
– Nicht in dem ersten Zimmer, wo man sonst
Ihn finden mochte, in die blasse Hand
5 Das junge Haupt gestützt, die Augen träumend
Entlang den Wänden streifend, wo im Laub
Von Tropenpflanzen ausgebälgt Getier   ausgestopfte
                                                     Tiere
Die Flügel spreizte und die Tatzen reckte,
Halb Wunder noch, halb Wissensrätsel ihm,
10 – Nicht dort; der Stuhl ist leer, die Pflanzen lassen
Verdürstend ihre schönen Blätter hängen;
Staub sinkt herab; – nein, nebenan die Tür,
In jenem hohen dämmrigen Gemach,
– Beklommne Schwüle ist drin eingeschlossen –   Drückende,
                                                     Beengte
15 Dort hinterm Wandschirm auf dem Bette liegt
Etwas – geh nicht hinein! Es schaut dich fremd
Und furchtbar an!
                        Vor wenig Stunden noch
Auf jenen Kissen lag sein blondes Haupt;

20 Zwar bleich von Qualen, denn des Lebens Fäden
Zerrissen jäh; doch seine Augen sprachen
Noch zärtlich, und mitunter lächelt' er,
Als säh' er noch in goldne Erdenferne.
    Da plötzlich losch es aus; er wußt' es plötzlich,
25 – Und ein Entsetzen schrie aus seiner Brust,
Daß ratlos Mitleid, die am Lager saßen,
In Stein verwandelte – er lag am Abgrund;
Bodenlos, ganz ohne Boden. – „Hilf!
Ach, Vater, lieber Vater!" Taumelnd schlug
30 Er um sich mit den Armen; ziellos griffen
In leere Luft die Hände; noch ein Schrei –
Und dann verschwand er.
                      Dort, wo er gelegen,
Dort hinterm Wandschirm, stumm und einsam
35   liegt
Jetzt etwas – bleib! Geh nicht hinein! Es schaut
Dich fremd und furchtbar an; für viele Tage
Kannst du nicht leben, wenn du es erblickt.

40 „Und weiter – du, der du ihn liebtest – hast
Nichts weiter du zu sagen?"
                            Weiter nichts.

Conrad Ferdinand Meyer
Der römische Brunnen

Aufsteigt der Strahl und fallend gießt
Er voll der Marmorschale Rund,   Seite 306
Die, sich verschleiernd, überfließt
In einer zweiten Schale Grund;
5 Die zweite gibt, sie wird zu reich,
Der dritten wallend ihre Flut,
Und jede nimmt und gibt zugleich
   Und strömt und ruht.

Conrad Ferdinand Meyer
Der schöne Tag

In kühler Tiefe spiegelt sich
Des Juli-Himmels warmes Blau,
Libellen tanzen auf der Flut,
Die nicht der kleinste Hauch bewegt.

5 Zwei Knaben und ein ledig Boot –   leeres,
Sie sprangen jauchzend in das Bad,   verlassenes
Der eine taucht gekühlt empor,
Der andre steigt nicht wieder auf.

Ein wilder Schrei: „Der Bruder sank!"
10 Von Booten wimmelt's schon. Man fischt.
Den einen rudern sie ans Land,
Der fahl wie ein Verbrecher sitzt.   bleich

Der andre Knabe sinkt und sinkt
Gemach hinab, ein Schlummernder,   Langsam
15 Geschmiegt das sanfte Lockenhaupt
An einer Nymphe weiße Brust.   Seite 278

Conrad Ferdinand Meyer
Zwei Segel

Zwei Segel erhellend
Die tiefblaue Bucht!
Zwei Segel sich schwellend
Zu ruhiger Flucht!

5 Wie eins in den Winden
Sich wölbt und bewegt,
Wird auch das Empfinden
Des andern erregt.

Begehrt eins zu hasten,
10 Das andre geht schnell,   sich auszuruhen
Verlangt eins zu rasten,
Ruht auch sein Gesell.   Begleiter

Theodor Fontane
Auf dem Matthäikirchhof

Alltags mit den Offiziellen Würdenträger, hohen Beamten
Weiß ich mich immer gut zu stellen,
Aber feiertags 'was Fremdes sie haben, Seite 306
Besonders wenn sie wen begraben,
5 Dann treten sie (drüber ist kaum zu streiten)
Mit einem Mal in die Feierlichkeiten.
Man ist nicht Null, nicht geradezu Luft,
Aber es gähnt doch eine Kluft, ein Abgrund
Und das ist die Kunst, die Meisterschaft eben,
10 Dieser Kluft das rechte Maß zu geben. das richtige Ausmaß
Nicht zu breit und nicht zu schmal,
Sich flüchtig begegnen, ein-, zwei-, dreimal,
Und verbietet sich solch Vorüberschieben, aneinander Vorbeigehen
Dann ist der Gesprächsgang vorgeschrieben: Gesprächsverlauf
15 „Anheimelnder Kirchhof … beinah ein Garten …
Der Prediger läßt heute lange warten"
Oder: „Der Tote, hat er Erben?
Es ist erstaunlich, wie viele jetzt sterben."

Klassische Moderne und Expressionismus

Was die Strömungen dieser Zeit eint, ist ihre Ablehnung bürgerlicher Werte und Lebensformen. Die Lyrik des Naturalismus stellt erstmals die soziale Wirklichkeit der Großstädte detailliert dar, ohne Ausrichtung an bürgerlichen Werten, deren Realitätsferne angeprangert wird. Der Symbolismus verweigert sich bürgerlichen Nützlichkeitsforderungen. Man experimentiert mit neuen Formen oder setzt alte Formen bewusst in traditionswidriger Weise ein. Diese Technik treibt der Expressionismus auf die Spitze, indem er schlichte Formen mit widersprüchlichen Inhalten füllt. Es ist der lyrische Ausdruck der Unfähigkeit, die Erfahrungen des turbulenten Großstadtlebens und des Grauens im Ersten Weltkrieg zusammenzuführen und zu einem sinnvollen Ganzen zu ordnen.

Friedrich Nietzsche
Der Freigeist
Abschied

„Die Krähen schrei'n
Und ziehen schwirren Flugs zur Stadt:
Bald wird es schnei'n –
Wohl dem, der jetzt noch – Heimat hat!

5 Nun stehst du starr,
Schaust rückwärts ach! wie lange schon!
Was bist du Narr
Vor Winters in die Welt – entflohn?   Seite 307

Die Welt – ein Thor
10 Zu tausend Wüsten stumm und kalt!   unwirtliche
Wer Das verlor,   Gegenden
Was du verlorst, macht nirgends Halt.

Nun stehst du bleich,
Zur Winter-Wanderschaft verflucht,
15 Dem Rauche gleich,
Der stets nach kältern Himmeln sucht.

Flieg', Vogel, scharr'
Dein Lied im Wüsten-Vogel-Ton! –
Versteck, du Narr,
20 Dein blutend Herz in Eis und Hohn!

Die Krähen schrei'n
Und ziehen schwirren Flugs zur Stadt:
Bald wird es schnei'n –
Weh dem, der keine Heimat hat!"

Karl Henckell
Das Lied vom Eisenarbeiter

Es stampft und dröhnt mit dumpfem Ton
Und qualmt und raucht ringsum,
Und Mann an Mann in schwerer Fron
An seinem Platze stumm.
5 Der Hammer sinkt, die Esse sprüht,
Das Eisen in der Flamme glüht.

Früh morgens, wenn der Schlemmer träg
Auf weichem Pfühl sich reckt,
Macht sich der Lohnsklav auf den Weg,
10 Vom Dampfpfiff aufgeschreckt.

Und Tag für Tag um kargen Sold
Rührt er die rauhe Hand,
Er geizt um Ehre nicht, um Gold
Und all den glatten Tand.

15 Kein süßes Lied berührt sein Ohr,
Durch das die Sorge gellt,
Kein Dichter öffnet ihm das Tor
Zu einer schönern Welt.

Er denkt, der Mensch sei gleich und frei,
20 Ob auch in Schweiß und Ruß –
Der Hochmut rollt an ihm vorbei,
Der Stolz vergällt den Gruß.

Wohl nagt am Herzen weh und wund
Ihm oft sein bittres Los, *Geschick, Schicksal*
25 Dann bricht ein Fluch aus trotzigem Mund,
Verschlungen vom Getos: *Getöse*

„Das ist ein grausam Weltgebot,
Fremd sind sich Herr und Knecht."
Sein Auge blitzt, sein Feuer loht:
30 „Allmächtiger, sei gerecht!

Und wenn ein Gott im Himmel nicht
Den Schrei der Not versteht,
Dann stürm herein, du Weltgericht, *Seite 307*
Wo alles untergeht!"
35 Der Hammer sinkt, die Esse sprüht,
Das Eisen in der Flamme glüht.

Richard Dehmel
Entbietung

Schmück dir das Haar mit wildem Mohn, *Seite 307*
die Nacht ist da,
all ihre Sterne glühen schon.
All ihre Sterne glühen heut Dir!
5 Du weißt es ja:
all ihre Sterne glühn in mir!

Dein Haar ist schwarz, dein Haar ist wild
und knistert unter meiner Glut;
und wenn die schwillt,
10 jagt sie mit Macht
die roten Blüten und dein Blut
hoch in die höchste Mitternacht.

In deinen Augen glimmt ein Licht,
so grau in grün,
15 wie dort die Nacht den Stern umflicht.   mit einem Geflecht einhüllt
Wann kommst du?! – Meine Fackeln lohn!   brennen
laß glüh, laß glüh!
schmück mir dein Haar mit wildem Mohn!

Arno Holz
Unvergeßbare Sommergrüße

Rote Dächer!

Aus den Schornsteinen, hier und da, Rauch,
oben, hoch, in sonniger Luft, ab und zu, Tauben.
Es ist Nachmittag.
5 Aus Mohdrickers Garten her gackert eine Henne,
die ganze Stadt riecht nach Kaffee.

Ich bin ein kleiner, achtjähriger Junge
und liege, das Kinn in beide Fäuste,
platt auf dem Bauch
und kucke durch die Bodenluke.   Seite 307
Unter mir, steil, der Hof,
hinter mir, weggeworfen, ein Buch.
Franz Hoffmann. Die Sclavenjäger.   Seite 307

Wie still das ist!

Nur drüben in Knorrs Regenrinne
zwei Spatzen, die sich um einen Strohhalm zanken,
ein Mann, der sägt,
und dazwischen, deutlich von der Kirche her,
in kurzen Pausen, regelmässig hämmernd,
der Kupferschmied Thiel.   Seite 307

Wenn ich unten runtersehe,
sehe ich grade auf Mutters Blumenbrett:
ein Topf Goldlack, zwei Töpfe Levkoyen, eine   Seite 307
Geranie,
und mittendrin, zierlich, in einem
Cigarrenkistchen,
ein Hümpelchen Reseda.   Seite 307

Wie das riecht? Bis zu mir rauf!

Und die Farben!
Jetzt! Wie der Wind drüber weht!
Die wunder,
wunder, wunderschönen Farben!

Ich schliesse die Augen. Ich sehe sie noch immer!

Arno Holz
Im Thiergarten

Im Thiergarten, auf einer Bank, sitz ich und rauche;
und freue mich über die schöne Vormittagssonne.

Vor mir, glitzernd, der Kanal:
den Himmel spiegelnd, beide Ufer leise schaukelnd.

Ueber die Brücke, langsam Schritt, reitet ein Leutnant.

Unter ihm,
zwischen den dunklen, schwimmenden Kastanienkronen,
pfropfenzieherartig ins Wasser gedreht,
– den Kragen siegellackrot –
sein Spiegelbild.

Ein Kukuk
ruft.

Marginalien: korkenzieherartig · rot wie Siegellack

Hugo von Hofmannsthal
Ballade des äußeren Lebens

Und Kinder wachsen auf mit tiefen Augen,
Die von nichts wissen, wachsen auf und sterben,
Und alle Menschen gehen ihre Wege.

Und süße Früchte werden aus den herben
5 Und fallen nachts wie tote Vögel nieder
Und liegen wenig Tage und verderben.

Und immer weht der Wind, und immer wieder
Vernehmen wir und reden viele Worte
Und spüren Lust und Müdigkeit der Glieder.

10 Und Straßen laufen durch das Gras, und Orte
Sind da und dort, voll Fackeln, Bäumen, Teichen,
Und drohende, und totenhaft verdorrte …

Wozu sind diese aufgebaut und gleichen
Einander nie? und sind unzählig viele?
15 Was wechselt Lachen, Weinen und Erbleichen?

Was frommt das alles uns und diese Spiele, — nutzt
Die wir doch groß und ewig einsam sind — niemals
Und wandernd nimmer suchen irgend Ziele? — suchen / irgendwelche

Was frommts, dergleichen viel gesehen haben?
20 Und dennoch sagt der viel, der „Abend" sagt,
Ein Wort, daraus Tiefsinn und Trauer rinnt

Wie schwerer Honig aus den hohlen Waben. — Bienenwaben

Stefan George
der Herr der Insel

Die fischer überliefern dass im süden
Auf einer insel reich an zimmt und öl
Und edlen steinen die im sande glitzern   Edelsteinen
Ein vogel war der wenn am boden fussend   auf dem Boden stehend
5 Mit seinem schnabel hoher stämme krone
Zerpflücken konnte · wenn er seine flügel
Gefärbt wie mit dem saft der Tyrer-schnecke   Seite 308
Zu schwerem niedrem flug erhoben: habe
Er einer dunklen wolke gleichgesehn.
10 Des tages sei er im gehölz verschwunden ·   Wald
Des abends aber an den Strand gekommen ·
Im kühlen windeshauch von salz und tang
Die süsse stimme hebend dass delfine
Die freunde des gesanges näher schwammen
15 Im meer voll goldner federn goldner funken.
So habe er seit urbeginn gelebt ·
Gescheiterte nur hätten ihn erblickt.   Schiffbrüchige
Denn als zum erstenmal die weissen segel
Der menschen sich mit günstigem geleit
20 Dem eiland zugedreht sei er zum hügel   Insel
Die ganze teure stätte zu beschaun gestiegen ·   Ausgebreitet
Verbreitet habe er die grossen schwingen   Flügel
Verscheidend in gedämpften schmerzeslauten.   Sterbend

Stefan George
Komm in den totgesagten park und schau

Komm in den totgesagten park und schau:
Der schimmer ferner lächelnder gestade ·   Ufer
Der reinen wolken unverhofftes blau
Erhellt die weiher und die bunten pfade.   Teiche

5 Dort nimm das tiefe gelb, das weiche grau
Von birken und von buchs, der wind ist lau ·   Buchsbaum
Die späten rosen welkten noch nicht ganz ·
Erlese küsse sie und flicht den kranz ·   Wähle aus

Vergiss auch diese lezten astern nicht ·   Seite 308
10 Den purpur um die ranken wilder reben ·
Und auch was übrig blieb von grünem leben
Verwinde leicht im herbstlichen gesicht.   inneres Bild, Vision

Rainer Maria Rilke
Ich fürchte mich so

Ich fürchte mich so vor der Menschen Wort.
Sie sprechen alles so deutlich aus;
Und dieses heißt Hund und jenes heißt Haus,
und hier ist Beginn und Ende ist dort.

5 Mich bangt auch ihr Sinn, ihr Spiel mit dem Spott,   Mich macht auch ängstlich
sie wissen alles, was wird und war;
kein Berg ist ihnen wunderbar;
ihr Garten und Gut grenzt grade an Gott.   Gutshof, Besitz

Ich will immer warnen und wehren: Bleibt fern.
10 Die Dinge singen hör ich so gern.

Ihr rührt sie an: sie sind starr und stumm.
Ihr bringt mir alle die Dinge um.

Rainer Maria Rilke
Herbsttag

Herr: es ist Zeit. Der Sommer war sehr groß.
Leg deinen Schatten auf die Sonnenuhren,
und auf den Fluren laß die Winde los.   Äckern und Wiesen

Befiehl den letzten Früchten voll zu sein;   reif
5 gieb ihnen noch zwei südlichere Tage,
dränge sie zur Vollendung hin und jage
die letzte Süße in den schweren Wein.   Seite 308

Wer jetzt kein Haus hat, baut sich keines mehr.
Wer jetzt allein ist, wird es lange bleiben,
10 wird wachen, lesen, lange Briefe schreiben
und wird in den Alleen hin und her   baumgesäumten Straßen
unruhig wandern, wenn die Blätter treiben.

Else Lasker-Schüler
Weltende

Es ist ein Weinen in der Welt,
als ob der liebe Gott gestorben wär,
Und der bleierne Schatten, der niederfällt,
lastet grabesschwer.

5 Komm, wir wollen uns näher verbergen ...
Das Leben liegt in aller Herzen
wie in Särgen.

Du, wir wollen uns tiefer küssen ...
Es pocht eine Sehnsucht an die Welt,
10 an der wir sterben müssen.

Rainer Maria Rilke
Der Panther
Im Jardin des Plantes, Paris

Sein Blick ist vom Vorübergehn der Stäbe
so müd geworden, daß er nichts mehr hält.
Ihm ist, als ob es tausend Stäbe gäbe
und hinter tausend Stäben keine Welt.

5 Der weiche Gang geschmeidig starker Schritte,
der sich im allerkleinsten Kreise dreht,
ist wie ein Tanz von Kraft um eine Mitte,
in der betäubt ein großer Wille steht.

Nur manchmal schiebt der Vorhang der Pupille
10 sich lautlos auf –. Dann geht ein Bild hinein,
geht durch der Glieder angespannte Stille –
und hört im Herzen auf zu sein.

Rainer Maria Rilke
Römische Fontäne
Borghese

Zwei Becken, eins das andre übersteigend
aus einem alten runden Marmorrand,   Marmorbrunnen
und aus dem oberen Wasser leis sich neigend
zum Wasser, welches unten wartend stand,

5 dem leise redenden entgegenschweigend
und heimlich, gleichsam in der hohlen Hand,
ihm Himmel hinter Grün und Dunkel zeigend
wie einen unbekannten Gegenstand;

sich selber ruhig in der schönen Schale
10 verbreitend ohne Heimweh, Kreis aus Kreis,
nur manchmal träumerisch und tropfenweis

sich niederlassend an den Moosbehängen
zum letzten Spiegel, der sein Becken leis
von unten lächeln macht mit Übergängen.

Rainer Maria Rilke
Blaue Hortensie

So wie das letzte Grün in Farbentiegeln   Seite 309
sind diese Blätter, trocken, stumpf und rauh,
hinter den Blütendolden, die ein Blau   büscheligen
nicht auf sich tragen, nur von ferne spiegeln.   Blütenständen

5 Sie spiegeln es verweint und ungenau,
als wollten sie es wiederum verlieren,
und wie in alten blauen Briefpapieren
ist Gelb in ihnen, Violett und Grau;

Verwaschnes wie an einer Kinderschürze,
10 Nichtmehrgetragnes, dem nichts mehr geschieht:
wie fühlt man eines kleinen Lebens Kürze.

Doch plötzlich scheint das Blau sich zu verneuen   erneuern
in einer von den Dolden, und man sieht
ein rührend Blaues sich vor Grünem freuen.

Else Lasker-Schüler
Ein alter Tibetteppich

Deine Seele, die die meine liebet
Ist verwirkt mit ihr im Teppichtibet,   verwoben

Strahl in Strahl, verliebte Farben,
Sterne, die sich himmellang umwarben.

5 Unsere Füsse ruhen auf der Kostbarkeit
Maschentausendabertausendweit.

Süsser Lamasohn auf Moschuspflanzentron,   Seite 309
Wie lange küsst dein Mund den meinen wohl
Und Wang die Wange buntgeknüpfte Zeiten schon.

Georg Heym
Der Schläfer im Walde

Seit Morgen ruht er. Da die Sonne rot
Durch Regenwolken seine Wunde traf.
Das Laub tropft langsam noch. Der Wald liegt tot.
Im Baume ruft ein Vögelchen im Schlaf.

5 Der Tote schläft im ewigen Vergessen,
Umrauscht vom Walde. Und die Würmer singen,
Die in des Schädels Höhle tief sich fressen,
In seine Träume ihn mit Flügelklingen.

Wie süß ist es, zu träumen nach den Leiden
10 Den Traum, in Licht und Erde zu zerfallen,
Nichts mehr zu sein, von allem abzuscheiden,
Und wie ein Hauch der Nacht hinabzuwallen,   *hinunterzuwandern*

Zum Reich der Schläfer. Zu den Hetairien   *Seite 309*
Der Toten unten. Zu den hohen Palästen,
15 Davon die Bilder in dem Strome ziehen,
Zu ihren Tafeln, zu den langen Festen.

Wo in den Schalen dunkle Flammen schwellen,
Wo golden klingen vieler Leiern Saiten.
Durch hohe Fenster schaun sie auf die Wellen,
20 Auf grüne Wiesen in den blassen Weiten.

Er scheint zu lächeln aus des Schädels Leere,
Er schläft, ein Gott, den süßer Traum bezwang.
Die Würmer blähen sich in seiner Schwäre,   *seinem offenen, eiternden Geschwür*
Sie kriechen satt die rote Stirn entlang.

25 Ein Falter kommt die Schlucht herab. Er ruht
Auf Blumen. Und er senkt sich müd
Der Wunde zu, dem großen Kelch von Blut,   *Seite 309*
Der wie die Sammetrose dunkel glüht.

Georg Heym
Der Gott der Stadt

Auf einem Häuserblocke sitzt er breit.
Die Winde lagern schwarz um seine Stirn.
Er schaut voll Wut, wo fern in Einsamkeit
Die letzten Häuser in das Land verirrn.

5 Vom Abend glänzt der rote Bauch dem Baal,   Seite 309
Die großen Städte knien um ihn her.
Der Kirchenglocken ungeheure Zahl
Wogt auf zu ihm aus schwarzer Türme Meer.

Wie Korybanten-Tanz dröhnt die Musik   Seite 310
10 Der Millionen durch die Straßen laut.
Der Schlote Rauch, die Wolken der Fabrik   Fabrikschornsteine
Ziehn auf zu ihm, wie Duft von Weihrauch blaut.   Seite 310

Das Wetter schwelt in seinen Augenbrauen.   Unwetter
Der dunkle Abend wird in Nacht betäubt.   glimmt
15 Die Stürme flattern, die wie Geier schauen   aussehen
Von seinem Haupthaar, das im Zorne sträubt.   im Zorn sich sträubt

Er streckt ins Dunkel seine Fleischerfaust.
Er schüttelt sie. Ein Meer von Feuer jagt
Durch eine Straße. Und der Glutqualm braust
20 Und frißt sie auf, bis spät der Morgen tagt.

Alfred Lichtenstein
Die Dämmerung

Ein dicker Junge spielt mit einem Teich.
Der Wind hat sich in einem Baum gefangen.
Der Himmel sieht verbummelt aus und bleich,
Als wäre ihm die Schminke ausgegangen.

5 Auf lange Krücken schief herabgebückt
Und schwatzend kriechen auf dem Feld zwei Lahme.
Ein blonder Dichter wird vielleicht verrückt.
Ein Pferdchen stolpert über eine Dame.

An einem Fenster klebt ein fetter Mann.
10 Ein Jüngling will ein weiches Weib besuchen.
Ein grauer Clown zieht sich die Stiefel an.
Ein Kinderwagen schreit und Hunde fluchen.

Jakob van Hoddis
Weltende

Dem Bürger fliegt vom spitzen Kopf der Hut,
In allen Lüften heult es wie Geschrei.
Dachdecker stürzen ab und gehn entzwei
Und an den Küsten – liest man – steigt die Flut.

5 Der Sturm ist da, die wilden Meere hupfen
An Land, um dicke Dämme zu zerdrücken.
Die meisten Menschen haben einen Schnupfen.
Die Eisenbahnen fallen von den Brücken.

Georg Trakl
Verfall

Am Abend, wenn die Glocken Frieden läuten,
Folg ich der Vögel wundervollen Flügen,
Die lang geschart, gleich frommen Pilgerzügen,   Seite 310
Entschwinden in den herbstlich klaren Weiten.

5 Hinwandelnd durch den dämmervollen Garten
Träum ich nach ihren helleren Geschicken
Und fühl der Stunden Weiser kaum mehr rücken.   die Stunden-
So folg ich über Wolken ihren Fahrten.   zeiger der Uhr

Da macht ein Hauch mich von Verfall erzittern.
10 Die Amsel klagt in den entlaubten Zweigen.
Es schwankt der rote Wein an rostigen Gittern,

Indes wie blasser Kinder Todesreigen   Seite 310
Um dunkle Brunnenränder, die verwittern,
Im Wind sich fröstelnd blaue Astern neigen.   Seite 310

Gottfried Benn
Kleine Aster

Ein ersoffener Bierfahrer wurde auf den Tisch
  gestemmt.
Irgendeiner hatte ihm eine dunkelhellila Aster
zwischen die Zähne geklemmt.
Als ich von der Brust aus   Seite 310
5 unter der Haut
mit einem langen Messer

Zunge und Gaumen herausschnitt,
muß ich sie angestoßen haben, denn sie glitt
in das nebenliegende Gehirn.
10 Ich packte sie ihm in die Brusthöhle
zwischen die Holzwolle,
als man zunähte.
Trinke dich satt in deiner Vase!
Ruhe sanft,   Seite 310
15 kleine Aster!

Gottfried Benn
D-Zug

Braun wie Kognak. Braun wie Laub. Rotbraun.
  Malaiengelb.   Seite 310
D-Zug Berlin-Trelleborg und die Ostseebäder.   Seite 310

Fleisch, das nackt ging.
5 Bis in den Mund gebräunt vom Meer.
Reif gesenkt, zu griechischem Glück.
In Sichel-Sehnsucht: wie weit der Sommer ist!
Vorletzter Tag des neunten Monats schon!   des Septembers

Stoppel und letzte Mandel lechzt in uns.   schmachtet begierig in uns nach etwas
10 Entfaltungen, das Blut, die Müdigkeiten,
die Georginennähe macht uns wirr.

Männerbraun stürzt sich auf Frauenbraun:

Eine Frau ist etwas für eine Nacht.
Und wenn es schön war, noch für die nächste!
15 Oh! Und dann wieder dies Bei-sich-selbst-sein!
Diese Stummheiten! Dies Getriebenwerden!

Eine Frau ist etwas mit Geruch.
Unsägliches! Stirb hin! Resede.   Unaussprechliches
Darin ist Süden, Hirt und Meer.   Seite 311
20 An jedem Abhang lehnt ein Glück.   Seite 311

Frauenhellbraun taumelt an Männerdunkelbraun:

Halte mich! Du, ich falle!
Ich bin im Nacken so müde.
Oh, dieser fiebernde süße
25 letzte Geruch aus den Gärten.

Georg Trakl
De profundis

Es ist ein Stoppelfeld, in das ein schwarzer Regen fällt.   abgemähtes Feld
Es ist ein brauner Baum, der einsam dasteht.
Es ist ein Zischelwind, der leere Hütten umkreist.
5 Wie traurig dieser Abend.

Am Weiler vorbei   Seite 311
Sammelt die sanfte Waise noch spärliche Ähren ein.
Ihre Augen weiden rund und goldig in der Dämmerung
Und ihr Schoß harrt des himmlischen Bräutigams.   Seite 311

10 Bei der Heimkehr
Fanden die Hirten den süßen Leib   Seite 311
Verwest im Dornenbusch.

Ein Schatten bin ich ferne finsteren Dörfern.
Gottes Schweigen
15 Trank ich aus dem Brunnen des Hains.   Waldes

Auf meine Stirne tritt kaltes Metall
Spinnen suchen mein Herz.
Es ist ein Licht, das in meinem Mund erlöscht.

Nachts fand ich mich auf einer Heide,
20 Starrend von Unrat und Staub der Sterne.
Im Haselgebüsch
Klangen wieder kristallne Engel.

Georg Trakl
Im Herbst

Die Sonnenblumen leuchten am Zaun,
Still sitzen Kranke im Sonnenschein.
Im Acker mühn sich singend die Frau'n,
Die Klosterglocken läuten darein.

5 Die Vögel sagen dir ferne Mär',   Geschichten, Märchen
Die Klosterglocken läuten darein.
Vom Hof tönt sanft die Geige her.
Heut keltern sie den braunen Wein.   Seite 311

Da zeigt der Mensch sich froh und lind.
10 Heut keltern sie den braunen Wein.
Weit offen die Totenkammern sind — Gräber
Und schön bemalt vom Sonnenschein.

Emmy Hennings
Nach dem Cabaret

Ich gehe morgens nach Haus.
Die Uhr schlägt fünf, es wird schon hell,
Doch brennt das Licht noch im Hotel.
Das Cabaret ist endlich aus. — Seite 311
5 In einer Ecke Kinder kauern,
Zum Markte fahren schon die Bauern,
Zur Kirche geht man still und alt.
Vom Turme läuten ernst die Glocken,
Und eine Dirne mit wilden Locken — Prostituierte
10 Irrt noch umher, übernächtigt und kalt. — vgl. „Mänade", Seite 302 f.

Jakob van Hoddis
Kinematograph

Der Saal wird dunkel. Und wir sehn die Schnellen — Stromschnellen
Der Ganga, Palmen, Tempel auch des Brahma, — Seite 311 / Seite 311
Ein lautlos tobendes Familiendrama
Mit Lebemännern dann und Maskenbällen.

5 Man zückt Revolver. Eifersucht wird rege,
  Herr Piefke duelliert sich ohne Kopf.   Seite 311
  Dann zeigt man uns mit Kiepe und mit Kropf   Seite 311
  Die Älplerin auf mächtig steilem Wege.   Alpen-
                                                           bewohnerin

  Es zieht ihr Pfad sich bald durch Lärchenwälder,
10 Bald krümmt er sich und dräuend steigt die schiefe   drohend
  Felswand empor. Die Aussicht in der Tiefe
  Beleben Kühe und Kartoffelfelder.

  Und in den dunklen Raum – mir ins Gesicht –
  Flirrt das hinein, entsetzlich! nach der Reihe!
15 Die Bogenlampe zischt zum Schluß nach Licht –   Seite 312
  Wir schieben geil und gähnend uns ins Freie.   Seite 312

Alfred Wolfenstein
Städter

Nah wie Löcher eines Siebes stehn
Fenster beieinander, drängend fassen
Häuser sich so dicht an, daß die Straßen
Grau geschwollen wie Gewürgte sehn.   aussehen

5 Ineinander dicht hineingehakt
Sitzen in den Trams die zwei Fassaden   Straßen-
Leute, wo die Blicke eng ausladen   bahnen
Und Begierde ineinander ragt.

Unsre Wände sind so dünn wie Haut,
10 Daß ein jeder teilnimmt, wenn ich weine,
Flüstern dringt hinüber wie Gegröhle:

Und wie stumm in abgeschloßner Höhle
Unberührt und ungeschaut
Steht doch jeder fern und fühlt: alleine.

Ernst Stadler
Form ist Wollust

Form und Riegel mußten erst zerspringen,
Welt durch aufgeschlossne Röhren dringen:
Form ist Wollust, Friede, himmlisches Genügen,
Doch mich reißt es, Ackerschollen umzupflügen.
5 Form will mich verschnüren und verengen,   einschnüren
Doch ich will mein Sein in alle Weiten drängen –   und beengen
Form ist klare Härte ohn' Erbarmen,
Doch mich treibt es zu den Dumpfen, zu den
    Armen,
Und in grenzlosem Michverschenken
10 Will mich Leben mit Erfüllung tränken.

Alfred Lichtenstein
Punkt

Die wüsten Straßen fließen lichterloh
Durch den erloschnen Kopf. Und tun mir weh.
Ich fühle deutlich, daß ich bald vergeh –
Dornrosen meines Fleisches, stecht nicht so.   Seite 312

5 Die Nacht verschimmelt. Giftlaternenschein
Hat, kriechend, sie mit grünem Dreck beschmiert.
Das Herz ist wie ein Sack. Das Blut erfriert.
Die Welt fällt um. Die Augen stürzen ein.

Alfred Lichtenstein
Die Operation

Im Sonnenlicht zerreißen Ärzte eine Frau.
Hier klafft der offne rote Leib. Und schweres Blut
Fließt, dunkler Wein, in einen weißen Napf. Recht gut
Sieht man die rosarote Cyste. Bleiern grau

5 Hängt tief herab der schlaffe Kopf. Der hohle Mund
Wirft Röcheln aus. Hoch ragt das gelblich spitze Kinn.
Der Saal glänzt kühl und freundlich. Eine Pflegerin
Genießt sehr innig sehr viel Wurst im Hintergrund.

Seite 312

herzlich, zuneigungsvoll

Alfred Lichtenstein
Liebeslied

Helle Länder sind deine Augen.
Vögelchen sind deine Blicke,
Zierliche Winke aus Tüchern beim Abschied.

In deinem Lächeln ruh ich wie in spielenden
    Booten.
5 Deine kleinen Geschichten sind aus Seide.

Ich muß dich immer ansehen.

August Stramm
Wiedersehen

Dein Schreiten bebt
In Schauen stirbt der Blick
Der Wind
Spielt
5 Blasse Bänder.
Du
Wendest
Fort!
Den Raum umwirbt die Zeit!

Wilhelm Klemm
Schlacht an der Marne

Langsam beginnen die Steine sich zu bewegen und
   zu reden.
Die Gräser erstarren zu grünem Metall. Die
   Wälder,
Niedrige, dichte Verstecke, fressen ferne Kolonnen. — Marschreihen von Soldaten
Der Himmel, das kalkweiße Geheimnis, droht zu
   bersten.

5 Zwei kolossale Stunden rollen sich auf zu Minuten.
Der leere Horizont bläht sich empor,
Mein Herz ist so groß wie Deutschland und
   Frankreich zusammen,
Durchbohrt von allen Geschossen der Welt.

Die Batterie erhebt ihre Löwenstimme, — Geschützreihe
Sechsmal hinaus in das Land. Die Granaten — Sprenggeschosse
10 heulen.
Stille. In der Ferne brodelt das Feuer der
   Infanterie, — Fußsoldaten
Tagelang, wochenlang.

Georg Trakl
Grodek

Am Abend tönen die herbstlichen Wälder
Von tödlichen Waffen, die goldnen Ebenen
Und blauen Seen, darüber die Sonne
Düstrer hinrollt; umfängt die Nacht
5 Sterbende Krieger, die wilde Klage
Ihrer zerbrochenen Münder.
Doch stille sammelt im Weidengrund
Rotes Gewölk, darin ein zürnender Gott wohnt
Das vergoßne Blut sich, mondne Kühle;
10 Alle Straßen münden in schwarze Verwesung.
Unter goldnem Gezweig der Nacht und Sternen
Es schwankt der Schwester Schatten durch den schweigenden Hain,
Zu grüßen die Geister der Helden, die blutenden Häupter;
Und leise tönen im Rohr die dunkeln Flöten des Herbstes.
15 O stolzere Trauer! ihr ehernen Altäre
Die heiße Flamme des Geistes nährt heute ein gewaltiger Schmerz,
Die ungebornen Enkel.

August Stramm
Patrouille

Die Steine feinden
Fenster grinst Verrat
Äste würgen
Berge Sträucher blättern raschlig
5 Gellen
Tod.

August Stramm
Schlachtfeld

Schollenmürbe schläfert ein das Eisen
Blute filzen Sickerflecke
Roste krumen
Fleische schleimen
5 Saugen brünstet um Zerfallen.
Mordesmorde
Blinzen
Kinderblicke.

Hugo Ball

KARAWANE

jolifanto bambla ô falli bambla
grossiga m'pfa habla horem
égiga goramen
higo bloiko russula huju
hollaka hollala
anlogo bung
blago bung
blago bung
bosso fataka
ü üü ü
schampa wulla wussa ólobo
hej tatta gôrèm
eschige zunbada
wulubu ssubudu uluw ssubudu
tumba ba- umf
kusagauma
ba - umf

(1917)
Hugo Ball

Weimarer Republik, Nationalsozialismus und Exil

Im ersten demokratischen deutschen Staat übernimmt die Literatur erneut politische Aufgaben. Lyriker kritisieren den Kapitalismus und die bürgerlichen Ideologien, die ihn stützen. Viele Gedichte dieser Zeit eignen sich zum musikalischen Vortrag in Varietés und Kabaretts; die Autoren verstehen sie als Gebrauchslyrik. Doch auch ästhetizistische und naturlyrische Traditionen reißen nicht ab. Mit der ‚Machtergreifung' der Nationalsozialisten endet die Zeit relativer Meinungs- und Kunstfreiheit; die politische Verfolgung von Schriftstellern und Intellektuellen spiegelt sich in den Gedichten der sogenannten Inneren Emigration und des Exils auf unterschiedliche Weise.

Bertolt Brecht
Vom Schwimmen in Seen und Flüssen

1.
Im bleichen Sommer, wenn die Winde oben
Nur in dem Laub der großen Bäume sausen
Muss man in Flüssen liegen oder Teichen
Wie die Gewächse, worin Hechte hausen.   wohnen
5 Der Leib wird leicht im Wasser. Wenn der Arm
Leicht aus dem Wasser in den Himmel fällt
Wiegt ihn der kleine Wind vergessen
Weil er ihn wohl für braunes Astwerk hält.

2.
Der Himmel bietet mittags große Stille.
10 Man macht die Augen zu, wenn Schwalben kommen.
Der Schlamm ist warm. Wenn kühle Blasen quellen
Weiß man: ein Fisch ist jetzt durch uns geschwommen.
Mein Leib, die Schenkel und der stille Arm
Wir liegen still im Wasser, ganz geeint
15 Nur wenn die kühlen Fische durch uns schwimmen
Fühl ich, daß Sonne überm Tümpel scheint.

3.
Wenn man am Abend von dem langen Liegen
Sehr faul wird, so, daß alle Glieder beißen
Muß man das alles, ohne Rücksicht, klatschend
20 In blaue Flüsse schmeißen, die sehr reißen.   reißend / fließen
Am besten ist's, man hält's bis Abend aus.
Weil dann der bleiche Haifischhimmel kommt
Bös und gefräßig über Fluß und Sträuchern
Und alle Dinge sind, wie's ihnen frommt.   nützt

4.

Natürlich muß man auf dem Rücken liegen
So wie gewöhnlich. Und sich treiben lassen.
Man muß nicht schwimmen, nein, nur so tun, als
Gehöre man einfach zu den Schottermassen.
Man soll den Himmel anschaun und so tun
Als ob einen ein Weib trägt, und es stimmt.
Ganz ohne großen Umtrieb, wie der liebe Gott tut   Seite 313
Wenn er am Abend noch in seinen Flüssen
   schwimmt.

B. Traven
Das Tanzlied des Totenschiffes

Was gehn euch meine Lumpen an?
Da hängen Freud' und Tränen dran.
Was kümmert euch denn mein Gesicht?
Ich brauche euer Mitleid nicht!

Was kümmert euch, was mir gefällt?
Ich lebe mich, nicht euch, in dieser Welt.   Ich lebe mein
In euren Himmel will ich gar nicht rein,   Leben, nicht
Viel lieber dann schon in der Hölle sein.   das eure

Ich brauch' gewiß nicht eure Gnaden,   Gnade
Und selbst wenn Tote ich geladen,   geladen hätte
Wenn Schimpf und Schand' sind an mir dran,
Euch geht das einen Sch…dreck an.

Ich pfeife auf das Weltgericht.   Seite 313
An Auferstehung glaub' ich nicht.
15 Ob's Götter gibt, das weiß ich nicht,   Seite 313
Und Höllenstrafen fürcht' ich nicht.

Hoppla he, auf weiter See,
Hoppla, hoppla, he!

Kurt Tucholsky
Arbeit für Arbeitslose

Herrn Ebermayer zur Beschlagnahme freundlich   Seite 313
empfohlen

Stellung suchen Tag für Tag,   Job,
aber keine kriegen.   Anstellung
5 Wer kein Obdach hat, der mag   keine
auf der Straße liegen.   Unterkunft
Sauf doch Wasser für den Durst!
Spuck aufs Brot – dann hast du Wurst!
Und der Wind pfeift durch die Hose –
10 Arbeitslose.
          Arbeitslose.

Schaffen wollen – und nur sehn,
wie Betriebe schließen.
Zähneknirschend müßig gehen …   nichts tun
15 Bleib du nicht am Reichstag stehn –!   Seite 313
Geßler läßt was schießen.   Seite 314
Zahl den Fürsten Müßiggang;   Nichtstun
Friere nachts auf deiner Bank.
Polizeiarzt. Diagnose:
20 Arbeitslose.
         Arbeitslose.

Wart nur ab.
         Es kommt die Zeit,
darfst dich wieder quälen.   da darfst du dich
25 Laß dir von Gerissenheit
nur nichts vorerzählen: nichts weismachen
  Klagen hilft nicht,
  plagen hilft nicht,
  winden nicht und schinden nicht.
30 Dies, Prolet, ist deine Pflicht: Proletarier, Arbeiter
  Hau sie, daß die Lappen fliegen!
  Hau sie bis zum Unterliegen!
  Bleib dir treu.   Arbeiterklasse im Klassen-
         Die Klasse hält   kampf
35 einig gegen eine Welt.   zusammen
Auf dem Schiff der neuen Zeit,
auf dem Schiff der Zukunft seid
Ihr Soldaten! Ihr Matrosen!   Seite 314
  Ihr – die grauen Arbeitslosen!

Bertolt Brecht
Vom armen B. B.

1
Ich, Bertolt Brecht, bin aus den schwarzen Wäldern.
Meine Mutter trug mich in die Stadt hinein
Als ich in ihrem Leibe lag. Und die Kälte der Wälder
Wird in mir bis zu meinem Absterben sein.

2
In der Asphaltstadt bin ich daheim. Von allem Anfang
Versehen mit jedem Sterbsakrament:
Mit Zeitungen. Und Tabak. Und Branntwein.
Mißtrauisch und faul und zufrieden am End.

3
Ich bin zu den Leuten freundlich. Ich setze
Einen steifen Hut auf nach ihrem Brauch.
Ich sage: Es sind ganz besonders riechende Tiere
Und ich sage: Es macht nichts, ich bin es auch.

4
In meine leeren Schaukelstühle vormittags
Setze ich mir mitunter ein paar Frauen
Und ich betrachte sie sorglos und sage ihnen:
In mir habt ihr einen, auf den könnt ihr nicht bauen.

5

Gegen Abend versammle ich um mich Männer
Wir reden uns da mit „Gentleman" an.
Sie haben ihre Füße auf meinen Tischen
Und sagen: Es wird besser mit uns. Und ich
frage nicht: Wann?

6

Gegen Morgen in der grauen Frühe pissen die Tannen
Und ihr Ungeziefer, die Vögel, fängt an zu schrein.
Um die Stunde trink ich mein Glas in der Stadt aus und schmeiße
Den Tabakstummel weg und schlafe beunruhigt ein.

7

Wir sind gesessen, ein leichtes Geschlechte
In Häusern, die für unzerstörbare galten
(So haben wir gebaut die langen Gehäuse des Eilands Manhattan
Und die dünnen Antennen, die das Atlantische Meer unterhalten).

Seite 314

8

Von diesen Städten wird bleiben: der durch sie hindurchging, der Wind!
Fröhlich machet das Haus den Esser: er leert es.
Wir wissen, daß wir Vorläufige sind
Und nach uns wird kommen: nichts Nennenswertes.

9
Bei den Erdbeben, die kommen werden, werde ich hoffentlich
Meine Virginia nicht ausgehen lassen durch Bitterkeit   *Seite 314*
Ich, Bertolt Brecht, in die Asphaltstädte verschlagen
Aus den schwarzen Wäldern in meiner Mutter in früher Zeit.

Mascha Kaléko
Großstadtliebe

Man lernt sich irgendwo ganz flüchtig kennen
Und gibt sich irgendwann ein Rendezvous.   *Stelldichein, Date*
Ein Irgendwas, – 's ist nicht genau zu nennen –
Verführt dazu, sich gar nicht mehr zu trennen.
Beim zweiten Himbeereis sagt man sich ‚du'.

Man hat sich lieb und ahnt im Grau der Tage
Das Leuchten froher Abendstunden schon.
Man teilt die Alltagssorgen und die Plage,
Man teilt die Freuden der Gehaltszulage,   *Gehaltserhöhung*
… Das übrige besorgt das Telephon.

Man trifft sich im Gewühl der Großstadtstraßen.
Zu Hause geht es nicht. Man wohnt möbliert.
– Durch das Gewirr von Lärm und Autorasen,
– Vorbei am Klatsch der Tanten und der Basen   *Cousinen*
Geht man zu zweien still und unberührt.

Man küßt sich dann und wann auf stillen Bänken,
– Beziehungsweise auf dem Paddelboot.
Erotik muß auf Sonntag sich beschränken.   sachbezogen
... Wer denkt daran, an später noch zu denken?   und ohne
                                                                           Umschreibun-
20 Man spricht konkret und wird nur selten rot.   gen

Man schenkt sich keine Rosen und Narzissen,
Und schickt auch keinen Pagen sich ins Haus.   Seite 314
– Hat man genug von Weekendfahrt und   Wochen-
   Küssen,   endausflügen
25 Läßt mans einander durch die Reichspost wissen   Seite 314
Per Stenographenschrift ein Wörtchen: ‚aus'!   Seite 314

Erich Kästner
Chor der Fräuleins

Wir hämmern auf die Schreibmaschinen.
Das ist genau, als spielten wir Klavier.
Wer Geld besitzt, braucht keines zu verdienen.
Wir haben keins. Drum hämmern wir.

5 Wir winden keine Jungfernkränze mehr.   Seite 314
Wir überwanden sie mit viel Vergnügen.
Zwar gibt es Herrn, die stört das sehr.
Die müssen wir belügen.

Zweimal pro Woche wird die Nacht
10 mit Liebelei und heißem Mund,
als wär man Mann und Frau, verbracht.
Das ist so schön! Und außerdem gesund.

Es wär nicht besser, wenn es anders wäre.
Uns braucht kein innrer Missionar zu retten!   Seite 314
15 Wer murmelt düster von verlorner Ehre?
Seid nur so treu wie wir, in euren Betten!

Nur wenn wir Kinder sehn, die lustig spielen
und Bälle fangen mit Geschrei,
und weinen, wenn sie auf die Nase fielen –
20 dann sind wir traurig. Doch das geht vorbei.

Erich Kästner
Die Zeit fährt Auto

Die Städte wachsen. Und die Kurse steigen.   Börsenkurse
Wenn jemand Geld hat, hat er auch Kredit.
Die Konten reden. Die Bilanzen schweigen.   Abschluss-
Die Menschen sperren aus. Die Menschen streiken.   rechnungen
5 Der Globus dreht sich. Und wir drehn uns mit.   Seite 315

Die Zeit fährt Auto. Doch kein Mensch kann lenken.
Das Leben fliegt wie ein Gehöft vorbei.   Bauernhof,
Minister sprechen oft vom Steuersenken.   Gutshof
10 Wer weiß, ob sie im Ernste daran denken?
Der Globus dreht sich und geht nicht entzwei.

Die Käufer kaufen. Und die Händler werben.
Das Geld kursiert, als sei das seine Pflicht.   läuft um,
Fabriken wachsen. Und Fabriken sterben.   wechselt den
15 Was gestern war, geht heute schon in Scherben.   Besitzer
Der Globus dreht sich. Und man sieht es nicht.

Erich Kästner
Und wo bleibt das Positive, Herr Kästner?

Und immer wieder schickt ihr mir Briefe,
in denen ihr, dick unterstrichen, schreibt:
„Herr Kästner, wo bleibt das Positive?"
Ja, weiß der Teufel, wo das bleibt.

5 Noch immer räumt ihr dem Guten und Schönen   Seite 315
den leeren Platz überm Sofa ein.   Seite 315
Ihr wollt euch noch immer nicht dran gewöhnen,
gescheit und trotzdem tapfer zu sein.

Ihr braucht schon Vaseline,   Seite 315
10 mit der ihr das trockene Brot beschmiert.
Ihr sagt schon wieder, mit gläubiger Miene:
„Der siebente Himmel wird frisch tapeziert!"

Ihr streut euch Zucker über die Schmerzen
und denkt, unter Zucker verschwänden sie.
15 Ihr baut schon wieder Balkons vor die Herzen
und nehmt die strampelnde Seele aufs Knie.

Die Spezies Mensch ging aus dem Leime
und mit ihr Haus und Staat und Welt.
Ihr wünscht, daß ich's hübsch zusammenreime,
20 und denkt, daß es dann zusammenhält?

Ich will nicht mehr schwindeln. Ich werde nicht schwindeln.
Die Zeit ist schwarz, ich mach euch nichts weis.
Es gibt genug Lieferanten von Windeln.
25 Und manche liefern zum Selbstkostenpreis.

Habt Sonne in sämtlichen Körperteilen,   Seite 315
und wickelt die Sorgen in Seidenpapier!
Doch tut es rasch. Ihr müsst euch beeilen.
Sonst werden die Sorgen größer als ihr.

30 Die Zeit liegt im Sterben. Bald wird sie begraben.
Im Osten zimmern sie schon den Sarg.   Im sozialistischen Russland
Ihr möchtet gern euren Spaß daran haben …?
Ein Friedhof ist kein Lunapark.   Seite 315

Bertolt Brecht
Terzinen über die Liebe

Jenny
   Sieh jene Kraniche in großem Bogen!   Seite 315
Paul
   Die Wolken, welche ihnen beigegeben
5 Jenny
   Zogen mit ihnen schon, als sie entflogen
Paul
   Aus einem Leben in ein andres Leben
Jenny
10   In gleicher Höhe und mit gleicher Eile
Beide.
   Scheinen sie alle beide nur daneben.
Jenny
   Daß so der Kranich mit der Wolke teile
15   Den schönen Himmel, den sie kurz befliegen
Paul
   Daß also keines länger hier verweile
Jenny

Und keines andres sehe als das Wiegen *keiner von beiden*
20 Des andern in dem Wind, den beide spüren
Die jetzt im Fluge beieinander liegen
Paul
So mag der Wind sie in das Nichts entführen
Wenn sie nur nicht vergehen und sich bleiben
25 Jenny
Solange kann sie beide nichts berühren
Paul
Solange kann man sie von jedem Ort vertreiben
Wo Regen drohen oder Schüsse schallen.
30 Jenny
So unter Sonn und Monds wenig verschiedenen Scheiben
Fliegen sie hin, einander ganz verfallen.
Paul
35 Wohin ihr?
Jenny
    Nirgendhin.
Paul
    Von wem davon?
40 Jenny
      Von allen.
Paul
Ihr fragt, wie lange sind sie schon beisammen?
Jenny
45 Seit kurzem.
Paul
Und wann werden sie sich trennen?
Jenny
    Bald.
50 Beide.
So scheint die Liebe Liebenden ein Halt.

Gertrud Kolmar
An die Gefangenen

Zum Erntedankfest am 1. Oktober 1933

Oh, ich hab euch ein Lied singen wollen, das die Erde erregt,
Wild aufflattern macht das schwarze Tannhaar der Berge,
Hinsausend den Schaum der Meere wie Kehricht zusammengefegt,
und flüchtende Wolken reißt – o Gott, wir Menschen sind Zwerge.   Seite 315

5 Ich habe drei kluge Worte sinnend zusammengebracht   nachdenkend
Statt der Klänge, die heiß wie Blut aus dem Herzen spritzen,
Die rasen, wie eine Sturmglocke aufschreit um Mitternacht,   wie von Sinnen / Seite 315
Wenn apokalyptische Reiter auf mähnigen Pferden sitzen.   Seite 316 / Pferden mit Mähnen

Und ich sollte in eure Martern niederstoßen die Faust,
10 Daß sie verschlungen werde, zerknackt von fressender Flamme,
Oh, ich müßte mit euch, in Krämpfen, zerprügelt, hungrig, verlaust
Hinkriechen auf tränendem Stein, gefesselt mit eiserner Kramme.   Haken, Klammer

Das wird kommen, ja das wird kommen; irret euch nicht!
Denn da dieses Blatt sie finden, werden sie mich ergreifen.   *wenn*
15 Herr, gib, daß ich wach mich stelle deinem heiligen großen Gericht,   *Seite 316*
Dann, wenn sie an blutendem Schopf durch die finsteren Löcher mich schleifen!

Du siebzehnjähriges Mädchen, dem sie die Locken zerfetzt,
Du junger armer Mensch, dem sie grausam die Rippen brechen,
Verzweifeln will ich, will aufweinen, elend, verletzt,
20 Und singen dem Vogel gleich, dem Nadeln das Auge stechen!   *Seite 316*

Was ist das Leben? ein Dung, drauf weiße Narzissen erblühn.   *Seite 316*
Was soll der Leib? Er war schön, doch bald muß er enden.
Was ist die Seele? Nur Fünkchen, nur kleines Glühn,
Und Einer deckt zu, deckt es zu mit den stillen, gewaltigen Händen …   *Gott*

Bertolt Brecht
Vorschlag, die Architektur mit der Lyrik zu verbinden

Warum die schönen Baulichkeiten nicht beschriften
Die ihr da baut, Gewehre umgehängt?
Sie müssen tragen, in den Stein gesenkt
Den Namenszug der Klassen, die sie stiften.

5 Vermerkt auch den Gebrauch und: daß ihr nach ihm schautet!
Und daß er allgemein ist, grabt es ein!
Daß ihr zum ersten Male für euch selber bautet
Vermerkt's auf dem euch überlebenden Gestein!

Und eure Dichter, die das Loblied nun
10 Auf die Verdienten singen (unter uns gesagt
Auch sie die ersten, die so etwas tun!)

Wenn sie der Steinmetz nach den Wörtern fragt
Dann werden sie ihm nur die besten schreiben:
Sie sehn, 's ist mühsam, sie in Stein zu treiben.

Seite 316
eingegraben

auf ihn geachtet habt
allen zusteht

die, die es (sich) verdient haben

Gottfried Benn
Einsamer nie –

Einsamer nie als im August:
Erfüllungsstunde – im Gelände — in der Landschaft
die roten und die goldenen Brände
doch wo ist deiner Gärten Lust?

5 Die Seen hell, die Himmel weich,
die Äcker rein und glänzen leise,
doch wo sind Sieg und Siegsbeweise — Trophäen
aus dem von dir vertretenen Reich?

Wo alles sich durch Glück beweist
10 und tauscht den Blick und tauscht die Ringe — verliebt sich / heiratet
im Weingeruch, im Rausch der Dinge –:
dienst du dem Gegenglück, dem Geist.

Bertolt Brecht
Schlechte Zeit für Lyrik

Ich weiß doch: nur der Glückliche
Ist beliebt. Seine Stimme
Hört man gern. Sein Gesicht ist schön.

Der verkrüppelte Baum im Hof
5 Zeigt auf den schlechten Boden, aber
Die Vorübergehenden schimpfen ihn einen
  Krüppel
Doch mit Recht.

Die grünen Boote und die lustigen Segel des
   Sundes
Sehe ich nicht. Von allem
10 Sehe ich nur der Fischer rissiges Garnnetz.
Warum rede ich nur davon
Daß die vierzigjährige Häuslerin gekrümmt geht?
Die Brüste der Mädchen
Sind warm wie ehedem.

15 In meinem Lied ein Reim
Käme mir fast vor wie Übermut.

In mir streiten sich
Die Begeisterung über den blühenden Apfelbaum
Und das Entsetzen über die Reden des
   Anstreichers.
20 Aber nur das zweite
Drängt mich zum Schreibtisch.

Oskar Loerke
Leitspruch
November 1940

Jedwedes blutgefügte Reich
Sinkt ein, dem Maulwurfshügel gleich.
Jedwedes lichtgeborne Wort
Wirkt durch das Dunkel fort und fort.

Else Lasker-Schüler
Die Verscheuchte

Es ist der Tag im Nebel völlig eingehüllt,
Entseelt begegnen alle Welten sich –   tot; seelenlos
Kaum hingezeichnet wie auf einem Schattenbild.   Seite 317

Wie lange war kein Herz zu meinem mild …
5 Die Welt erkaltete, der Mensch verblich.   starb; wurde bleich
– Komm bete mit mir – denn Gott tröstet mich.

Wo weilt der Odem, der aus meinem Leben wich?   Atem
Ich streife heimatlos zusammen mit dem Wild   verschwand
Durch bleiche Zeiten träumend – ja ich liebe dich
10 …

Wo soll ich hin, wenn kalt der Nordsturm brüllt?
Die scheuen Tiere aus der Landschaft wagen sich
Und ich vor deine Türe, ein Bündel Wegerich.   Seite 317

Bald haben Tränen alle Himmel weggespült,
15 An deren Kelchen Dichter ihren Durst gestillt –
Auch du und ich.

Reinhold Schneider
Entfremdet ist das Volk mir

Entfremdet ist das Volk mir, nur sein Leiden — Fremd geworden
Bedrängt mich nachts, und furchtbar drückt die Not,
Daß ich nicht spreche nach des Herrn Gebot — Seite 317
Und schweigend seh' das Heilige verscheiden.

5 Ob aller Augen sich am Glanze weiden, — Obwohl erfreuen, sättigen
Seh' ich die Nacht, das Unheil und den Tod,
Und wie der Untergang im Siege droht
Und sich in falschen Ruhm Verderber kleiden. — Seite 317

Verkehrt sind alle Zeichen, stumm die Dichter, — Seite 317
10 Es bannt das Wort nicht mehr die Todesmächte, — bindet magisch
Die deine Seele, Volk, in Fesseln schlagen.

Mein Volk, mein Volk, wie wird der ewige Richter — Gott
Dereinst uns wägen nach dem ewigen Rechte,
Wenn er nicht zählte, was wir stumm getragen!

Nachkrieg und Gegenwart

Ältere Literaten versuchen auf herkömmliche Weise, Nationalsozialismus und Krieg zu ‚verarbeiten'. Die jüngere Generation der Trümmerliteratur im Westen lehnt dies ab – die überkommene Gedichtsprache habe sich mit dem Regime gemein gemacht. Nüchtern, direkt, kunstlos und ehrlich wird anfänglich geschrieben. Recht bald schreibt man jedoch wieder kunstvoller. Die Auflösung der traditionellen Formen (in der Geschichte der Lyrik beispiellos) setzt sich aber fort. Ein gewandelter Alltag führt in den sechziger Jahren zu neuen politischen Problemen, die sich in der Lyrik niederschlagen; ebenso wie die Wende zur Subjektivität in den siebziger Jahren. In der DDR wurde Lyrik durchweg politisiert bis hin zur Lyrik des Prenzlauer Bergs, deren Autoren zu den bedeutendsten Lyrikern des wiedervereinigten Deutschlands nach 1989 zählen.

Rudolf Hagelstange
**Denn Furcht beherrscht seit langem
Eure Tage**

Denn Furcht beherrscht seit langem Eure Tage,
Furcht vor der Wahrheit. Eure Züge
sind fahl von Heuchelei und Lüge.
So wie das Zünglein an der Waage — Seite 317

5 den Gleichstand liebt, so sucht ihr zu verbergen,
was Euch bewegt. Ihr braucht die Nächte,
um wieder Ihr zu sein: Verächter, Knechte,
Liebhaber, Günstlinge, Verschwörer, Schergen. — Justizknechte (abfällig)

Ihr habt die Scham verraten, um in ihrem Kleide
10 das Licht zu täuschen, das die Wahrheit liebt,
auf daß es gleichfalls Eure Wege meide.

Ihr habt verwirkt, einander Recht zu sprechen. — durch Schuld das Recht verloren
Ihr ludet schreckliche Verbrechen
auf Euch. Ihr habt den Quell getrübt.

Nelly Sachs
Qual, Zeitmesser eines fremden Sterns

Qual, Zeitmesser eines fremden Sterns,
Jede Minute mit anderem Dunkel färbend –
Qual deiner erbrochenen Tür, — aufgebrochenen
Deines erbrochenen Schlafes,
5 Deiner fortgehenden Schritte,
Die das letzte Leben hinzählten,

Deiner zertretenen Schritte,
Deiner schleifenden Schritte,
Bis sie aufhören Schritte zu sein für mein Ohr.
10 Qual um das Ende deiner Schritte
Vor einem Gitter,
Dahinter die Flur unserer Sehnsucht zu wogen Landschaft
   begann –
O Zeit, die nur nach Sterben rechnet,
Wie leicht wird der Tod nach dieser langen Übung
   sein.

Nelly Sachs
Chor der Geretteten

Wir Geretteten, Seite 317
Aus deren hohlem Gebein der Tod schon seine
   Flöten schnitt,
An deren Sehnen der Tod schon seinen Bogen
   strich –
Unsere Leiber klagen noch nach
5 Mit ihrer verstümmelten Musik.
Wir Geretteten,
Immer noch hängen die Schlingen für unsere
   Hälse gedreht
Vor uns in der blauen Luft –
Immer noch füllen sich die Stundenuhren mit Seite 317
   unserem tropfenden Blut.

10 Wir Geretteten,
Immer noch essen an uns die Würmer der Angst.
Unser Gestirn ist vergraben im Staub.
Wir Geretteten
Bitten euch:
15 Zeigt uns langsam die Sonne.   Seite 318
Führt uns von Stern zu Stern im Schritt.
Laßt uns das Leben leise wieder lernen.
Es könnte sonst eines Vogels Lied,
Das Füllen des Eimers am Brunnen
20 Unseren schlecht versiegelten Schmerz aufbrechen
   lassen
Und uns wegschäumen –
Wir bitten euch:
Zeigt uns noch nicht einen beißenden Hund –   Seite 318
Es könnte sein, es könnte sein
25 Daß wir zu Staub zerfallen –
Vor euren Augen zerfallen in Staub.
Was hält denn unsere Webe zusammen?
Wir odemlos gewordene,   Seite 318
Deren Seele zu Ihm floh aus der Mitternacht   zu Gott
30 Lange bevor man unseren Leib rettete
In die Arche des Augenblicks.
Wir Geretteten,
Wir drücken eure Hand,
Wir erkennen euer Auge –
35 Aber zusammen hält uns nur noch der Abschied,
Der Abschied im Staub
Hält uns mit euch zusammen.

Paul Celan
Todesfuge

Schwarze Milch der Frühe wir trinken sie abends
wir trinken sie mittags und morgens wir trinken
  sie nachts
wir trinken und trinken
wir schaufeln ein Grab in den Lüften da liegt man
  nicht eng
5 Ein Mann wohnt im Haus der spielt mit den
  Schlangen der schreibt
der schreibt wenn es dunkelt nach Deutschland
  dein goldenes Haar Margarete
er schreibt es und tritt vor das Haus und es blitzen
  die Sterne er pfeift seine Rüden herbei
er pfeift seine Juden hervor läßt schaufeln ein Grab
  in der Erde
er befiehlt uns spielt auf nun zum Tanz

10 Schwarze Milch der Frühe wir trinken dich nachts
wir trinken dich morgens und mittags wir trinken
  dich abends
wir trinken und trinken
Ein Mann wohnt im Haus der spielt mit den
  Schlangen der schreibt
der schreibt wenn es dunkelt nach Deutschland
  dein goldenes Haar Margarete
15 Dein aschenes Haar Sulamith wir schaufeln ein
  Grab in den Lüften da liegt man nicht eng

Er ruft stecht tiefer ins Erdreich ihr einen ihr
   andern singet und spielt
er greift nach dem Eisen im Gurt er schwingts
   seine Augen sind blau
stecht tiefer die Spaten ihr einen ihr andern spielt
   weiter zum Tanz auf

Schwarze Milch der Frühe wir trinken dich nachts
20 wir trinken dich mittags und morgens wir trinken
   dich abends
wir trinken und trinken
ein Mann wohnt im Haus dein goldenes Haar
   Margarete
dein aschenes Haar Sulamith er spielt mit den
   Schlangen

Er ruft spielt süßer den Tod der Tod ist ein Meister
   aus Deutschland
25 er ruft streicht dunkler die Geigen dann steigt ihr
   als Rauch in die Luft
dann habt ihr ein Grab in den Wolken da liegt man
   nicht eng

Schwarze Milch der Frühe wir trinken dich nachts
wir trinken dich mittags der Tod ist ein Meister aus
   Deutschland
wir trinken dich abends und morgens wir trinken
   und trinken
30 der Tod ist ein Meister aus Deutschland sein Auge
   ist blau
er trifft dich mit bleierner Kugel er trifft dich genau
ein Mann wohnt im Haus dein goldenes Haar
   Margarete

er hetzt seine Rüden auf uns er schenkt uns ein
  Grab in der Luft
er spielt mit den Schlangen und träumet der Tod
  ist ein Meister aus Deutschland

35 dein goldenes Haar Margarete
  dein aschenes Haar Sulamith

Marie Luise Kaschnitz
Beschwörung (I)

Hebt es schon an, dies | Murmeln,
Raunen: wie war es doch? | heimliches
Schlägt uns in Bann, dies | Sichberaten
Tastende: wißt ihr noch? | Lässt uns auf
5 Ach, schon beschwören wir | magische
Und schon erhören wir | Weise nicht
Zeiten des Grauens | los
Wie lichte Gefilde, | helle Gegend
Wie schöne Gebilde,
10 Feurig im Blauen.
Kaum erst entronnen
Stockt unser Gang,
Blutiger Sonnen
Untergang,
15 Brennender Nächte
Donner und Schrei –
Eben noch weinten wir,
Und schon erscheint es mir,
Wir sehnen's herbei.
[…]

Günter Eich
Inventur

Dies ist meine Mütze,
dies ist mein Mantel,
hier mein Rasierzeug
im Beutel aus Leinen.

5 Konservenbüchse:
Mein Teller, mein Becher,
ich hab in das Weißblech
den Namen geritzt.

Geritzt hier mit diesem
10 kostbaren Nagel,
den vor begehrlichen
Augen ich berge.

Im Brotbeutel sind
ein paar wollene Socken
15 und einiges, was ich
niemand verrate,

so dient es als Kissen
nachts meinem Kopf.
Die Pappe hier liegt
20 zwischen mir und der Erde.

Die Bleistiftmine
lieb ich am meisten:
Tags schreibt sie mir Verse
die nachts ich erdacht.

25 Dies ist mein Notizbuch,
   dies meine Zeltbahn,   Seite 318
   dies ist mein Handtuch,
   dies ist mein Zwirn.   Faden

Günter Eich
Träume

Wacht auf, denn eure Träume sind schlecht!
Bleibt wach, weil das Entsetzliche näher kommt.

Auch zu dir kommt es, der weit entfernt wohnt
   von den Stätten, wo Blut vergossen wird,
auch zu dir und deinem Nachmittagsschlaf,
5 worin du ungern gestört wirst.
Wenn es heute nicht kommt, kommt es morgen,
aber sei gewiß.

„Oh, angenehmer Schlaf
auf den Kissen mit roten Blumen,
10 einem Weihnachtsgeschenk von Anita, woran sie
   drei Wochen gestickt hat,
oh, angenehmer Schlaf,
wenn der Braten fett war und das Gemüse zart.
Man denkt im Einschlummern an die   Seite 318
   Wochenschau von gestern abend:
Osterlämmer, erwachende Natur, Eröffnung der   Seite 318
   Spielbank in Baden-Baden,
15 Cambridge siegte gegen Oxford mit zweieinhalb   Seite 318
   Längen, –
das genügt, das Gehirn zu beschäftigen.

Oh, dieses weiche Kissen, Daunen aus erster Wahl!
Auf ihm vergißt man das Ärgerliche der Welt, jene
  Nachricht zum Beispiel:
Die wegen Abtreibung Angeklagte sagte zu ihrer   Seite 319
  Verteidigung:
20 Die Frau, Mutter von sieben Kindern, kam zu mir
  mit einem Säugling,
für den sie keine Windeln hatte und der
  in Zeitungspapier gewickelt war.
Nun, das sind Angelegenheiten des Gerichtes, nicht
  unsre.
Man kann dagegen nichts tun, wenn einer etwas
  härter liegt als der andere,
25 Und was kommen mag, unsere Enkel mögen es   Seite 319
  ausfechten."

„Ah, du schläfst schon? Wache gut auf, mein
  Freund!
Schon läuft der Strom in den Umzäunungen, und
  die Posten sind aufgestellt."

Nein, schlaft nicht, während die Ordner der Welt
  geschäftig sind!
Seid mißtrauisch gegen ihre Macht, die sie
  vorgeben für euch erwerben zu müssen!
30 Wacht darüber, daß eure Herzen nicht leer sind,
  wenn mit der Leere eurer Herzen gerechnet
wird!

Tut das Unnütze, singt die Lieder, die man aus
  eurem Mund nicht erwartet!
Seid unbequem, seid Sand, nicht das Öl im
  Getriebe der Welt!

Erich Kästner
In memoriam memoriae

Die Erinn'rung ist eine mysteriöse
Macht und bildet die Menschen um.
Wer das, was schön war, vergißt, wird böse.
Wer das, was schlimm war, vergißt, wird dumm.

Ingeborg Bachmann
Die gestundete Zeit

Es kommen härtere Tage.
Die auf Widerruf gestundete Zeit — Seite 319
wird sichtbar am Horizont.
Bald mußt du den Schuh schnüren
5 und die Hunde zurückjagen in die Marschhöfe. — Seite 319
Denn die Eingeweide der Fische — Seite 319
sind kalt geworden im Wind.
Ärmlich brennt das Licht der Lupinen. — Seite 319
Dein Blick spurt im Nebel: — zieht eine Spur
10 die auf Widerruf gestundete Zeit
wird sichtbar am Horizont.

Drüben versinkt dir die Geliebte im Sand,
er steigt um ihr wehendes Haar,
er fällt ihr ins Wort,
15 er befiehlt ihr zu schweigen,
er findet sie sterblich
und willig dem Abschied — zum
nach jeder Umarmung.

Sieh dich nicht um.
20 Schnür deinen Schuh.
Jag die Hunde zurück.
Wirf die Fische ins Meer.
   Lösch die Lupinen!

Es kommen härtere Tage.

Hans Bender
Heimkehr

Im Rock des Feindes,   Mantel
in zu großen Schuhen,
im Herbst,
auf blattgefleckten Wegen
5 gehst du heim.
Die Hähne krähen
deine Freude in den Wind,
und zögernd hält
der Knöchel
10 vor der stummen,
neuen Tür.

Bertolt Brecht
Böser Morgen

Die Silberpappel, eine ortsbekannte Schönheit
Heut eine alte Vettel. Der See
Eine Lache Abwasser, nicht rühren!
Die Fuchsien unter dem Löwenmaul billig und eitel.
5 Warum?
Heute nacht im Traum sah ich Finger, auf mich deutend
Wie auf einen Aussätzigen. Sie waren zerarbeitet und
Sie waren gebrochen.

Unwissende! Schrie ich
10 Schuldbewußt.

Seite 319
liederliche alte Frau
Pfütze
Seite 319

Bertolt Brecht
Rudern, Gespräche

Es ist Abend. Vorbei gleiten
Zwei Faltboote, darinnen
Zwei nackte junge Männer: Nebeneinander rudernd
Sprechen sie. Sprechend
5 Rudern sie nebeneinander.

Seite 319

Gottfried Benn
Nur zwei Dinge

Durch so viel Formen geschritten,
durch Ich und Wir und Du,
doch alles blieb erlitten
durch die ewige Frage: wozu?

5 Das ist eine Kinderfrage.
Dir wurde erst spät bewußt,
es gibt nur eines: ertrage
– ob Sinn, ob Sucht, ob Sage –
dein fernbestimmtes: Du mußt.

10 Ob Rosen, ob Schnee, ob Meere,
was alles erblühte, verblich,
es gibt nur zwei Dinge: die Leere
und das gezeichnete Ich.

Seite 320

Ingeborg Bachmann
Erklär mir, Liebe

Dein Hut lüftet sich leis, grüßt, schwebt im Wind,
dein unbedeckter Kopf hat's Wolken angetan,   gefällt den Wolken
dein Herz hat anderswo zu tun,
dein Mund verleibt sich neue Sprachen ein,
5 das Zittergras im Land nimmt überhand,
Sternblumen bläst der Sommer an und aus,   Seite 320
von Flocken blind erhebst du dein Gesicht,
du lachst und weinst und gehst an dir zugrund,
was soll dir noch geschehn –

10 Erklär mir, Liebe!

Der Pfau, in feierlichem Staunen, schlägt sein Rad,   Seite 320
die Taube stellt den Federkragen hoch,   Seite 320
vom Gurren überfüllt, dehnt sich die Luft,
der Entrich schreit, vom wilden Honig nimmt   Seite 320
15 das ganze Land, auch im gesetzten Park   Seite 320
hat jedes Beet ein goldner Staub umsäumt.

Der Fisch errötet, überholt den Schwarm
und stürzt durch Grotten ins Korallenbett.
Zur Silbersandmusik tanzt scheu der Skorpion.   Seite 320
20 Der Käfer riecht die Herrlichste von weit;   Seite 320
hätt ich nur seinen Sinn, ich fühlte auch,
daß Flügel unter ihrem Panzer schimmern,
und nähm den Weg zum fernen Erdbeerstrauch!

Erklär mir, Liebe!
Wasser weiß zu reden,
die Welle nimmt die Welle an der Hand,
im Weinberg schwillt die Traube, springt und fällt.
So arglos tritt die Schnecke aus dem Haus!

Ein Stein weiß einen andern zu erweichen!

Erklär mir, Liebe, was ich nicht erklären kann:
sollt ich die kurze schauerliche Zeit
nur mit Gedanken Umgang haben und allein
nichts Liebes kennen und nichts Liebes tun?
Muß einer denken? Wird er nicht vermißt?

Du sagst: es zählt ein andrer Geist auf ihn …
Erklär mir nichts. Ich seh den Salamander   Seite 320
durch jedes Feuer gehen.
Kein Schauer jagt ihn, und es schmerzt ihn nichts.

Marie Luise Kaschnitz
Hiroshima

Der den Tod auf Hiroshima warf   Seite 320
Ging ins Kloster, läutet dort die Glocken.
Der den Tod auf Hiroshima warf
Sprang vom Stuhl in die Schlinge, erwürgte sich.
Der den Tod auf Hiroshima warf
Fiel in Wahnsinn, wehrt Gespenster ab   Wurde wahnsinnig
Hunderttausend, die ihn angehen nächtlich
Auferstandene aus Staub für ihn.

Nichts von alledem ist wahr.
10 Erst vor kurzem sah ich ihn
Im Garten seines Hauses vor der Stadt.
Die Hecken waren noch jung und die Rosenbüsche zierlich.
Das wächst nicht so schnell, daß sich einer
15 verbergen könnte
Im Wald des Vergessens. Gut zu sehen war
Das nackte Vorstadthaus, die junge Frau
Die neben ihm stand im Blumenkleid
Das kleine Mädchen an ihrer Hand
20 Der Knabe der auf seinem Rücken saß
Und über seinem Kopf die Peitsche schwang.
Sehr gut zu erkennbar war er selbst
Vierbeinig auf dem Grasplatz, das Gesicht
Verzerrt von Lachen, weil der Photograph
25 Hinter der Hecke stand, das Auge der Welt. Seite 320

Paul Celan
Tenebrae

Nah sind wir, Herr,
nah und greifbar.

Gegriffen schon, Herr,
ineinander verkrallt, als wär
5 der Leib eines jeden von uns
dein Leib, Herr.

Bete, Herr,
bete zu uns,
wir sind nah.

10 Windschief gingen wir hin,
gingen wir hin, uns zu bücken
nach Mulde und Maar. Seite 320

Zur Tränke gingen wir, Herr. Seite 321

Es war Blut, es war,
15 was du vergossen, Herr.

Es glänzte.

Es warf uns dein Bild in die Augen, Herr.
Augen und Mund stehn so offen und leer, Herr.
Wir haben getrunken, Herr.
20 Das Blut und das Bild, das im Blut war, Herr.

Bete, Herr.
Wir sind nah.

Peter Rühmkorf
Im Vollbesitz seiner Zweifel

Nicht zu predigen, habe ich mich an diesem Seite 321
Holztisch
niedergelassen,
nicht, mir den Hals nach dem Höheren zu
verdrehen,

sondern mir schmecken zu lassen dies:
Matjes mit Speckstibbel, Bohnen, Kartoffeln, — Seite 321
Einssechzig; — Seite 321
Aal in Gelee, Kartoffelpüree, gemischten Salat,
Zweiachtzig;
Kalbszüngerl mit Kraut, Zwomark;
Beefsteak à la Meyer, Erbsenundwurzeln, — Seite 321
Zwozwanzig; — Seite 321
Rührei – Blumenkohl, Einemarkdreißigpfennige;
Fliederbeersuppe: Jawoll! — Seite 321
Wenn die Sonne, die Löwin, sich Glut aus der Mähne
schüttelt,
und der Inhaber meines Mittagstisches die Markisen
herunterläßt,
mache ich's mir bequem hinter der Zeitschrift für
Armeirre: — Arme Irre
Ei!
es hat sich wieder allerhand Rühmenswertes angesammelt
in unserer Erzdiözese. — Erzbistum

„Mahlzeit" –
Eine Marienerscheinung mehr oder weniger macht noch — Seite 321
keinen Himmel,
aber im ganzen gewaltig ist der Elan meines — Schwung
unaufgeklärten Jahrhunderts,
das noch den Kot der assyrischen Großkönige — Seite 321
abtastet nach
Kohlenstoff vierzehn,
das

30 den Herren der Heerscharen preist in der Unsicherheits-Relation,	Gott Seite 321
das schon mit goldenen Bombern an seinem Untergang webt – da sollte ich konkurrieren?	
35 drei-mal-vier Zeilen „Norddeutsche-reimlos"?	Seite 321
Oh, ich habe mein Maß und mein Bett und verbleibe meiner Geranien Poet und der Sänger meiner Gebrechen!	
Der du auch einmal kamst, Bellarmin, dein gewaltiges Herz	Seite 321
40 unter Fünftausend zu brocken,	Seite 321
rück Stuhl und Leib zurecht, du findest dich durch Schwerkraft genügend belegt, du spürst, wie sich dein Auge machtvoll ins Endliche kehrt: – Oh Lust am Greifbaren! –	
45 wenn aller Anspruch abfällt, und eines doppeltgebrannten	Seite 321
Sommers Trank dir verheißend zum Munde geht …	Zukünftiges versprechend oder ankündigend
Ich sehe: Ich sehe ein großes Motiv:	
50 Ich sehe dich: im Vollbesitz deiner Zweifel froh, eine vergnügte Zunge gegen das Schweinsfleisch gezückt	(bei Stichwaffen) gezogen
(die soviel Unsägliches pflügte) – Aber auch dies ist wohl unter Brüdern	Seite 321
55 seine Erschütterung wert.	

Hans Magnus Enzensberger
An alle Fernsprechteilnehmer

Etwas, das keine farbe hat, etwas,
das nach nichts riecht, etwas Zähes,
trieft aus den Verstärkerämtern,   *Seite 322*
setzt sich fest in die Nähte der Zeit
5 und der Schuhe, etwas Gedunsenes,
kommt aus den Kokereien, bläht
wie eine fahle Brise die Dividenden   *Seite 322*
und die blutigen Segel der Hospitäler,
mischt sich klebrig in das Getuschel
10 um Professuren und Primgelder, rinnt,   *Seite 322*
etwas Zähes, davon der Salm stirbt,   *Lachs*
in die Flüsse, und sickert, farblos,
und tötet den Butt auf den   *Seite 322*
Bänken.

15 die Minderzahl hat die Mehrheit,
die Toten sind überstimmt.

In den Staatsdruckereien   *Seite 322*
rüstet das tückische Blei auf,
die Ministerien mauscheln, nach Phlox   *Seite 322*
20 und erloschenen Resolutionen riecht   *Beschlüssen*
der August. das Plenum ist leer.   *die Vollversammlung*
An den Himmel darüber schreibt
die Radarspinne ihr zähes Netz.   *Seite 322*

Die Tanker auf ihren Helligen
25 wissen es schon, eh der Lotse kommt,
und der Embryo weiß es dunkel
in seinem warmen, zuckenden Sarg:

Es ist etwas in der Luft, klebrig
und zäh, etwas, das keine Farbe hat
30 (nur die jungen Aktien spüren es nicht):
Gegen uns geht es, gegen den Seestern
und das Getreide. Und wir essen davon
und verleiben uns ein etwas Zähes,
und schlafen im blühenden Boom,
35 im Fünfjahresplan, arglos   Seite 322
schlafend im brennenden Hemd,
wir Geiseln umzingelt von einem zähen,
farblosen, einem gedunsenen Schlund.

Johannes Bobrowski
Der Ilmensee 1941

Wildnis. Gegen den Wind.   Seite 322
Erstarrt. In den Sand
eingesunken der Fluß.
Verkohltes Gezweig:
5 das Dorf vor der Lichtung. Damals
sahn wir den See –

– Tage den See. Aus Licht.
In der Wegspur, im Gras
draußen der Turm,
10 weiß, fort wie der Tote von seinem
Stein. Das geborstene Dach
im Krähengeschrei.
– Nächte den See. Der Wald.
In die Moore hinab
15 fällt er. Den alten Wolf,
fett von der Brandstatt,   *Feuerstelle; verbranntes Gebiet*
schreckte ein Schattengesicht.   *Seite 322*
– Jahre den See. Die erzene   *eiserne, metallene*
Flut. Der Gewässer steigende
20 Finsternis. Aus den Himmeln
einmal
schlägt sie den Vogelsturm.

Sahst du das Segel? Feuer
stand in der Weite. Der Wolf
25 trat auf die Lichtung.
Hört nach den Winters Schellen.
Heult nach der ungeheuren
Wolke aus Schnee.

Peter Huchel
Winterpsalm

Für Hans Mayer

Da ging ich bei träger Kälte des Himmels
Und ging hinab die Straße zum Fluß,
Sah ich die Mulde im Schnee,
Wo nachts der Wind
5 Mit flacher Schulter gelegen.
Seine gebrechliche Stimme,
In den erstarrten Ästen oben,
Stieß sich am Trugbild der weißen Luft:
„Alles Verscharrte blickt mich an.
10 Soll ich es heben aus dem Staub
Und zeigen dem Richter? Ich schweige.
Ich will nicht Zeuge sein."
Sein Flüstern erlosch,
Von keiner Flamme genährt.

15 Wohin du stürzt, o Seele,
Nicht weiß es die Nacht. Denn da ist nichts
Als vieler Wesen stumme Angst.
Der Zeuge tritt hervor. Es ist das Licht.
Ich stand auf der Brücke,
20 Allein vor der trägen Kälte des Himmels.
Atmet noch schwach,
Durch die Kehle des Schilfrohrs,
Der vereiste Fluß?

Hans Magnus Enzensberger
Middle Class Blues

Wir können nicht klagen.
Wir haben zu tun.
Wir sind satt.
Wir essen.

Das Gras wächst,
das Sozialprodukt,
der Fingernagel,
die Vergangenheit.

Die Straßen sind leer.
Die Abschlüsse sind perfekt.
Die Sirenen schweigen.
Das geht vorüber.

Die Toten haben ihr Testament gemacht.
Der Regen hat nachgelassen.
Der Krieg ist noch nicht erklärt.
Das hat keine Eile.

Wir essen das Gras.
Wir essen das Sozialprodukt.
Wir essen die Fingernägel.
Wir essen die Vergangenheit.

Wir haben nichts zu verheimlichen.
Wir haben nichts zu versäumen.
Wir haben nichts zu sagen.
Wir haben.

25 Die Uhr ist aufgezogen.
Die Verhältnisse sind geordnet.
Die Teller sind abgespült.
Der letzte Autobus fährt vorbei.

Er ist leer.

30 Wir können nicht klagen.

Worauf warten wir noch?

Wolfgang Hilbig
ihr habt mir ein haus gebaut

ihr habt mir ein haus gebaut
laßt mich ein andres anfangen.

ihr habt mir sessel aufgestellt
setzt puppen in eure sessel.

5 ihr habt mir geld aufgespart
lieber stehle ich.

ihr habt mir einen weg gebahnt
ich schlage mich
durchs gestrüpp seitlich des wegs.

10 sagtet ihr man soll allein gehn
würd ich gehn
mit euch.

Rose Ausländer
Schallendes Schweigen

Manche haben sich gerettet

Aus der Nacht
krochen Hände
ziegelrot vom Blut
5 der Ermordeten

Es war ein schallendes Schauspiel
ein Bild aus Brand
Feuermusik
Dann schwieg der Tod
10 Er schwieg

Es war ein schallendes Schweigen
Zwischen den Zweigen
lächelten Sterne

Die Geretteten warten im Hafen
15 Gescheiterte Schiffe liegen   Verunglückte
Sie gleichen Wiegen
ohne Mutter und Kind

Kurt Bartsch
Chausseestraße 125 Seite 323

Brecht sitzt wie eh und je Bertolt Brecht
im schaukelstuhl und schnee
fällt auf die gräber hin
Brecht schaukelt her und hin
5 und lutscht an der zigarr Seite 323
die nie erkaltet war
rauch steigt schwarz aus dem dach
der winter ist schon schwach
die mütze hängt am nagel Seite 323
10 es fallen stein und hagel
bald gibt es blattsalat Seite 323
(bis man genug von hat)
Brecht schaukelt noch ein stück
er hat noch einmal glück
15 dann ist es abends acht
kein licht ist angemacht
da seh ich einmal her
der schaukelstuhl ist leer.

Wolf Biermann
Portrait eines alten Mannes

Seht, Genossen, diesen Weltveränderer: Die Welt
Er hat sie verändert, nicht aber sich selbst
Seine Werke, sie sind am Ziel, er aber ist am Ende

Ist dieser nicht wie der Ochse im Joch   Seite 323
5 des chinesischen Rades? Die Wasser
hat er geschöpft. Die Felder
hat er gesättigt. Der Reis
grünt. Also schreitet dieser
voran im Kreis
10 und sieht auch vor sich nichts, als
abertausendmal eigene Spur im Lehm
Jahr für Jahr wähnt er also, der Einsame
den Weg zu gehen der Massen. Und er läuft doch   Seite 323
sich selbst nur nach. Sich selber nur
15 trifft er und findet sich nicht
und bleibt sich selbst immer der Fernste

Seht, Genossen, diesen Weltveränderer: Die Welt
Er hat sie verändert, nicht aber sich selbst
Seine Werke, sie sind am Ziel, er aber ist am Ende

20 Das seht, Genossen. Und zittert!

Paul Celan
Du liegst im großen Gelausche

Du liegst im großen Gelausche,
umbuscht, umflockt.

Geh du zur Spree, geh zur Havel,   Seite 324
geh zu den Fleischerhaken,   Seite 324
5 zu den roten Äppelstaken   Seite 324
aus Schweden –

Es kommt der Tisch mit den Gaben,
er biegt um ein Eden – *Seite 324*

Karl Liebknecht

Der Mann ward zum Sieb, die Frau
10 mußte schwimmen, die Sau,
für sich, für keinen, für jeden –

Rosa Luxemburg

Der Landwehrkanal wird nicht rauschen. *Seite 324*
Nichts
  stockt.

Ernst Jandl
ottos mops

ottos mops trotzt
otto: fort mops fort
ottos mops hopst fort
otto: soso

5 otto holt koks
otto holt obst
otto horcht
otto: mops mops
otto hofft

10 ottos mops klopft
otto: komm mops komm
ottos mops kommt
ottos mops kotzt
otto: ogottogott

Eugen Gomringer
Schweigen

schweigen schweigen schweigen
schweigen schweigen schweigen
schweigen   schweigen
schweigen schweigen schweigen
schweigen schweigen schweigen

Marie Luise Kaschnitz
Die Gärten

Die Gärten untergepflügt
Die Wälder zermahlen
Auf dem Nacktfels die Hütte gebaut
Umzäunt mit geschütteten Steinen
Eine Cactusfeige gesetzt
Einen Brunnen gegraben
Mich selbst
Ans Drehkreuz gespannt
Da geh ich geh ich rundum
Schöpfe mein brackiges Lebenswasser
Schreie den Eselsschrei
Hinauf zu den Sternen.

Seite 324

Rolf Dieter Brinkmann
Einen jener klassischen

schwarzen Tangos in Köln, Ende des
Monats August, da der Sommer schon

ganz verstaubt ist, kurz nach Laden
Schluß aus der offenen Tür einer

5 dunklen Wirtschaft, die einem
Griechen gehört, hören, ist beinahe

ein Wunder: für einen Moment eine
Überraschung, für einen Moment

Aufatmen, für einen Moment
10 eine Pause in dieser Straße,

die niemand liebt und atemlos
macht, beim Hindurchgehen. Ich

schrieb das schnell auf, bevor
der Moment in der verfluchten

15 dunstigen Abgestorbenheit Kölns
wieder erlosch.

Ernst Jandl
wien: heldenplatz

der glanze heldenplatz zirka
versaggerte in maschenhaftem männchenmeere
drunter auch frauen die ans maskelknie
zu heften heftig sich versuchten, hoffensdick.
5 und brüllzten wesentlich.

verwogener stirnscheitelunterschwang
nach nöten nördlich, kechelte
mit zu-nummernder aufs bluten feilzer stimme
hinsensend sämmertliche eigenwäscher.

10 pirsch!
döppelte der gottelbock von Sa-Atz zu Sa-Atz
mit hünig sprenkem stimmstummel.
balzerig würmelte es im männechensee
und den weibern ward so pfingstig ums heil
15 zumahn: wenn ein knie-ender sie hirschelte.

Sarah Kirsch
Die Luft riecht schon nach Schnee

Die Luft riecht schon nach Schnee, mein Geliebter
Trägt langes Haar, ach der Winter, der Winter der uns
Eng zusammenwirft steht vor der Tür, kommt
Mit dem Windhundgespann. Eisblumen
Streut er ans Fenster, die Kohlen glühen im Herd, und
Du Schönster Schneeweißer legst mir deinen Kopf in den Schoß
Ich sage das ist
Der Schlitten der nicht mehr hält, Schnee fällt uns
Mitten ins Herz, er glüht
Auf den Aschekübeln im Hof Darling flüstert die Amsel

Wolf Wondratschek
In den Autos

Wir waren ruhig,
hockten in den alten Autos,
drehten am Radio
und suchten die Straße
nach Süden.

Einige schrieben uns Postkarten aus der
   Einsamkeit,
um uns zu endgültigen Entschlüssen aufzufordern.

Einige saßen auf dem Berg,
um die Sonne auch nachts zu sehen.

Einige verliebten sich,
wo doch feststeht, daß ein Leben
keine Privatsache darstellt.

Einige träumten von einem Erwachen,
das radikaler sein sollte als jede Revolution.

Einige saßen da wie tote Filmstars
und warteten auf den richtigen Augenblick,
um zu leben.

Einige starben,
ohne für ihre Sache gestorben zu sein.

Wir waren ruhig,
hockten in den alten Autos,
drehten am Radio
und suchten die Straße
nach Süden.

Uwe Kolbe
Ich bin erzogen im Namen einer Weltanschauung

Mit verklebten Augen blieb ich ein Gläubiger,   Seite 325
Ich kannte keine andere Philosophie denn die herr-   als
schende, ich dachte nie, daß es so viele herr-
schende Philosophien gibt, verstand diesen Krieg
  nicht.
5 Jetzt seh ich die Zahl der Köpfe:
                                       : verstehe,
daß Krieg unvermeidlich, spiele ebenfalls
Papiertiger, Sandlöwe, Tropfenpanzer, lächle   Seite 325
mündungsschwarz und bluthundsüß. Ich grüße
10 den Weltfriedenskongreß, irgendeinen, meine
  Eltern,
den Wimpel mit Lenins Bildnis auf der Venus,   Seite 326
den Staub, aus dem mein Kosmos geformt sei.
Ich sehe keine Chance, den Kopf zu retten
aus dem Krieg um den Frieden, dem Krieg
15 zwischen Mann und Frau, aus dem der Darmwand
und des Bluts mit Speiseresten, aus dem
  osmotischen   Seite 326
Weltkrieg, dem weltpolitischen Knopfdruckkrieg.
Vom Schachbrett weg, aus den Zwickmühlen zieht   Seite 326
mich nur der mit der Sense, einer der Freunde,   der Tod
20 auf die Verlaß ist, einer der größten Spieler,
der gefürchteten Banksprenger, einer der
  Gewinner.

Robert Gernhardt
Erinnerung an eine Begegnung in Duderstadt

„Sie haben die Züge dessen,
der viel gelitten hat",
sagte mir zögernd die Fremde
im Bahnhof von Duderstadt.

5 Ich blickte ihr in die Augen,
sie waren so tief und so klug.
Nur ungern gestand ich die Wahrheit:
„Madame, mir gehört hier kein Zug.

Die Züge, die Sie hier sehen,
10 gehörn einem anderen Mann.
Sein Vorname lautet schlicht ‚Bundes',
sein Nachname aber heißt ‚Bahn'."

Wie schaute die Fremde so zweifelnd,
wie nahte der Zug sich so rot,
15 wie hob der Beamte die Kelle,
stünd' ich noch mal an der Stelle,
ich wünschte, er schlüge mich tot.

Ulla Hahn
Im Rahmen

Eine Frau am Fenster allein
stehend die Arme gekreuzt
vor der Brust im zarten
pastell Musselin
5 wartend daß einer sie fasse
in seinen altgoldenen Rahmen
ist nur auf Bildern schön.
Wenn Sie am Telefon lauert frei
Zeichen skandiert die Muschel
10 poliert ist das
nicht zum Ansehn.

Ulla Hahn
Anständiges Sonet

> Schreib doch mal
> ein anständiges Sonett
> St.H.

Komm beiß dich fest ich halte nichts
5 vom Nippen. Dreimal am Anfang küß
mich wo's gut tut. Miß
mich von Mund zu Mund. Mal angesichts

der Augen mir Ringe um
und laß mich springen unter
10 der Hand in deine. Zeig mir wie's drunter
geht und drüber. Ich schreie ich bin stumm.

Bleib bei mir. Warte. Ich komm wieder
zu mir zu dir dann auch
„ganz wie ein Kehrreim schöner alter Lieder". Seite 326

15 Verreib die Sonnenkringel auf dem Bauch Seite 326
mir ein und allemal. Die Lider
halt mir offen. Die Lippen auch.

Sarah Kirsch
Bäume

Früher sollen sie
Wälder gebildet haben und Vögel
Auch Libellen genannt kleine
Huhnähnliche Wesen die zu
5 Singen vermochten schauten herab.

Rose Ausländer
Song

Whisky ist transparent
wie du darling
leuchtest im Whiskylicht
eine Stunde im
5 süßen Inferno Seite 326
time is money
aber eine Stunde
darling mit dir
ist ein kostbarer Corso Seite 327

10 ein Jetflug über
　 Canyons und feurige Spiegel
　 ein himmlisches Spinnwebspiel
　 im süßen Inferno
　 eine Stunde
15 darling mit dir

Ursula Krechel
Todestag

Was bleibt von einer sehr gestorbenen Frau
(sie starb kurz nach dem Muttertag
und wär auch auf Bitten nicht geblieben) zu was
im Mai die Winde wehen, die Luft ist rauh

5 vor dreizehn Jahren lebte sie ihr Sterben
Monat um Monat, Tag um Tag geballter Leib
und eines Morgens dann nicht mehr zu was
Maiglöckchenstrauß, ein Mann, zwei Kinder, Erben

zu was, die Frau, die hier jetzt schreibt
10 gleich alt wie jene sehr gestorbene Frau, als jene
diese Frau gebar, seufzend, rauh röchelnd dann
und schweigend über Töpfen, die andere schreibt

geboren von der sehr gestorbenen Frau
die dieses sagte (Kind) und jenes tat
15 (Löcher stopfen, Nägel schneiden, in die Augen
  sehen)
und ließ und ließ, die gottverlassene fromme Frau

verlassen ist ein großes Wort, wer blieb, wer ging
Besteckschubladen, Kreuzstichkissen, Vasen,   Seite 327
20 Leinen
wer klagt, wer fragt, es bleiben sterbliche Fragen
bis sie an keinem Faden, nichts mehr hing.

Thomas Kling
niedliche achterbahn

gehörn der heizkörper; sechzehn-   Seite 327
endiges geheiz: die angeschnallte
wohnun', bis zum anschlag aufge-
dreht, vollends niedergehaltn: jaa-ree-
5 lang; die wohnun' angeschnallt,
befestigte nicht zu hebende sessel, bilder
di sich aus den rahmen lehnen, kurz ver-
puffn, schon wieder zurückgezurrt; di
teppichbödn, malträtiertn bödn (zuge-   misshandel-
10 schüttet), di klebrign schränke (von um-   ten
zügn di schmisse, hellere katschen): mein   Schrammen
klebriges denkn darin, verwohntes denkm;
niedergehaltener schlaf; auf der matraze
ränder und ausgeuferte bilder HOCHWASSER/
15 HEREINSCHWAPPENDES MÄRZWASSER/
FLOSS ONE   Seite 327

UFER auf dem matrazenfloß mein schlaf ma-
traznschlaf auf eingeübtn schmerzplakatn;
informationen, bildränder werdn nachz
vorbeigestakt, di obn festgeschnalltn bü
20 cher di artign artikel; heizkörper, röhren:
niedliche achterbahn

Durs Grünbein
Tag X

Wohin die Morgen als Pioniergruß zart
Die Welt in zwei erstarrte Hälften teilte
    Antagonistisch und entlang der Schädelnaht?
Als den Legenden noch die Drohung folgte
5   Es ginge eins im andern auf und sei bestimmt.
    Vom Husten bis zum Abschlußzeugnis, von der Milch
In der noch Wahrheit schwamm bis zum verheilten Selbst
10 Hing alles wie nach Plan zusammen. Streng vertraut
    War noch der Zwang, das Salz im Alltag, liebenswert.
Durch jedes Fenster flog ein Raumschiff aus Papier
15 An Bord den Neuen Menschen im Versuchslabor.
    Und jeder Ist-Satz, vom Diktat der Einfachheit
Befriedigt gab sich selbst den Punkt. Wie beim Appell
Das helle „Seid bereit!" für den Tag X.

20 (Für Ilya Kabakov)

Friederike Mayröcker
beim Anblick eines jungen Kindes in der Straße

als ich plötzlich zwei Jahre war
in einer dunklen Vergangenheit
als ich schlafend ohne Bewußtsein war
als ich wenige Tage war
5 als ich auf dünnen Fußstelzen stakend staunend
   erwachend
als ich an der Hand der Mutter
als ich an den Händen von Vater und Mutter
also in ihrer Mitte
zwischen ihnen dazwischen zwischendrin
10 also ihr Mittelpunkt
aber ich erinnere mich nicht
als ich ein Wicht
also noch nicht alarmiert also noch eingebettet
ihr beider Mittelpunkt Stern
15 auf den sie ihr Auge
von dem sie empfangen konnten
ihr Glück

Karl Krolow
Air

Mädchen, du gehörst dir nicht mehr.
Du wurdest in der Luft ein Lied, das ich summe,
ganz einfach ein Lied, das
keine Noten braucht,
5 für immer im Ohr für die,
die es hören, ganz einfach
die Melodie in der Luft,
in der du lebtest,
als du über mich lachtest.
10 Mädchen, ich war der Mann,
der es zuerst hörte –
ein Lied ohne Worte.
Die Worte mache ich später für dich.
Noch bist du für mich erreichbar
15 ganz ohne sie, Mädchen.

Robert Gernhardt
Der letzte Gast

Im Schatten der von mir gepflanzten Pinien   Seite 328
will ich den letzten Gast, den Tod, erwarten:
„Komm, tritt getrost in den betagten Garten,
ich kann es nur begrüßen, daß die Linien

5 sich unser beider Wege endlich schneiden.
Das Leben spielte mit gezinkten Karten.   zum Falschspielen präparierten
Ein solcher Gegner lehrte selbst die Harten:
Erleben, das meint eigentlich Erleiden."

Da sprach der Tod: „Ich wollt' mich grad
10 entfernen.
Du schienst so glücklich unter deinen Bäumen,
daß ich mir dachte: Laß ihn weiterleben.

Sonst nehm ich nur. Dem will ich etwas geben.
Dein Jammern riß mich jäh aus meinen Träumen.
15 Nun sollst du das Ersterben kennenlernen."   Sterben

Marcel Beyer
Verklirrter Herbst

Der Funker: „Ver-." Gewaltig endet so der Tag.
„Aufklären." Sie hängen in den Leitungsmasten.   Seite 328
„Bild an Bildchen. Melden." Die Drähte brummen
sonderbar. „Hier Herbst." Hier Einbruch. „Hier
5 Verklirrtes." Die Toten, statisch aufgeladen.   Seite 328

Der Funker: „Melden." Da sagt der Landser: Es   Seite 328
ist gut. „48 Stunden in diesem Loch." Beinfreiheit,
Blickangst. Und jemand flüstert: Sie sind heiser?
„Falls wir jemals wieder raus." Das Bahnsteigklima
10 bringt mich um. „Noch." Die Viehwaggons
auf Nebengleisen. Wurstflecken.

Der Funker: „Aber selbstverständlich, du willst es
eiskalt, Junge?" Ein Zug fährt an, den er besteigt.
„Da wird dein Hals aber kaputt sein, morgen früh."
15 Scheitel, gebürstet. Nah dem Verteiler, sieht er,   Stromverteiler
sprühen Funken. „Junge, du willst es eiskalt?" Ganz
spezielle Rasuren. Scharmützel. „Leich an Leiche   Kleines
reiht sich." Ausrasiert. „Flackern." „Hinterköpfe."   Gefecht

Lutz Rathenow
Kapitalismus mit Tübinger Antlitz

Wieder fünf Stunden in T., fleißig
in Nähe des Hölderlinturmes gehalten,   Seite 329
wieder nicht wahnsinnig geworden.
Obwohl: Stocherkahnrennen,   Seite 329
5 Aktionskunst, urdeutsch –   Seite 329
feucht und kräftezehrend,
dem Zweiten seinen Lebertran.   Seite 329
Wie ernst ist der Ernst.
Aber die Stadt, meine Mutter,
10 so würde sie den Westen lieben:
ein riesiges Tübingen. Die Jugend   Seite 329
trifft sich zu Mülltrennungsfesten.
Löffelt links gedrehten Joghurt   Seite 329
– oder doch rechts? Jedenfalls
15 vorschriftsmäßig. Alles beachten
und die Zukunft wird gut. Darauf
einen Schoppen! Der läutet ein   Seite 329
die Nacht. So einen kriegen Sie,
weiht ein mich der Geber, nirgendwo
20 anders. Wir trinken unsere Weine selbst.

Volker Braun
Nach dem Massaker der Illusionen

Guevara unter der Rollbahn mit abgehackten Seite 329
Händen, „der wühlt nicht weiter" wie
Wenn die Ideen begraben sind
Kommen die Knochen heraus
5 Ein Staatsbegräbnis AUS FURCHT VOR DER
   AUFERSTEHUNG
Das Haupt voll Blut und Wunden Marketing Seite 329
GEHT EINMAL EUREN PHRASEN NACH Seite 329
BIS ZU DEM PUNKT WO SIE VERKÖRPERT
10   WERDEN
Waleri Chodemtschuk, zugeschüttet Seite 329
Im Sarkophag des Reaktors, kann warten Seite 329
Wie lange hält uns die Erde aus
Und was werden wir die Freiheit nennen

Hans Magnus Enzensberger
Drinnen und draußen

Dieses Haus schien viel größer von innen
als von außen zu sein.
Bläulich beleuchtete Korridore,
in denen altertümliche Waschmaschinen
5 plötzlich zu rumpeln anfingen,
Salons voller böser Möbel
mit Zwölfendern an den Wänden. Seite 330

Niemand da, nur neben dem Feuerlöscher
ein schläfriger Veteran,
10 der uns Münzen verkaufen wollte,
Pesos, Forints und Kopeken   Seite 330
aus dem letzten Jahrhundert.

Hinter uns tickten die Gaszähler,
und zwei erblindete Göttinnen   Seite 330
15 hielten Wache an der Marmortreppe
zum verdunkelten Schwurgerichtssaal.   Seite 330

Als wir den Ausgang gefunden hatten,
ging das Leben einfach so weiter.

Wort- und Sacherklärungen

Barock und Galante Zeit

Martin Opitz: Ach liebste, laß uns eilen

Erstdruck: 1624
Allgemein: Nachdichtung von Pierre de Ronsards *Cependant que ce beau mois dure.*

18.1	**Laß uns eilen:** Lass uns keine Zeit verlieren; Carpe-diem-Motiv.
18.2	**Wir haben Zeit:** Wir sind vergängliche Wesen.
18.23	**Gieb mir das wann du giebest:** Gib mir dies, nur wenn du es gibst.

Martin Opitz: Ich empfinde fast ein Grauen

Erstdruck: 1624
Allgemein: Nachdichtung von Pierre de Ronsards *J'ai l'esprit tout ennuyé,* oft parodiert, u. a. von Schirmer in MARNIA UND EIN BUCH; Opitz zitiert sein Gedicht in seiner DEUTSCHEN POETEREY am Ende des fünften Kapitels als Beispiel für ein Gedicht der Gattung Lyrica (vgl. Opitz 2002, 33/34).

19.2	**Plato:** Platon, griechischer Philosoph; lehrte, dass alle Dinge dieser Welt nur Abbilder der Ideen sind, die von der Seele im Jenseits geschaut werden.
19.22	**Clotho:** Eine der drei Parzen (Moiren). Als Schicksalsgöttinnen leiten sie das Leben der Sterblichen; sie werden allegorisch mit dem Lebens- bzw. Schicksalsfaden dargestellt, der von Klotho gesponnen, von Lachesis geführt und von Atropos abgeschnitten wird.
20.30	**Tolle sich zu krencken pflegt:** Sich bis zur Tollheit zu plagen pflegt.

Simon Dach: Grübinne versetzt eine burg.

Entstanden: 1631; Erstdruck: wahrscheinlich im Entstehungsjahr
Grübinne: weibliche Form des Nachnamens Grube; wurde zur Hochzeit von Jakob Krenscko und Gertrud Grube vorgetragen

20.9–10	**blitz/Ohne donner der geschütz:** Mündungsflamme und Knall der abgefeuerten Geschütze.

Daniel Czepko: Unglück prüfet das Gemüthe. Von der Tugend.
Entstanden: 1632; Erstdruck: 1930
Allgemein: allegorisches Gedicht mit sechsteiligem Bildspender
Je mehr du Feuer störst: Je heftiger man mit dem Schürhaken 21.3
im Feuer stochert, desto schneller flammt es auf.
der Baum geprest: Junge Bäume bindet man an feste Stangen, 21.5
damit sie gerade wachsen.

Daniel Czepko: Spiele wohl! Das Leben ein Schauspiel
Entstanden: 1632; Erstdruck: 1930
die Weisen: kluge Menschen, Gelehrte, Philosophen und Theo- 22.6
logen
Stellung: Haltung, Positur (auf der Bühne); Verstellung = 22.7
Handlung des Stücks

Daniel Czepko: Ich liebe das und weiß nicht was
Entstanden: 1634; Erstdruck: 1924
Gaben/Und ihre grosse Pflicht: Vorstellung, dass natürliche 23.8–9
Gaben göttliche Gaben sind und dazu verpflichten, sie nicht
brachliegen zu lassen; vgl. Milton, Sonett 16 und Matthäus 25,
14–30.

Daniel Czepko: Ohne Nachtheil
Entstanden: 1634; Erstdruck: 1924
Wolt ich Euch selbst selbst zudecken: eigenhändig zudecken 24.12
oder euch (mit mir) selbst zudecken

Paul Fleming: Wie er wolle geküsset seyn
Entstanden: zw. 1631 und 1640; Erstdruck: 1642
Adonis Venus: Adonis war der menschliche Geliebte der Lie- 24.12
besgöttin Aphrodite (Venus); in der Malerei des Barocks ein
oft genutztes Sujet, um ein Paar in einer innigen Situation zu
zeigen.

Paul Fleming: Ich war an Kunst, und Gut, und Stande groß und reich
Entstanden: 1640; Erstdruck: 1642
Herrn Pauli Flemingi der Med. Doct. Grabschrifft, so er ihm

Wort- und Sacherklärungen

selbst gemacht in Hamburg, den XXIX. Tag deß Merzens m. dc. xl. auff seinem Todtbette drey Tage vor seinem seel: Absterben: damals unter diesem veröffentlicht.

25.1 **Kunst, und Gut, und Stande**: Mit *Kunst* sind Talent, Fähigkeit und Wissen gemeint; *Gut* meint den weltlichen Reichtum, die Güter; als *Stand* bezeichnete man im Barock die gesellschaftliche Gruppe, in die ein Mensch hineingeboren wurde, wobei Existenz und Ordnung der Stände als gottgewollt galten.

25.2 **Glückes lieber Sohn**: Lieblingskind der Glücksgöttin Fortuna

25.4 **Kein Landsman sang mir gleich**: kein deutscher Dichter dichtete so gut wie ich.

26.5 **Von reisen hochgepreist**: durch Reisen zu Ruhm gelangt

Philipp von Zesen: Das Siebende Lied. Ermunterung zur Fröligkeit. Von lauter Dactylischen Versen.
Erstdruck: 1642
Allgemein: Das Lied verstößt gegen Opitz' Vorschrift, in deutschsprachiger Dichtung ausschließlich jambische oder trochäische Versfüße zu verwenden.
Titel: Dactylischen Versen: Verse aus einer betonten Silbe, der zwei unbetonte folgen.

26.1 **Meyen und Kräntze bereiten**: *Meyen* (Maien) bezeichnet entweder Maibäume oder kleine Zweigbündel mit frischem Blattwerk und Knospen, die man zu Maifesten verschenkte.

27.11 **Spanischen Wein**: wahrscheinlich Sherry, ein süßlicher Likörwein

27.13 **Bürckene Meyer**: aus Birkenholz geschnittener Becher

27.17 **Malvasier**: Aus der Malvasia-Traube wurde auf Mallorca ein süßer, aromatischer Dessertwein hergestellt, der im 17. Jahrhundert hoch geschätzt war.

Andreas Gryphius: Thränen des Vaterlands. anno 1636
Entstanden: erste Fassung um 1636; Erstdruck: 1637 *als Trauerklage des verwüsteten Deutschlandes,* dann 1643 in der vorliegenden Fassung.

28.2 **Der frechen Völcker schar**: eine große Menge dreister Soldatentrupps

28.9 **Schantz**: provisorische Befestigung, z. B. als Geschützdeckung.

Seelen Schatz: Das Seelenheil, das der Mensch durch Sünden 28.14
verliert, die er nicht abbüßen kann.

Andreas Gryphius: Es ist alles Eitel
Erstdruck: 1643
Eitelkeit: Nutzlosigkeit, Falschheit, Vergeblichkeit; Selbstgefäl- 29.1
ligkeit; Leere.
pocht und trotzt: *pochen* bezeichnet ein zorniges, prahlerisches, 29.6
höhnisches Auftreten, *trotzen* ein herausforderndes, selbstbewusstes, kampflustiges Gebaren.
Asch und Bein: Erde und Knochen 29.8–9

Simon Dach: Horto recreamur amœno
Entstanden: vor 1645; Erstdruck: wahrscheinlich als Einzeldruck zw. 1645 u. 1659.
reyme: Gereimte Verse; Reime; Sprüche, kleine Gedichte. 30.7
Wann ich der zeit in angst und furcht genösse: Wenn ich meine 31.31
Zeit in Angst und Furcht verbrächte.
Ihr solt imgleichen: Im Gegenzug soll euch dieses Lied unsterb- 31.41
lich machen.

Andreas Gryphius: Schluss des 1648sten Jahres
Entstanden: 1648/49; Erstdruck: nach 1663
genung geschlagen: Spielt an auf die Verse 4–7 im 12. Kapitel 32.9
des Hebräerbriefs.
dein liebliches geschencke: Vorstellung, dass die göttliche 32.3
Gnade alles Gute beschert, das dem Menschen widerfährt.

Friedrich von Logau: Hunger
Entstanden: bis 1637; Erstdruck: 1654

Friedrich von Logau: David durch Michal verborgen
Entstanden: bis 1637; Erstdruck: 1654
Michal [...] David's stat: David erlangt die Gunst des israeli- 33.1
tischen Königs Saul und heiratet dessen Tochter Michal. Der König aber wird von einem bösen Geist gegen seinen Schwiegersohn aufgehetzt und beauftragt Handlanger mit dessen Ermordung. Der Passus, auf den Logau anspielt, findet sich in 1 Samuel 19, 11–16.

33.4	**ein Fell, das Hörner hat:** Sprichwörtlich setzt eine Frau ihrem Ehemann Hörner auf, wenn sie ihn mit einem anderen Mann betrügt.

Friedrich von Logau: Über den Tod eines lieben Freundes
Entstanden: 1638/39; Erstdruck: 1654

Friedrich von Logau: Himmel und Erde
Entstanden: 1649; Erstdruck: 1654

Friedrich von Logau: Der natürliche Mensch
Entstanden: 1650; Erstdruck: 1654

David Schirmer: Marnia und ein Buch
Erstdruck: 1650, 1654 o. 1657
Allgemein: Variation auf Opitz' Gedicht *Ich empfinde fast ein Grauen*.

34.2	**Phöbus:** Die Sonne personifiziert als Gott Phöbus Apollon.
34.14	**Sinn:** das innere Wesen des Menschen, das Organ allen Strebens und Verlangens
35.17	**Jungfer:** Junge, unverheiratete Frau, im 17. Jahrhundert in sozial besserer Stellung; Dienerin, die im Rang über der einfachen Magd steht.
35.19	**binden ein:** Bücher wurden oft von den Druckern ungebunden an die Buchbinder geliefert, die daraufhin die Rohbögen einbanden und an die Kunden verkauften.
35.21–22	**diese Friest der kurzen Tage/die wir Menschen auf uns haben:** Die kurze Lebenszeit, die wir Menschen haben.
35.22	**Bienen-Safft:** Honig; seinem Genuss wurde in der Antike die Vermittlung prophetischer und dichterischer Fähigkeiten zugeschrieben.
35.23	**Musen:** Die neun Musen als Schutzgöttinnen der Künste und Wissenschaften.
35.26	**Tscherning:** Andreas Tscherning (1611–1659), Übersetzer, Sprachkritiker, Lyriker.
35.30	**tolle sich zu kräncken pflegt:** vgl. Seite 268

35.35	**Paul Gerhardt: Geh aus, mein Herz, und suche Freud** Erstdruck: 1653

Staub: leichte, im Wind aufwirbelnde Erde. 36.8
Die ziehen sich [...] Salomonis Seide: Die zu tragen viel schöner 36.11–12
ist als Salomons Seide (letztere wohl sinnbildlich für die Pracht
des reichen Königs).
Mit schattenreichen Myrten: Ein Baum oder Strauch, der als 37.27
Ziergewächs in Schilderungen südlicher oder paradiesischer
Landschaften auftaucht; Symbol der Liebe, unberührten Jungfräulichkeit und allg. der Freude.
Seraphim: Plural von Seraph: Engel, die in der Hierarchie der 38.58
himmlischen Heerscharen den höchsten Rang einnehmen.
Halleluja: der aus dem Hebräischen stammende Jubelruf ‚Preiset Gott!'. 38.60
trüge meine Palmen: vgl. Offenbarung des Johannes 7, 9–15. 38.63
Zeigt die Vorstellung, dass beim jüngsten Gericht die zum Leben im himmlischen Paradies Erwählten Palmenzweige in den
Händen tragen. Die Palme ist hier ein Symbol der christlichen
Lebensführung.

Angelus Silesius (Johann Scheffler): Du mußt, was Gott ist, sein
Entstanden: 1653 bis 1657; Erstdruck: 1657

Angelus Silesius (Johann Scheffler): Der Mensch ist Ewigkeit
Entstanden: 1653 bis 1657; Erstdruck: 1657

Angelus Silesius (Johann Scheffler): Gott wird, was er nie war
Entstanden: 1653 bis 1657; Erstdruck: 1657
Der ungewordne Gott: Gott als ewiges, ungeschaffenes Wesen. 40.1

Angelus Silesius (Johann Scheffler): Der Fall Evens ist Ursach, daß Gott Mensch worden
Entstanden: 1653 bis 1657; Erstdruck: 1657

Angelus Silesius (Johann Scheffler): Die Sünd ist allein das Übel
Entstanden: 1653 bis 1657; Erstdruck: 1657

Angelus Silesius (Johann Scheffler): Der verdammte Übeltäter
Erstdruck: 1675
höllschen Mohren: Als *Mohren* bezeichnete man zum einen 41.1

Schwarzafrikaner, zum anderen Muslime. Im Mittelalter war der hellemôr (der Höllenmohr) eine Bezeichnung für den Teufel.

41.2 **Leviathans**: Biblisches Meerungeheuer von furchtbarer Größe, Kraft und Zähigkeit (Hiob 40,25–41,26), das nur von Gott allein bezwungen werden kann und, am Ende der Zeiten, bezwungen wird (Jesaia 27,1).

41.6 **Der Himmel stund mir frei**: Es stand mir frei, in den Himmel zu kommen.

41.7 **hielt doch nicht den Bund**: Gott schließt nach biblischer Vorstellung ein Bündnis mit den Menschen oder mit seinem auserwählten Volk, vgl. z. B. Genesis 17,1–2. Ein Bruch des Bündnisses wird von Gott bestraft; es besteht aber immer wieder die Möglichkeit, einen neuen Bund zu schließen.

41.11 **Prangen**: Das Sichauszeichnen durch Glanzentfaltung; das angeberische und selbstgefällige Sichzeigen.

Christian Hoffmann von Hoffmannswaldau: Die Welt

Erstdruck: 1679 in der Sammlung: DEUTSCHE ÜBERSETZUNGEN UND GETICHTE, dort in der Abteilung Vermischte Gedichte.

42.5 **Kummerdisteln**: Höchstwahrscheinlich eine Wortneuschöpfung Hoffmannswaldaus

42.8 **Alabaster**: Helles Mineral, aus dem Gebrauchsgegenstände und Statuen gefertigt wurden; seine Oberfläche ist nach dem Polieren ebenmäßig und samtig glänzend.

42.10 **Abgott**: Götze; im weiteren Sinne auch ein Objekt der Verehrung und Anbetung

42.12 **Zirckel dieser Welt**: Weltkreis, der Kosmos, die Schöpfung

Daniel Casper von Lohenstein. Künstlich erhöheter Raub

Erstdruck: 1680

42.2 **Weil deine Schönheit selbst der Flammen Zunder hegt**: Weil deine Schönheit selbst der Zündstoff der Flammen ist.

43.6 **Die Sonn' ists, die das Salz in allen Dingen regt**: Die Sonne bewegt das Salz in den Dingen.

Daniel Casper von Lohenstein. Uberschrifft des Tempels der Ewigkeit

Erstdruck: 1680

Dünste: sichtbare oder unsichtbare, vaporisierte Flüssigkeit in der Luft   43.6
Grabescheit: Spaten; oft als topisches Symbol für harte Arbeit.   43.8
Eitelkeit: Nutzlosigkeit; Falschheit; Vergeblichkeit; Selbstgefälligkeit; Leere   44.15
Ehrsucht: krankhaftes Streben nach gesellschaftlicher Anerkennung und Nachruhm   44.15
Wehmuth: tiefe, innere, gleichmäßige Trauer   44.17
Wermuth: *Wermut* bezeichnet im 17. Jahrhundert eine Pflanze, die zu dieser Zeit ausschließlich als Heilpflanze Verwendung fand und wegen ihres bitteren Geschmacks sprichwörtlich war.   44.17
Euch von Dorn' auf Rosen wollet betten: Die Dornen verweisen auf die Dornenkrone Jesu, die Rosen sind ein Symbol der Gottesmutter Maria.   44.18–19
erheben: beginnen; erlangen.   44.21
Preis: Lobpreisung; hohen Lohn.   44.22
Dumme: Einfältige; Unbesonnene; Widerwärtige; Abgeschmackte; Verdorbene   44.23

Joachim Neander: Der Lobende
Erstdruck: 1680
Psalm 103,1: Lobe den *HERRN* meine Seele/Vnd was in mir ist/seinen heiligen Namen.
König der Ehren: Vgl. Psalm 24,7–10   44.1
Psalter und Harfe: Biblische Musikinstrumente, vgl. Psalm 57,9, 108,3, 150,3.   44.4
Amen: (hebr.) Wahrlich, Es geschehe!; Abschlussformel von Gebeten.   45.32

Christian Hoffmann von Hoffmannswaldau: Sonnet. Vergänglichkeit der Schönheit.
Erstdruck: 1695
liebliche corall der lippen wird verbleichen: Die korallenroten Lippen werden blass werden.   46.3
sand: Erde, Anspielung auf Verwesung.   46.4
Für welchen solches fällt: Und der, dem dies alles gefällt.   46.6
staub: vgl. V.4.   46.10

Christian Hoffmann von Hoffmannswaldau: So soll der purpur deiner lippen
Erstdruck: 1695

47.1 **purpur:** Der zur Färbung verwendete Saft der Purpurschnecke, die Purpurfarbe oder eine ihr ähnliche hochrote Farbe.

47.9 **zunder:** vgl. Seite 274, „Weil deine Schönheit […]"

47.12 **irrlicht:** Licht im Moor oder im Wald, das dem Wanderer einen Menschen oder eine Ansiedlung vortäuscht und ihn so in die Irre führt.

47.15 **entzückend:** *Entzücken* nannte man im 17. Jahrhundert das Hervorrufen einer starken emotionalen Bewegung.

47.20 **Venus:** römische Liebesgöttin

Benjamin Neukirch: Auff die krönung des Römischen Königs Josephi
Erstdruck: wahrscheinlich 1695
Titel: Die Krönung Josephs zum deutschen König erfolgte am 24. Januar 1690.

48.3 **Der stoltze Ludewig:** Ludwig XIV., König von Frankreich.

48.5 **gelt […] müh […] schmeicheleyen:** die Mittel der unlauteren Diplomatie.

48.6 **sein eignes kind:** Kronprinz, Louis de Bourbon

48.8 **die kunst sich zu vergrössern:** Ludwig XIV vergrößerte durch zahlreiche Eroberungskriege Frankreich während seiner Herrschaft um das Artois, Roussillon, Lothringen, Elsass, Teile Flanderns und zeitweilig die Pfalz sowie Luxemburg.

48.10 **Josephs-Hertz:** Anspielung auf den biblischen Joseph (1 Mose, 30–50), der ein Muster an Tugend, Klugheit und Frömmigkeit ist.

48.10 **Nero:** Römischer Kaiser, der als besonders niederträchtig und blutrünstig galt.

Benjamin Neukirch: An Sylvien
Erstdruck: wahrscheinlich 1695

49.1 **Sylvia:** Kein echter Eigenname einer Person, sondern eleganter Deckname.

49.2 **spielet:** Grundbedeutung von spielen ist die einer lebhaften, munteren Hin- und Herbewegung; auch in der Bedeutung von kosen, liebkosen verwendet.

eh' sie der liebe brand/Und deine macht gefühlet: Bevor sie das 49.3
Feuer der Liebe und deine Macht zu spüren bekommen hat.

Johann Christian Günther: An seine Magdalis
Entstanden: 1714–1716
Titel: Magdalis: Magdalene Eleonore Jachmann, Günthers Geliebte
Huld: Zuneigung einer höhergestellten Person gegen eine niedrigergestellte. 50.1
von deiner Hand: Das Wort Hand kommt schon immer in 50.2
vielen Fügungen vor, in denen es nicht wörtlich aufzufassen
ist (z. B. an Hand eines Beispiels); im älteren Deutsch bedeutet *Hand* oft einfach Person, sodass *von deiner Hand* von dir
heißt.

Johann Christian Günther: Die Pest ergriff den Leib der schönen Flavia
Entstanden: 1719
Pest: Beulenpest; ansteckende, verheerende Krankheit. 50.1
Jäscht […] Schaum […] geschwollne Beulen: Symptome der 50.2
Pest.
Pflaster: ein mit Heilmitteln bestrichenes Stückchen Leinwand 50.4
zum Ankleben
Thyrsis: Schäfername, Titel und Figur einer Idylle Theokrits. 51.5
Lebensmittel: Im engeren Sinne ‚Nahrungsmittel', im weiteren 51.16
‚Mittel zur Erhaltung des Lebens'.

Johann Christian Günther: Als er der Phillis einen Ring mit einem Totenkopfe überreichte
Entstanden: 1720/21
beide sind von gleicher Stärcke: vgl. Das Hohelied Salomons 52.8
8, 6
spielen ihre Wunderwerke/Mit allen: spielen ihre unergründlichen Spiele mit allen Menschen 52.9–10
dies Pfand: Etwas, was als Sicherheitsleistung genommen bzw. 52.11
gegeben wird.
Täubchen: Symbol der Liebestreue 52.14

Aufklärung und Sturm und Drang

Barthold Hinrich Brockes: Gedanken bey der Section eines Körpers
Erstdruck: 1739

54.6 **Carpser:** Peter Carpser (1688–1759), berühmter Chirurg in Hamburg

54.8 **der bildenden Natur:** Der formenden Natur, die als Instrument des schaffenden Gottes oder als eine andere Gestalt desselben aufgefasst sein kann.

55.25 **lasst [...] schreiben:** Vorschlag, eine Tafel im Seziersaal anzubringen

55.26 **Atheist:** Jemand, der nicht an Gott glaubt und Gottes Existenz leugnet.

Friedrich von Hagedorn: Die Alster
Erstdruck: 1742, 1744 o. 1747

55.10 **lehrt gesellig sein:** Bringt uns bei, uns in Gesellschaft wohl zu fühlen und anständig zu benehmen.

56.22 **Die Nymphen der Jagd:** Nymphen sind in der antiken Mythologie weibliche Naturgeister, die auch im Gefolge verschiedener Götter wie der Jagdgöttin Diana auftauchen.

56.23 **Dianen:** Diana, römische Göttin der Jagd

56.26 **Hammonia:** lat. Name Hamburgs und allegorische Personifikation Hamburgs als Frau

56.30 **Flora:** Göttin des Frühlings

56.31 **Najade:** Quell- und Wassernymphe in der griechischen Mythologie

56.35 **steifen Ernst:** Humorlosigkeit

56.35 **Wortgepränge:** Ausdruck, wenn etwas schöngeredet wird

56.38 **Menschenwitz:** von der Einbildungskraft gespeiste, rasche, lebhafte Auffassungsgabe

57.43 **Zügen:** Schlucken; Züge von Menschengruppen, Festzüge; Gesichtszüge

57.45–46 **Nichts lebt gebunden/Was Freundschaft hier paart:** Keine gesellschaftlichen Konventionen binden hier die Menschen aneinander, sondern nur die Freundschaft.

Johann Wilhelm Ludwig Gleim: Anakreon   57.1
Erstdruck: 1744
Titel: Griechischer Lyriker des 6. Jahrhunderts vor Christus, Namenspatron einer Strömung der europäischen Lyrik (Anakreontik) (1740–1770), deren Programm das vorliegende Gedicht formuliert.
salbt den Bart: Eine antikisierende Requisite: im 18. Jahrhundert waren Männer glatt rasiert.   57.3
krönt sein Haupt mit Rosen: Als Blume der Liebe dem Lorbeer (Symbol des Sieges) entgegengesetzt, mit dem von der Antike bis ins 18. Jahrhundert Triumphatoren und Verfasser hochstehender Dichtung (Tragödien, Heldenepen etc.) gekrönt wurden.   57.5
reichen Pöbel: reiche, aber unkultivierte Leute   57.14
Lob der Helden: Gemeint ist die lyrische Untergattung des Enkomions oder Panegyrikos, dessen Aufgabe in der Verherrlichung von Kriegshelden, Staatsmännern etc. bestand und das von der Antike bis ins 18. Jahrhundert hinein selbstverständlicher Bestandteil der europäischen Dichtung war.   57.15

Johann Peter Uz: Ein Traum
Erstdruck: 1748
müden Glieder: vom Laufen ermüdete Beine   58.3
In einem Thale: Der Topos der Locus Amoenus (lieblicher Ort) stammt aus der antiken Bukolik war in der Natur- und Idyllendichtung des Barock und der Anakreontik beliebt.   58.4
Zephyr: altgriechischer Name des Westwinds   58.17

Friedrich Gottlieb Klopstock: Der Zürchersee (1750)
Entstanden: 1750; Erstdruck: 1750
Allgemeines: Die Fahrt auf dem See fand am 30. Juli 1750 statt.
deiner Erfindung Pracht [...] Deiner Schöpfung: „Die Natur hat etwas erfunden bzw. geschaffen, was prächtig ist und noch einmal gedacht wird" oder „Die Natur ist eine prächtige Erfindung, die noch einmal gedacht wird".   59.1–4
Jauchzen: jubeln, fröhlich und hell schreien; natürlicher Ausdruck größter Freude   59.11

59.12	**Fanny:** Maria Sophia Schmidt, in die sich Klopstock 1748 verliebt hatte.
59.14	**freye Bewohner:** Nach langen Kriegen setzten die Schweizer Kantone beim Abschluss des Westfälischen Friedens (1648) ihre Loslösung aus dem Deutschen Reich durch. Da es in den großen Städten eine Art Bürgerbeteiligung in politischen Angelegenheiten gab, galt die Schweiz den deutschen Aufklärern als Hort der Freiheit.
59.21	**Hallers Doris:** Albrecht von Hallers (1708–1777) Gedicht *Doris* von 1730
59.22	**Hirzels Daphne:** Die Ehefrau des Zürcher Arztes Johann Kaspar Hirzel, der ebenfalls an dem Ausflug teilnahm.
59.22	**Kleist:** Ewald Christian von Kleist (1715–1759), preußischer Offizier und anakreontischer Dichter, gefallen 1759 in der Schlacht bei Kunersdorf.
59.22	**Gleimen:** Johann Wilhelm Ludwig Gleim, vgl. Autorenbiographien.
59.24	**Hagedorn:** Friedrich von Hagedorn, vgl. Autorenbiographien.
60.25	**Au:** nicht Aue, sondern Name einer Insel im Zürchersee.
60.43	**Im sokratischen Becher:** Anspielung auf Platons Dialog Das Symposion, in dem Sokrates mit fünf Freunden eine Nacht hindurch über die Liebe diskutiert, wobei viel Wein getrunken wird.
62.69	**die ihr mich ferne liebt:** Die ihr fern von mir seid und mich (dennoch) liebt.
62.73	**O so bauten wir hier Hütten der Freundschaft uns:** vgl. Markusevangelium 9,2–8
62.76	**Tempe:** Tal in Griechenland, das schon von antiken Dichtern gepriesen wurde und im 18. Jahrhundert Inbegriff einer schönen, menschenfreundlichen Landschaft ist.
62.88	**Elysium:** In der griechischen und römischen Religion der Ort der Frommen und Gerechten in der Unterwelt, wo sie in ewiger Seligkeit leben.

Gotthold Ephraim Lessing: Der Tanzbär
Erstdruck: Oktober 1751

62.1	**Tanzbär:** Halbzahmer Bär, der mit Schlägen abgerichtet wurde, zur Belustigung eines menschlichen Publikums tanzähnliche Bewegungen auszuführen.

gewohnten Hinterfüßen: Der Tanzbär kann auf seinen Hinterfüßen laufen, während sich Bären natürlicherweise auf vier Pfoten fortbewegen. 62.4
Kunst: Der Bär hält seine andressierte Kunstfertigkeit für Kunst. 62.5
Ein großer Hofmann: Ein großer Politiker im System der Fürstenhöfe. 63.12
Schmeichelei und List: Zwei Formen unwahren Redens und hinterhältigen Verhaltens, mit denen man, wie hier vorausgesetzt wird, bei Hofe Karriere machen konnte. 63.13
Witz und Tugend: geistige und moralische Charakterqualitäten 63.14

Gotthold Ephraim Lessing: Die Küsse
Erstdruck: 1751
Aus kalter Mode: Weil es einer gesellschaftlichen Konvention entspricht. 63.8
Steht mir als Kuß nur so weit an: gefällt mir als Kuss nur insofern, als … 63.14
Lesbia: Einer der Standardnamen, die im 17. und 18. Jahrhundert die Geliebte im Gedicht trägt; vom römischen Dichter Catull seiner Geliebten Clodia gegeben. 64.17
Kuß der Tauben: Eine Taubenschar gehört zu den traditionellen Attributen der Liebesgöttin Venus. Tauben „küssen" sich bei der Paarung und leben monogam. 64.19

Gotthold Ephraim Lessing: Die Türken
Erstdruck: 1751
Die Türken: Das Osmanische Reich gehörte Mitte des 18. Jahrhunderts zu den Großmächten auf dem europäischen Kontinent; über seine Sitten und Gebräuche glaubte man, relativ gut informiert zu sein. 64.1
mehr als Eine frein: Um die Hand von mehr als einer Frau anhalten. 64.3
Doch sie trinken keinen Wein: Anspielung auf Muhammads (Mohammeds) Verbot des Weintrinkens, vgl. Koran, Sure 5, 90/91. 64.7

Johann Wilhelm Ludwig Gleim: Bey Eröffnung des Feldzuges 1756

Entstanden: wohl 1756 o. 1757; Erstdruck: 1758
Titel: 1756: Beginn des Siebenjährigen Kriegs.

64.3 **Sparta**: Der für seine straffe militärische Organisation bekannte griechische Stadtstaat auf dem Peloponnes.

64.3 **Preussens Held**: Friedrich II. (1712–1786), König von Preußen seit 1740.

65.6 **Leyer**: Saiteninstrument, als Lyra Symbol des lyrischen Dichters

65.11 **Paucken und Trompetenklang**: typische Instrumente der damaligen Militärmusik

65.14 **Friedrichs Muth**: Friedrich II. war dafür berühmt, an Feldzügen und Schlachten persönlich teilzunehmen, was für Könige des 18. Jahrhunderts eher untypisch war.

65.19–20 **Unsterblich macht der Helden Tod/Der Tod fürs Vaterland**: Anspielung auf das Diktum „Süß und ehrenvoll ist es, fürs Vaterland zu sterben" aus der 2. Ode im III. Odenbuch des Horaz.

65.26 **Mars**: römischer Kriegsgott

65.28 **Apoll**: griechischer Gott der Künste, auch Sonnengott (Phöbus Apollon)

66.32 **Horatz**: römischer Lyriker

66.37–38 **mares animos in Martia bella/Versibus exacuo**: „Männlichen Mut in blutigen Kämpfen/entfache ich mit meinen Liedern"; leicht abgewandelter Vers aus *De arte poetica* von Horaz, der dort denselben Effekt den Gedichten des griechischen Elegikers Tyrtaios zuschreibt.

Johann Wolfgang Goethe: Annette an ihren Geliebten

Entstanden: ca. 1767; Erstdruck: 1883

66.1 **Doris [...] Damöten**: anakreontische Phantasienamen

Johann Peter Uz: Das Erdbeben

Erstdruck: 1768

67.2 **Königinn am Meer**: Lissabon, das 1755 von einem Erdbeben verwüstet wurde.

67.4 **schwärmender Propheten Zungen**: aus dem Mund phantasierender Schwätzer

Auf Schwanenfedern: Eiderdaunen, im 18. Jahrhundert luxuri-   67.9
öse Kissenfüllung
das schwache Rohr: Das Schilfrohr, das von jedem Windstoß   67.15
bewegt wird.
Der Flügel eines Wests: Zephyr, Zephyros, der milde West-   67.16
wind
Ambrosia: Speise der Götter   67.18
Nachtigall: Sinnbild für die Schönheit ihres Gesanges   68.29
Crystall: Symbol für Reinheit   68.31

Heinrich Christian Boie: An Doris
Erstdruck: 1774

Ludwig Christoph Heinrich Hölty: An einen Knaben
Entstanden: 1770; Erstdruck: 1869
Amme: Kinderfrau; Frau, die das Kind stillt.   69.2
der kleine Schlummergott: Hier werden Hypnos, der Gott des   69.3
Schlafes, und der minderjährige Liebesgott Amor, zusammengebracht.
In Schwanenarme: Der Schwan ist ein Reinheitssymbol.   69.4
Amorn: Amor, römischer Liebesgott, Sohn der Venus, meist als   69.7
Kind oder Jugendlicher dargestellt, verschießt mit seinem Bogen Liebespfeile (griechisch: Eros).
Mohnlaub: dem Traumgott Morpheus zugeordnet   69.12
Latein: Erste Fremdsprache im 18. Jahrhundert, wurde den   69.14
Kindern aus der Bildungsschicht oft schon ab dem sechsten
Lebensjahr beigebracht.
Terenz: römischer Komödiendichter des zweiten vorchristli-   69.17
chen Jahrhunderts
Cicero: Römischer Redner, Schriftsteller, Philosoph und Poli-   69.21
tiker (106–43 v. Chr.). Er galt als Muster des integren und mutigen Staatsmanns.

Gottfried August Bürger: Der Bauer
Entstanden: 1773–1775; Erstdruck: 1776
Die Saat […]: Für den Flurschaden, den die Jagden anrichte-   70.11–13
ten, mussten die Fürsten nicht aufkommen. Die leibeigenen
Bauern mussten den sogenannten Zehnten, d.h. ein Zehntel

	ihrer Erträge, an ihre Lehnsherren entrichten, dazu kamen oft erhebliche Sonderabgaben.
71.16	**Obrigkeit von Gott**: Das Konzept des Gottesgnadentums legitimierte die Machtstellung der Fürsten als gottgewollte Ordnung der sozialen Welt.

Gotthold Ephraim Lessing: Merkur und Amor
Entstanden: wohl 1750er-Jahre; Erstdruck: 1771

71.1 **Merkur**: römischer Gott der Händler und der Diebe; auch Götterbote

Matthias Claudius: Im Mai
Erstdruck: 1771

71.4 **Phrat**: Euphrat, Fluss in Mesopotamien, heute Irak; vgl. 1 Mose 2,1–14.

Johann Wolfgang Goethe: Es schlug mein Herz
Entstanden: Frühjahr 1771; Erstdruck: 1775

73.30 **sah dir nach mit nassem Blick**: In einer späteren Fassung des Gedichts von 1810 sieht sie ihm, nicht er ihr, mit nassem Blick, also mit Tränen in den Augen, nach.

Johann Wolfgang Goethe: Maifest
Entstanden: wohl Mai 1771; Erstdruck: 1775

74.25 **Lerche**: traditionell in der Naturlyrik als Singvogel Spiegelbild des Dichters

Ludwig Christoph Heinrich Hölty: Minnelied
Entstanden: 1773; Erstdruck: 1781
Titel: Hölty ahmt die seinerzeit wiederentdeckten mittelalterlichen Minnelieder nach.

75.4 **Gesangesweisen**: Gesang als Einheit von Wort und Melodie
75.8 **Wohlgemuthen**: sehr gut Gelaunten, optimistischen und anmutigen
75.10 **Macht den Mann zum Engel**: Die Vorstellung, dass Männer durch Frauen moralisch gebessert werden, zieht sich vom Mittelalter bis zum modernen Feminismus durch.

Ludwig Christoph Heinrich Hölty: Maylied
Entstanden: 1773; Erstdruck: 1776
Veilchenglocken: *Veilchen* sind ein Symbol der Demut und mädchenhafter Schüchternheit. 76.2
Schlüßelblumen: Die Primel gehört zu den ersten Blumen des Jahres, schließt sozusagen den Frühling auf und vertreibt die Wintermelancholie. Sie gilt als Symbol der den Himmel öffnenden Gottesmutter Maria. 76.3
Gottes Vatergüte: Gott Vater hat die Welt erschaffen und erhält sie. 76.9

Jakob Michael Reinhold Lenz: In einem Gärtchen am Contade
als der Dichter gebadet hatte mit Bleifeder auf eine Karte geschmiert
Entstanden: Sommer 1774; Erstdruck: 1778
Bild der Gottheit: wahrscheinlich Bacchus, der Gott des Weines 77.2
Myrte: Hier wohl Anspielung auf den antiken Brauch, sich bei heiteren Gelagen mit Myrten zu bekränzen. 77.2
Beatus ille: Zitat des Anfangs der 2. Epode des Horaz, die in deutschen Übersetzungen meist den Titel *Lob des Landlebens* trägt: „Glücklich! wer ferne von Geschäften,/wie das erste Geschlecht der Sterblichen,/die väterlichen Felder mit eignen Rindern pflügt,/und frei von allem Wucher ist." (Übersetzung von Johann Peter Uz, 1773) 77.6
funfzehn Sols: Sol = Sou; alte franz. Währungseinheit, 15 Sou entsprechen ca. 4–12 Euro. 77.7
Aganippens Quelle: Quelle in Griechenland. Sie machte den, der aus ihr trank, zum Dichter. Nach ihr nennt man die Musen Aganippiden. 77.9

Jakob Michael Reinhold Lenz: Fühl alle Lust fühl alle Pein
Entstanden: 1774; Erstdruck: 1901

Johann Wolfgang Goethe: Prometheus
Entstanden: wohl Herbst 1774; Erstdruck: 1785
Zeus: oberster Gott in der griechischen Mythologie; kein Schöpfergott 78.1
meinen Herd: Im Mythos bringt der Titan Prometheus den 78.10

	Menschen das Feuer. Die Götter, die dieses Geschenk den Menschen missgönnen, bestrafen Prometheus, indem sie ihn an den Kaukasus schmieden lassen, von wo ihn Herakles nach langer Zeit befreit.
79.17	**Gebetshauch:** Neologismus Goethes
79.18	**Majestät:** Überlegenheit, Herrscherwürde; Titel von Königen und Kaisern
79.28	**des Bedrängten zu erbarmen:** das sich dem Bedrängten erbarmungsvoll hätte zuwenden wollen
79.30	**wider/Der Titanen Übermut:** Goethe macht Prometheus zum Angriffsziel seiner eigenen Verwandten.
80.40	**Beladenen:** Geplagte, Belastete; vgl. Matthäus 11,28.
80.44	**allmächtige Zeit:** Das Vergehen der Zeit können auch die Götter nicht aufhalten.
80.52	**forme Menschen:** In der griechischen Mythologie sind die Menschen Geschöpfe des Prometheus, der sie, wie Gott in der Bibel, aus Erde geformt hat.
80.53	**Nach meinem Bilde:** Motiv aus der griechischen Mythologie und zugleich aus der Bibel.

Johann Wolfgang Goethe: Ganymed
Entstanden: wohl Frühjahr 1774; Erstdruck: 1789
Titel: Ganymed ist der Sohn des Trojanerkönigs Tros. Er wird, während er die Herden seines Vaters hütet, von Zeus (in Gestalt eines Adlers oder eines Windes) in den Olymp entführt, wo er fortan als Mundschenk der Götter dient.

Johann Wolfgang Goethe: Ich saug' an meiner Nabelschnur
Entstanden: als erste Fassung des Gedichts, das in der Fassung von 1789 *Auf dem See betitelt* ist, im Juni 1775; Erstdruck der vorliegenden Fassung: wohl 1907.

	Ludwig Christoph Heinrich Hölty: Die künftige Geliebte Entstanden: 1775; Erstdruck: 1804
83.2	**Brautlied:** weltliches Hochzeitslied
83.4	**Eden:** das Paradies der Bibel; vgl. 1 Mose 1–3

Ludwig Christoph Heinrich Hölty: Der Stern der Seelen, eine Phantasie
Entstanden: 1775; Erstdruck: 1914
Gespielen der Abenddämmrung: Wahrscheinlich der Planet Venus, der in der Abend- und Morgendämmerung hell leuchtet. 84.1
Hayn[s]: Ein *Hain* ist ein kleiner, gehegter Wald; Anspielung auf den Versammlungsort der Dichter des Hainbundes. 84.5+10

Jakob Michael Reinhold Lenz: Ueber die Dunkelheiten in Klopstock und andern
Entstanden: 1775/1776; Erstdruck: 1857

Jakob Michael Reinhold Lenz: Der Dichter, verliebt
Erstdruck: 1776
Phyllis: Im Mythos die Tochter des thrakischen Königs Sithon, die sich aus Kummer über die lange Abwesenheit ihres Geliebten Demophon selbst tötete und in einen Mandelbaum verwandelt wurde. 85.1

Jakob Michael Reinhold Lenz: Aus ihren Augen lacht die Freude
Entstanden: 1775 oder später; Erstdruck: 1828
Amazonenkleide: Amazonen sind in der griechischen Mythologie ein Stamm kriegerischer, meist im Kampf siegreicher Frauen. 85.3
Drang: starker innerer Antrieb; 1776 erschien Friedrich Maximilian Klingers Drama STURM UND DRANG, das der literarischen Strömung den Namen gab. 85.4

Jakob Michael Reinhold Lenz: Die erwachende Vernunft
Entstanden: 1776; Erstdruck: 1797

Matthias Claudius: Abendlied
Erstdruck: 1779
prangen: durch Glanzentfaltung sich auszeichnen und in die Augen fallen 86.2
arme Sünder: der Mensch vor Gott; der zum Tode verurteilte Kapitalverbrecher. 87.20
Künste: künstliche Verbesserungen unserer Lebensumstände 87.23

Matthias Claudius: Kriegslied
Erstdruck: 1779

Gottfried August Bürger: Herr von Gänsewitz zum Kammerdiener
Entstanden: 1780; Erstdruck: 1780

Johann Heinrich Voß: Der Kuss
Entstanden: 1784; Erstdruck: 1785

89.13 **Schleier:** Kopfschleier oder sogenannter Busenschleier, ein die Brust bedeckendes Kleidungsstück, das im 18. Jahrhundert von Frauen verwendet wurde.

90.17 **Rebenringel:** korkenzieherförmige Triebe der Weinrebe, mit deren Hilfe sie sich am Stock emporrankt

90.29 **du Bübin:** „Böses Mädchen", hier scherzhaft gebraucht

90.33 **im Winkel:** In einer Ecke des Gartenhauses.

90.35 **Mädchendünkel:** andere Menschen herabsetzende Einschätzung der eignen Vorzüge bei jungen Mädchen

Johann Heinrich Voß: Stand und Würde
Entstanden: 1784; Erstdruck: 1785

91.2 **Reichsbaron:** keinem anderen Lehnsherrn als dem Kaiser unterstellter Adliger

Gottfried August Bürger: Prometheus
Entstanden: 1784; Erstdruck: 1784

91.12 **Truthahnsgekoller:** der glucksende Schrei des Truthahns

91.12 **Polizei:** Bezeichnet hier die Gesamtheit aller Behörden, denen die Sicherstellung der Ordnung im staatlichen Gemeinwesen obliegt.

92.14 **Gebenedeite:** Gesegnete; eigentlich ein Beiname Marias, der Muttergottes, die im Ave-Maria-Gebet „Du Gebenedeite unter den Frauen" genannt wird.

92.15 **Allfreie:** in höchstem Maße freie

92.15 **Denk- und Druckerei:** Meinungsbildung und publizistische Rede.

Gottfried August Bürger: Der dunkle Dichter
Entstanden: 1784; Erstdruck: 1784

Sanct Lykophron: Lykophron war ein hochgelehrter, aber unbedeutender, nur noch Spezialisten bekannter griechischer Dichter, der im 3. vorchristlichen Jahrhundert in Alexandria lebte und, wie Jacob Burckhardt schreibt, „um nur recht gelehrt zu sein, z. B. den Namen dessen verschweigt, von dem er spricht, und ihn durch die am wenigsten bekannten Mythen ersetzt, oder statt der gewöhnlichen Worte die eher rare gebraucht und neue, künstliche Komposita bildet." 92.1

Schöppenstädts Palast: Wie Schilda eine Fantasiestadt. In Erzählungen darüber machte man sich über die Einfalt der Bewohner lustig. 92.1

Johann Heinrich Voß: Die Spinnerin
Entstanden: 1787; Erstdruck: 1789
Bald läuft das Fädchen/Vom vollen Rocken ab: handwerkliches Missgeschick 92.11–12
An gelber Weide/So sanft im Klee geruht: Das Ruhelager der Liebenden ist ein Motiv der Naturlyrik seit dem Mittelalter, z. B. auch Walter von der Vogelweide. 92.17–18

Gottfried August Bürger: Mittel gegen den Hochmut der Großen
Erstdruck: 1787
Viel Klagen hör ich oft erheben: Ich höre oft, dass viele Klagen erhoben werden. 93.1
unsre Kriecherei: unsere Speichelleckerei, unsere untertänigste Ergebenheit 93.4

Friedrich Gottlieb Klopstock: Kennet euch selbst
Entstanden: 1789; Erstdruck: 1798
Titel: Anspielung auf das griechische „Gnothi seauton!": Erkenne dich selbst!
Frankreich schuf sich frei: Frankreich befreite sich und schuf sich damit selbst. 93.1
Olympus: Wohnsitz der Götter in der griechischen Mythologie. 93.3
Dämmerung […] Nacht: In der Aufklärung Symbole für Unwissenheit und Unmündigkeit. 93.4
die Franken: In Deutschland sprach man im 18. Jahrhundert 94.8

von „Franzosen", wenn man die abgelehnte Kultur des Hofadels meinte, und musste daher, wenn man die Revolution positiv bewertete, auf andere Nationalbezeichnungen ausweichen: Gallier, Franken, Franzen oder Frankreicher.

Friedrich Gottlieb Klopstock: Der Erobrungskrieg

Entstanden: 1793; Erstdruck: 1794

Titel: Krieg, der nicht der Verteidigung der Grenzen, sondern ihrer Ausweitung diente. Die Französische Nationalversammlung hatte ursprünglich erklärt, auf Eroberungskriege verzichten zu wollen. Klopstock bewertet die aus der Verteidigung der Republik gegen die Truppen der Ersten Koalition (Preußen, Österreich) folgenden Vorstöße auf feindliches Territorium als Eroberungskrieg.

95.10 **Todtengeläut:** Glocken, die zur Beerdigung geläutet werden.
95.13 **Zweifler:** Agnostiker, der zwar die Existenz Gottes nicht leugnet, aber bezweifelt.
95.16 **großes, mächtiges Volk:** die Franzosen
95.20 **der Greuel:** das Grauenerregende; der Ausdruck findet sich oft in der Bibel, so z. B. in Lukas 16,14–15

Matthias Claudius: Christiane

Entstanden: nach dem 2. Juli 1796, dem Tag, an dem seine Tochter Christiane starb; Erstdruck: 1798

Klassik und Romantik

Johann Wolfgang Goethe: An den Mond

Die erste Fassung des Gedichts entstand zwischen 1776 und 1778; die hier abgedruckte, spätere Fassung wurde erstmals 1789 veröffentlicht.

100.29 **Selig:** sehr glücklich, mit starker religiöser Konnotation
100.35 **Labyrinth:** Im griechischen Mythos ein Bauwerk auf der Insel Kreta, aus dessen vielfach verschlungenen Gängen niemand zurückfand; im Labyrinth lebte das Ungeheuer Minotaurus, dem jährlich junge Männer und Frauen geopfert wurden, bis der Held Theseus es erschlug.

Johann Wolfgang Goethe: Wandrers Nachtlied
Entstanden 12.2.1776; Erstdruck: 1780

Johann Wolfgang Goethe: Ein gleiches
Entstanden: 6.9.1780, Erstdruck: 1815

Johann Wolfgang Goethe: Der Fischer
Entstanden: 1778; Erstdruck: 1779
wie's Fischlein ist/So wohlig auf dem Grund: Wie wohl sich das 100.13–14
Fischlein im Wasser fühlt
würdest erst gesund: Sie unterstellt dem Fischer, dass ihm et- 102.16
was fehle.
wellenatmend: Wertneuschöpfung Goethes 102.19
feuchtverklärte Blau: Wertneuschöpfung Goethes 102.22

Johann Wolfgang Goethe: Der Erlkönig
Entstanden: 1782; Erstdruck: 1782
Titel: nach der dänischen Ballade *Ellerkonge,* was eigentlich El-
fenkönig bedeutet.
Weiden: Eine Baumgattung, die ein Symbol der Keuschheit, 103.24
des Todes und der Melancholie ist. Der Legende nach soll sich
Judas an einer Weide erhängt haben. In HAMLET stürzt die
dem Wahnsinn verfallene Ophelia von einem Weidenbaum in
einen Fluss und ertrinkt.

Johann Wolfgang Goethe: Mignon
Entstanden: 1782; Erstdruck: 1795; gehört zu den Gedichten
aus Goethes Roman WILHELM MEISTERS LEHRJAHRE.
Myrte […] Lorbeer: Aus beiden Pflanzen wurden in der Antike 104.4
Kränze geflochten. Die Myrte war ein Symbol des Friedens, der
Lorbeer eines des Siegs.
auf Säulen ruht sein Dach: Anspielung auf die antikisierenden 104.8
Baustile Italiens.
Drachen: In zahlreichen Alpensagen spielen Drachen eine 105.18
Rolle.

Johann Wolfgang Goethe: Grenzen der Menschheit
Entstanden: 1781 oder früher; Erstdruck: 1789
Segnende Blitze: Blitze gehören zu den Attributen des griechi- 105.5

schen Göttervaters Zeus, aber auch des biblischen Jahwe. Segensreich sind sie insofern, als sie Gewitter begleiten, die nach oft langer Trockenheit Regen bringen.

Johann Wolfgang Goethe: Das Göttliche
Entstanden: wohl 1783; Erstdruck: 1785

108.26–27 **Auch so das Glück/Tappt unter die Menge**: So wählt auch das Glück wahllos aus der Menge der Menschen aus.

Johann Wolfgang Goethe: Froh empfind' ich mich nun auf klassischem Boden begeistert
Entstanden 1788–1790; Erstdruck: 1795; in den römischen Elegien die Nr. 5.

109.1–2 **auf klassischem Boden**: In Rom, wo sich Goethe zwischen 1786 und 1788 mit Unterbrechungen aufhielt. Als klassisch bezeichnete man mustergültige und daher kanonisierte Autoren, Künstler und Kunstwerke der Vergangenheit, besonders der Antike.

110.8 **den Marmor**: antike Skulpturen, die meistens schöne nackte Menschen darstellen

110.13 **denke mir viel**: Hier der Zustand des glücklichen Liebhabers, sonst auch der Zustand, in den der Kunstgenuss den Menschen versetzt.

110.15 **des Hexameters Maß**: Metrum des Hexameterverses: – U (U) – U (U) – U (U) – U (U) – U U – U (reimlos).

110.19 **seinen Triumvirn**: Gemeint sind Catull, Tibull und Properz, die drei großen römischen Liebeslyriker, deren Gedichte oft zusammen abgedruckt wurden. Ursprünglich wurde das Bündnis der römischen Politiker Caesar, Pompeius und Crassus als Triumvirat bezeichnet.

Friedrich Schiller: Der Tanz
Entstanden: 1796 oder früher (in diesem Jahr eine Frühfassung im MUSENALMANACH); Erstdruck: 1804/05.

111.1-2 **im Wellenschwung**: für Schiller eine perfekte Bewegungslinie

111.5 **Elfen**: Im Märchen männliche und weibliche Geister mit anmutiger, zarter Gestalt.

111.5 **Reihn**: *Reigen*. Ein Tanz, bei dem sich die Tanzenden die Hand reichen und einen Kreis bilden.

Zephir: In der Antike der warme, sanfte Westwind; allgemein: milder Wind. 111.6

ätherischen Leib: Im 18. Jahrhundert postulierten viele Naturwissenschaftler eine „subtile Himmels=Lufft, die durch die ganze Welt ausgetheilet ist, und allen Platz zwischen den grossen und festen Welt=Cörpern anfüllet." (Zedlers UNIVERSALLEXIKON, Stichwort „Aether"). Nach antiker Vorstellung war der Äther die obere Himmelsregion, in die die Seele nach dem Tod des Körpers aufsteigt. Der Ausdruck verbindet also den körperlichen und den seelischen Bereich. 111.9

Nemesis: Die griechische Göttin des strengen, aber gerechten Zorns, die Hochmut und Bosheit straft, aber auch Frömmigkeit und Liebe belohnt. 112.26

die Harmonien des Weltalls: Die Sphärenharmonien waren nach antiker Vorstellung der Klang, den die Planeten auf ihren Kristallsphären beim Sonnenumlauf erzeugen. Man glaubte, dass Geschwindigkeit und Sphärenumfang in einem geordneten Verhältnis zur Tonhöhe stünden. 112.28

Friedrich Schiller: Die Teilung der Erde
Erstdruck: 1795 mit etwas anderer dritter Strophe; in der vorliegenden Fassung 1800

Zeus: oberster Gott in der griechischen Mythologie 113.1
von seinen Höhen: Wohnsitz der Götter auf dem Gebirgsmassiv Olympos 113.1
Lehen: im mittelalterlichen Recht die Bezeichnung eines vom Oberherrn an den Vasallen (bilden Heer des Herrn) ausgeliehenen Grundbesitzes 113.3
sperrt die Brücken und die Straßen: Eine bedeutende Einnahmequelle des Adels waren die Warenzölle, die an den Grenzen der Territorien erhoben wurden. 113.11
Jovis: Genitiv von Jupiter, des römischen Pendants zum griechischen Zeus 113.20
Der Herbst, die Jagd, der Markt: Im Herbst erntet der Ackermann, die Jagd war ein Privileg des Adels, der Markt ist dem Kaufmann zugeordnet. 114.30

Ludwig Tieck: Die Spinnerin
Entstanden: 1797; Erstdruck: 1799

115.15	**Feen:** Fabelwesen mit Zauberkräften in keltischen und romanischen Sagen.
115.19	**Geister:** Gemeint sind die Feen als Wesen einer anderen Welt.
115.23	**Schäferflöte:** Die Flöte ist in Dichtung und Malerei standardisiertes Attribut der Schäfer und Schäferinnen. Sie symbolisiert die Einfachheit und Ursprünglichkeit volkstümlicher Kunstausübung.

Clemens Brentano: Die Liebe fing mich ein mit ihren Netzen
Entstanden zwischen 1798 und 1800; Erstdruck 1801 (im Roman GODWI)

Friedrich Schiller: Nänie
Erstdruck: 1800
Titel: Nänia ist der Name einer römischen Göttin, die bei Begräbnissen angerufen wurde, und bezeichnet zugleich die Klagelieder, die bei diesem Anlass gesungen wurden.

116.1	**Götter bezwinget:** Insbesondere schöne Menschen bewirken bei Göttern und Göttinnen der antiken Mythologie immer wieder unwiderstehliche Verliebtheit.
116.2	**stygischen Zeus:** Gemeint ist Zeus' Bruder Hades, in der griechischen Mythologie der Herrscher des gleichnamigen Totenreichs, das vom Fluss Styx umflossen ist.
116.3	**Einmal nur:** Im Mythos von Orpheus und Eurydike dargestellt.
116.5	**Aphrodite [...] schönen Knaben:** Anspielung auf den Mythos von Aphrodite und Adonis; vgl. „Adonis Venus", Seite 269.
116.7	**göttlichen Held die unsterbliche Mutter:** Der Held Achilles und seine Mutter, die Meernymphe Thetis; Achill fällt am skäischen Tor, einem der Tore Trojas, woraufhin Thetis und ihre Schwestern, die Nereiden, den gefallenen Helden beklagen.

Johann Wolfgang Goethe: Natur und Kunst, sie scheinen sich zu fliehen
Entstanden: ca. 1800; Erstdruck: 1802

117.9	**Bildung:** Perfektionierung der eignen Person im Prozess der Wissensaneignung.
117.10	**ungebundne Geister:** Menschen, deren Denken und Fühlen sich an keine Regeln bindet.

Vollendung reiner Höhe: Der reinen Höhe, welche die Vollendung ist.   117.11

Friedrich Hölderlin: Hälfte des Lebens
Entstanden: Vorstufen seit 1799; Erstdruck: 1805
Schwäne: ein typisches Symbol des Dichters   117.4
heilignüchterne: Neologismus Hölderlins   117.7

Friedrich Hölderlin: Lebenslauf
Entstanden: 1801
die Liebe zwingt / All uns nieder: Zitat: „Omnia vincit amor, et nos cedamus amori." ‚Liebe besieget die Welt [= alles]; auch uns lasst weichen der Liebe!' Vergil, BUCOLICA, 10. Ecloge, V.69.   118.1
Vorsicht: Voraussicht; Vorsehung; Acht- oder Behutsamkeit.   118.12
Alles prüfe der Mensch: Vgl. 1 Thessalonicher 5,21.   118.14

Friedrich von Hardenberg (Novalis): Wenn nicht mehr Zahlen und Figuren
Entstanden: August 1800; Erstdruck: 1802
Zahlen und Figuren: Arithmetik und Geometrie   119.1

Friedrich von Hardenberg (Novalis): Der Himmel war umzogen
Entstanden: Frühjahr 1800; Erstdruck: 1802
zu ihr: Nicht näher kenntlich gemachte Geliebte des Sprechers, die er offenbar verloren hat.   120.11
Frücht' und Kränze: Attribute der Ernte und ihrer Feste.   120.19
Myrrthe: vgl. „Myrte [...] Lorbeer", Seite 291   120.21
Ruthe: biegsamer Weidenzweig; Züchtigungsinstrument, im älteren Deutsch auch oft Bezeichnung des Hirten-, Bischofs- oder Richterstabs und des königlichen Zepters; auch Wünschelrute zum Auffinden von Quellen, Erzen, Schätzen.   120.27

Karoline von Günderrode: Der Kuß im Traume, aus einem ungedruckten Romane
Entstanden 1801–1805; Erstdruck: 1805
Leben eingehaucht: vgl. 1 Mose 2, 7   122.1
süßen Balsam: Balsame sind wohlriechende, zu Heilzwecken   122.8

äußerlich angewendete Harz-Öl-Gemische, die aus den Balsampflanzen gewonnen werden.

122.14 **Lethes kühle Fluthen**: Lethe ist ein Fluss des griechischen Totenreiches, aus dem die Seelen Vergessen trinken.

Karoline von Günderrode: Die Malabarischen Witwen
Entstanden: 1801–1806; Erstdruck: 1896 oder 1899

123.1 **Zum Flammentode gehn an Indusstranden**: Gemeint ist der „Sati" (= die gute Frau) genannte alte indische Brauch, dass sich Witwen mit dem Leichnam ihres Gatten verbrennen lassen. Er wurde 1829 von den Briten, den damaligen Kolonialherren in Indien, verboten.

123.5 **Die Sitte hat der Liebe Sinn verstanden**: Die Erfinder des Brauchs der Witwenverbrennung haben verstanden, worauf es bei der Liebe ankommt.

123.10 **vorhin entzweiten Liebesflammen**: die zuvor durch den Tod des Mannes getrennten Liebenden

Clemens Brentano: Der Spinnerin Nachtlied
Entstanden: 1802; Erstdruck: 1818 (in der Erzählung Aus der Chronika eines fahrenden Schülers).

123.2 **Nachtigall**: Weil sie nachts singt, in vielen Kulturen Sinnbild der Liebe und der Liebesvereinigung. Sie gilt auch als Bringerin eines sanften, schmerzfreien Todes und als Seelenvogel, auch Symbol der Himmelssehnsucht.

Clemens Brentano: Die Liebe lehrt
Entstanden 1802; Erstdruck: 1803 (im Singspiel Lustige Musikanten)

Clemens Brentano: Hör, es klagt die Flöte
Entstanden: 1802; Erstdruck: 1803 (im Singspiel Lustige Musikanten)
Nebentext: Fabiola […] Piast […] Ramiro: Figuren aus Brentanos Singspiel
Solo: Bezeichnung eines Musikstücks, das von einem einzelnen Instrument gespielt wird.

Johann Wolfgang Goethe: Mächtiges Überraschen
Entstanden: 1808; Erstdruck: 1815
Oreas: In der griechischen Mythologie heißen die Gebirgsnymphen Oreaden. 126.8

Joseph von Eichendorff: Zwielicht
Entstanden: 1810; Erstdruck: 1815
Dämmrung: Abenddämmerung 126.1
Reh: Symbol der Friedfertigkeit und Wehrlosigkeit. 127.5
Jäger […] blasen: Wenn die Jäger ins Horn blasen, beginnt die Jagd. 127.7

Theodor Körner: Lied der schwarzen Jäger
Entstanden: wohl 1813: Erstdruck: 1813
deutsches Volk: Einen deutschen Staat gab es nach dem Ende des Heiligen Römischen Reiches deutscher Nation im Jahre 1806 nicht mehr. In den Freiheitskriegen 1813 bis 1815 entstand die Hoffnung auf eine rasche Neugründung, deren Basis und Legitimation das als Einheit verstandene deutsche Volk sein sollte. 127.2
schwarzen Rächerkleide: Die schwarze Uniform der Lützowschen Jäger. 128.14
gestorb'nen Mut: den Mut der Mehrzahl der Deutschen. 128.15
Rheinstrom: Wegen der Nähe zur französischen Grenze waren die deutschen Rheingebiete die ersten Provinzen, die im Kriegsfall von den Franzosen besetzt wurden. Der „freie deutsche Rhein" wurde daher zu einem politischen Symbol deutscher Autonomie. 128.21

Joseph von Eichendorff: Waldgespräch
Entstanden: 1811 oder 1812; Erstdruck: 1815
Hexe Lorelei: In Sagen und Legenden ist Lorelei keine Hexe, sondern eine Nixe oder ein Berggeist. 129.12

Ludwig Tieck: An einen Liebenden im Frühling 1814
Entstanden: 1814; Erstdruck: 1818
Titel: Anfang April 1814 endeten die Napoleonischen Kriege mit der Abdankung Napoleons I vorläufig. Großbritannien, Russland, Österreich und Preußen hatten einen vollständigen Sieg

errungen. Der Friede währte allerdings nur bis zur Rückkehr des Kaisers aus seinem Exil auf der Insel Elba im März 1815.

129.4 **Purpurrot:** Die Farbe der Purpurschnecke war kostbar und galt als besonders schönes Rot.

129.5 **Harfensaiten:** Die Harfe ist ein Saiteninstrument, das besonders sanft und harmonisch klingt.

129.6 **Jubelklang:** Jubel bedeutet zunächst laut schallende Freude. Der Ausdruck war von den Mystikern des späten Mittelalters, deren Schriften die Romantiker studiert hatten, übernommen worden, um das „Jauchzen der Seele bei der Versenkung in Gott" zu bezeichnen.

130.16 **Eichenwald:** altes deutsches Nationalsymbol

Johann Wolfgang Goethe: Selige Sehnsucht
Entstanden: 31.7.1814; Erstdruck: 1819 (in der Gedichtsammlung WEST-ÖSTLICHER DIVAN)

130.10 **In der Finsternis Beschattung:** In der auf dich ihre Schatten werfenden Finsternis.

130.12 **zu höherer Begattung:** Zu einer höheren Art von Liebesvereinigung.

131.13 **Keine Ferne macht dich schwierig:** Keine noch so große Entfernung macht dir Schwierigkeiten.

Johann Wolfgang Goethe: Hatem
Entstanden: September 1815; Erstdruck: 1819

131.1 **Nicht Gelegenheit macht Diebe:** Zitat des in ganz Europa geläufigen Sprichworts „Gelegenheit macht Diebe", das die Verführung einer sonst unbescholtenen Person zum Diebstahl durch eine sich bietende günstige Gelegenheit bezeichnet.

131.10 **Karfunkel:** Der Feuerrubin, ein Edelstein, von dem man sagte, dass er im Dunkeln leuchtet.

Johann Wolfgang Goethe: Suleika
Entstanden: September 1815; Erdruck: 1819

Johann Wolfgang Goethe: Lied und Gebilde
Entstehungsdatum unbekannt; Erstdruck: 1819

133.1 **der Grieche:** Die Griechen, wie sie im Kern (angeblich) beschaffen sind.

Euphrat: Fluss in Mesopotamien. Im fruchtbaren Zweistromland zwischen Euphrat und Tigris entstanden seit dem 3. vorchristlichen Jahrtausend zahlreiche Hochkulturen, und der arabische Islam hatte einst in Bagdad am Tigris sein Zentrum. 133.6
Schöpft: Wortspiel mit den Bedeutungen (er)schaffen und Wasser nach oben befördern, die zu Goethes Zeit beide verstanden werden konnten. 133.11

Spätromantik, Vormärz und Realismus

Joseph von Eichendorff: Frühlingsfahrt
Erstdruck: 1818
Auch bekannt unter dem Titel *Die zwei Gesellen*.
Gesellen: Junge Handwerker, die sich nach Abschluss ihrer Lehrzeit auf die Wanderschaft begeben, oder junge Männer, die miteinander befreundet sind. 135.1
Sirenen: Mythische Wesen der griechischen Sage, Frauen, die vorüberfahrende Seeleute mit ihrem unwiderstehlichen Gesang verleiten, über Bord zu springen und zu ihnen zu schwimmen, wo sie auf die eine oder andere Weise umkommen. 135.18
Ach Gott, führ uns liebreich zu dir: vgl. Matthäus 6, 13. 136.30

August von Platen: Es liegt an eines Menschen Schmerz
Entstanden: zw. 1819 u. 1823; Erstdruck: 1823
daß ihr Wunsch nur Wünsche zeugt: Dass die weltlichen Wünsche nur weitere Wünsche, aber keine Befriedigung, zur Folge haben. 136.11

Heinrich Heine: Die Lotosblume ängstigt
Entstanden: 1822; Erstdruck: 1823
Lotosblume: Name für verschiedene Seerosengewächse 137.1

Heinrich Heine: Die Loreley
Entstanden: 1823–1824; Erstdruck: 1824
Rhein: Der Rhein entwickelte sich in der ersten Hälfte des 19. Jahrhunderts zum romantischen Fluss schlechthin. Die sog. Rheinromantik schöpfte ihre Motive und Riten aus dem deutschen Mittelalter (Sagen, Legenden) und seinen in die 138.6

Rheinlandschaften eingebetteten Bauwerken (Kirchen, Burgen, Burgruinen).

Heinrich Heine: Mein Herz, mein Herz ist traurig
Entstanden: wohl 1823; Erstdruck: 1824

139.3 **Linde:** Stand oft auf dem zentralen Platz von Dörfern. Im romantischen Lied im Zusammenhang mit Liebesleid, z. B. bei Wilhelm Müller, *Am Brunnen, vor dem Tore.*

139.4 **Bastei:** Vorspringender Teil eines Festungsbaus

139.11 **Lusthäuser:** Lauben, Gartenpavillons

139.13 **Mägde bleichen Wäsche:** Zum Aufhellen der Weißwäsche wurde diese früher mit speziellen Flüssigkeiten bestrichen und in der Sonne zum Bleichen ausgelegt.

139.18 **Schilderhäuschen:** Wetterschutzhäuschen für die Schildwache

139.19 **rotgeröckter Bursche:** Wachsoldat in roter Soldatenjacke

139.21 **Flinte:** Gewehr mit glattem Lauf; oft Bezeichnung für Jagdgewehre

Eduard Mörike: Ein Irrsal kam in die Mondscheingärten
Entstanden: 1824; Erstdruck: 1832

140.3 **verjährten Betrug:** Alt gewordenen, durch Alter ungültig gewordenen

140.21 **Wanderbündel:** Gepäck des Wanderers, das in ein Tuch eingeschlagen mitgeführt wurde. Im übertragenen Sinne das Allernotwendigste.

Eduard Mörike: Um Mitternacht
Entstanden 1827; Erstdruck: 1828

141.11 **Joch:** Zuggeschirr bei Zugtieren. Auch der Bergrücken zwischen zwei höheren Bergspitzen.

Eduard Mörike: Er ists
Entstanden 1829; Erstdruck: 1832

Eduard Mörike: Erstes Liebeslied eines Mädchens
Entstanden: 1828; Erstdruck: 1836

142.3 **Aal:** Im Altertum oft Symbol für Langlebigkeit oder Unsterblichkeit, oft mit der Schlange bedeutungsgleich, auch ein Phallussymbol.

Schlange: hier in erster Linie giftiges Reptil und Phallussymbol 142.4

Heinrich Heine: Das Fräulein stand am Meere
Entstanden: 1831–1833; Erstdruck: 1833
am Meere […] Sonnenuntergang: Romantisches Stimmungsmotiv, das Sehnsucht nach dem Unerreichbaren ausdrücken soll. 143.1–4
kehrt von hinten zurück: Der Sonnenaufgang war im 18. Jahrhundert eines der gängigen Symbole für die Aufklärung. 143.8

Joseph von Eichendorff: Sehnsucht
Erstdruck: 1834
Posthorn: Postkutschen dienten dem Transport von Briefen und Paketen und beförderten zugleich Personen, die wohlhabend genug waren, sich dieses Reisemittel zu leisten, aber nicht reich genug, eine eigene Kutsche zu besitzen. Wer sich die Fahrt mit der Post nicht erlauben konnte, der wanderte. 144.4
Klüften: Plural von Kluft; tiefer, steil abfallender Riss zwischen zwei Gebirgsmassen 144.15
Marmorbildern: Marmorstatuen, die man mit Italien assoziiert 144.17
der Lauten Klang: Die Laute ist ein Saiteninstrument, mit dem man sich zum Gesang begleitete. Schwerer zu spielen als die Gitarre, wurde sie von dieser zu Eichendorffs Zeit allmählich abgelöst. 144.22

Joseph von Eichendorff: Mondnacht
Entstanden: wohl 1835; Erstdruck: 1837
So sternklar: So wolkenlos, dass man alle Sterne sehen konnte. 145.8

Joseph von Eichendorff: Wünschelrute
Entstanden: 1835; Erstdruck: 1838

Nicolaus Lenau: Die drei Zigeuner
Entstanden: 1837/38; Erstdruck: 1838
sandige Heide: Unfruchtbare oder nicht für Landwirtschaft nutzbare Gegend oder in weiterer Bedeutung Landschaft, Gefilde. In der zweiten Bedeutung oft, wenn es in einem Volkslied verwendet wird. 146.4

146.14	**Zimbal:** ungarisches Zymbal, ein Saiteninstrument, das dem Hackbrett ähnelt

Georg Herwegh: Aufruf. 1841
Entstanden: wohl 1841; Erstdruck: 1841

147.11	**Auferstehen:** Anspielung auf die Auferstehung Christi von den Toten.
147.12	**Höllenfahrt:** Anspielung auf Christi Höllenfahrt, die in der Bibel nicht beschrieben, aber nach traditioneller Vorstellung angedeutet wird im Epheserbrief 4,8–10 und 1 Petrus 3,19.
147.16–18	**Schwarzer Tod […] Herz:** Schwarz, Rot und Gold ergeben die Farben der Nationalflagge der deutschen Republik.
148.26	**dem Mann kein Weib beschieden:** Soll sich kein Mann eine Ehefrau nehmen.

Annette von Droste-Hülshoff: Am Turme
Entstanden: Winter 1841/42; Erstdruck: 1842

149.3	**Mänade:** Mänaden heißen die rasenden Begleiterinnen des Weingottes Bacchus, besonders auf seinem Zuge nach Indien. Er verlieh ihnen Wundergaben. Als sie aus Indien zurückkamen, teilten sie ihre Raserei anderen griechischen Frauen mit.
149.10	**Doggen:** in der ersten Hälfte des 19. Jahrhunderts Bezeichnung für große Hetzhunde aus England
149.18	**Standarte:** kleine, viereckige Fahne; Reiterfahne; Flagge, die von Fürsten geführt wird
149.20	**luftigen Warte:** hoch gelegenen Wachtturm oder Aussichtspunkt

Annette von Droste-Hülshoff: Das Spiegelbild
Entstanden: Winter 1841/42; Erstdruck: 1844

151.16	**Fron:** Im Mittelalter dem Lehnsherrn zu leistende Arbeit des Leibeigenen. Im weiteren Sinne eine unliebsame, erzwungene, harte Arbeit.
151.31	**Wie Moses nahe, unbeschuhet:** Vgl. 2 Mose 3, 1–10.

Heinrich Heine: Die schlesischen Weber
Entstanden: 1845; Erstdruck: 1847
Allgemein: Die erste Fassung des Gedichts wurde 1844 geschrieben und im selben Jahr in Karl Marx' Zeitschrift Vor-

wärts! abgedruckt. Es war in der Arbeiterbewegung des 19. Jahrhundert populär. Sein historischer Hintergrund ist der Aufstand der schlesischen Weber von 1844.

Leichentuch: Tuch, das über eine Leiche oder einen Sarg gebreitet wird.   152.3

dreifachen Fluch: Die Flüche treffen den ersten Stand (König, Adel), den zweiten Stand (Gott, Klerus) und den dritten Stand (Bürgertum, falsches Vaterland).   152.4

Schiffchen: Bei Handwebstühlen das Holzklötzchen, an dem der Einschlag (Querfaden) befestigt ist, der zwischen den aufgefächerten Kettfäden (Längsfaden) durchgeführt wird.   152.21

Altdeutschland: Als altdeutsch bezeichnete sich die bürgerlich-studentische Opposition, die eine Einigung Deutschlands aus dem altem Geist anstrebte.   152.23

Gottfried Keller: Winternacht
Entstanden: nach 1845; Erstdruck: 1847

Seebaum: Eigentlich ein Schlagbaum, der die Einfahrt in einen Hafen von der See sperrt. Das DEUTSCHE WÖRTERBUCH zitiert Kellers Gedicht als Beleg einer „eigentümliche[n] poetische[n] Verwendung", die es nicht erklärt, sondern der Interpretation durch den Leser überlässt.   153.5

die Nix': Wassergeist, in Märchen oft eine Verführerin oder ein erlösungsbedürftiges Halbwesen (halb Frau, halb Fisch), das in keinem Element wirklich zu Hause ist.   153.7

Georg Weerth: Das Hungerlied
Entstanden: vor 1845/46; Erstdruck: 1953

Ferdinand Freiligrath: Freie Presse
Erstdruck: 1846

Blei: Die Kugeln von Feuerwaffen waren aus Blei.   154.2

metallnen Alphabeten: Die Lettern (Druckbuchstaben) der Drucker waren aus Blei.   154.4

Formen [...] Tiegel: In der Drucktechnik: Farbträger und Papierträger   154.5

Gießerei: Gussform und Schmelztiegel.

setzt und presst: die Bleilettern auf die Druckplatten setzt und druckt   154.7

154.8	**Freiheitsmanifest:** schriftliches Bekenntnis zur Freiheit
155.12	**Zensur:** Staatliche oder kirchliche Prüfung von gedruckten Schriften, die ganze Schriften verbieten oder die Streichung einzelner Stellen anordnen kann.
155.13	**Kugelformen:** Gussformen für Gewehrkugeln
156.27	**Muskete:** gewöhnliches Gewehr zum Kriegsgebrauch
156.28	**Winkelhaken:** Werkzeug zum rechtwinkligen Anordnen der Drucklettern
156.29	**Hofburg:** Residenz des Fürsten

Eduard Mörike: Auf eine Lampe
Entstanden: 1846; Erstdruck: 1846

157.3	**Lustgemachs:** Zimmer, in dem man sich zur Lust aufhält.
157.5	**Efeukranz:** immergrüne Pflanze, ein Symbol des ewigen Lebens
157.5	**von goldengrünem Erz:** aus oxidiertem Kupfer
157.7	**Ringelreihn:** Tanz, bei dem sich die Tänzer an beiden Händen fassen.

Heinrich Heine: Der Asra
Entstanden: 1846; Erstdruck: 2.9.1846

158.2	**Sultanstochter:** Sultan war der Titel mächtiger Herrscher in der islamischen Welt.
158.14	**Mohamet:** Alte Schreibweise des verbreiteten arabischen Männernamens.
158.14	**Yemmen:** alte Schreibweise von Jemen
158.16	**mein Stamm sind jene Asra:** „Asrael" heißt in der islamischen Tradition der Todesengel.

Heinrich Heine: Laß die heil'gen Parabolen
Erstdruck: 1854

159.6	**Unter Kreuzlast:** unter der Last des Kreuzes. Bezieht sich auf den Bericht von Jesu Weg nach Golgatha, über den die Evangelien uneinheitlich berichten.
159.10	**Ist etwa/Unser Herr nicht ganz allmächtig:** Die jüdische und die christliche Religion lehren, dass Gott der Herr allmächtig ist.

Heinrich Heine: Lotosblume
Erstdruck: 1876, mit der dritten Str.: 1924

Vertraut sind ihre Seelen: Sie verstehen einander vollständig.   160.9

Theodor Storm: Meeresstrand
Entstanden: 1854/55; Erstdruck: 1856
Haff: Teil des Meeres in Strandnähe hinter einer Landzunge   160.1
Watten: bei Ebbe trocken liegende Teile des Uferlandes oder   160.3
Meerbodens
Stimmen/Die über der Tiefe sind: vgl. 1 Mose 1,1–3.   160.15–16

Robert Prutz: Wo sind die Lerchen hingeflogen
Erstdruck: 1857
Lerchen: Symbol für Dichter.   161.1
jedes fühlte sich ein Held: Jedes Herz fühlte sich, als sei es ein   161.8
Held(enherz).
Pfühle: ein großes Daunenkissen, im weiteren Sinne auch Bett,   161.11
Lager

Emanuel Geibel: An König Wilhelm. Lübeck, den 13. September 1868.
Entstanden: wohl 1868; Erstdruck: 1871
Titel: König Wilhelm I. von Preußen, seit 1871 deutscher Kaiser
alten Nordbunds Fürstin: Lübeck war seit dem 14. Jahrhundert   162.8
Hauptort der Hanse, eines Bündnisses von Handelsstädten im späten Mittelalter und der frühen Neuzeit.
das wir verloren: Nach Napoleons Sieg in der Schlacht bei Jena   162.15
und Auerstedt legte der Deutsche Kaiser Franz II. seine Krone nieder. Damit endete nach 996 Jahren das Heilige Römische Reich Deutscher Nation.
Maines Borden: Preußen hatte sich nach dem Sieg über Österreich im Krieg von 1866 nahezu alle deutschen Kleinstaaten nördlich des Mains einverleibt.   163.17
Adler: Wappentier Preußens   163.18
dreifach […] Farbenglut: Die preußische Flagge: Schwarz, Weiß und Rot.   163.22
Das uns des Auslands Hohn verschlang: Konstitutiver Bestandteil des deutschen Nationalismus im 19. Jahrhundert war die Vorstellung, dass den Deutschen ihre nationale Einigung vom Ausland missgönnt wurde.   163.30

163.31	**Donner deiner Schlachten:** Preußens Kriege gegen Dänemark (1864) und gegen Österreich und Sachsen (1866).
164.42	**grünes Eichenblatt:** Die Eiche ist ein Symbol für Kraft, Beharrlichkeit, Heldentum und Sieg. Sie gilt im 19. Jahrhundert als deutscher Baum schlechthin.
164.43	**Gold- [...] Lorbeerkrone:** Krone des Herrschers und Krone des Siegers
164.48	**Vom Fels zum Meer:** Von den Alpen bis zur Nord- und Ostsee. Dahinter steht die sog. Kleindeutsche Lösung der Reichseinigung, die Österreich ausschloss.

Theodor Storm: Geh nicht hinein
Entstanden: 1878; Erstdruck: 1879

165.20	**Lebens Fäden:** Die Gesamtheit der Lebenskräfte, das Funktionieren der Organe, vgl. auch „Clotho", Seite 268

Conrad Ferdinand Meyer: Der römische Brunnen
Entstanden: 1860; Erstdruck: 1869

166.2	**der Marmorschale Rund:** die runde Marmorschale; Marmor ist ein in Deutschland kostbares Gestein, das in Italien sehr häufig vorkommt.

Conrad Ferdinand Meyer: Der schöne Tag
Entstanden: vermutlich 1862–1864; Erstdruck: 1882

Conrad Ferdinand Meyer: Zwei Segel
Entstanden: 1870; Erstdruck: 1882

Theodor Fontane: Auf dem Mattäikirchhof
Erstdruck: 1889

168.2	**Weiß ich mich immer gut zu stellen:** bin ich geschickt darin, mit ihnen gut auszukommen.

Klassische Moderne und Expressionismus

Friedrich Nietzsche: Der Freigeist. Abschied
Entstanden: im Herbst 1884, befand sich in Nietzsches Nachlass.

Vor Winters: Analog zu vormittags, also knapp vor Winterbeginn. 170.8

Karl Henckell: Das Lied vom Eisenarbeiter
Erstdruck: 1885
schwerer Fron: Im Mittelalter die dem Lehnsherrn zu leistende Arbeit des Leibeigenen. Im übertragenen Sinne eine unliebsame, erzwungene, harte Arbeit. 171.3
der Lohnsklav: Während Sklaven als rechtlich Unfreie sich ihre Arbeit nicht aussuchen können, zwingt dem Arbeiter des 19. Jahrhunderts, obwohl er rechtlich frei ist, seine geringe Bildung die Arbeit in Fabrik und Bergwerk auf. 171.9
Dampfpfiff: Signal zum Schichtwechsel und Arbeitsbeginn 171.10
Ob auch in Schweiß und Ruß: Auch, wenn er mit Schweiß und Ruß bedeckt ist. 171.20
Weltgericht: Anspielung auf die Apokalypse (Ende der Welt) und auf die sozialistische Revolution 172.33

Richard Dehmel: Entbietung
Erstdruck: 1891
wildem Mohn: Symbol für Schlaf und Fruchtbarkeit 172.1

Arno Holz: Unvergeßbare Sommergrüße
Erstdruck: 1898
Bodenluke: Luke in einem aus dem Dach vorspringenden Erker 174.10
Franz Hoffmann: bekannter Jugendbuchautor (1814–1882) 174.13
Kupferschmied Thiel: Zum kleinstädtischen Idyll gehört der kleine, ökonomisch selbstständige Handwerker, der dort, wo er wohnt, zugleich seine Arbeitsstätte hat. 174.20
Goldlack: beliebte Gartenpflanze 174.23
Levkoyen: beliebte Gartenpflanze wegen ihrer schönen, wohlriechenden Blüten. 174.23
Hümpelchen: Diminutiv (Verkleinerungsform) von Humpen (großes Trinkgefäß) 174.26
Reseda: Kräuter mit auffälligen, angenehm duftenden Blüten 174.26

Arno Holz: Im Thiergarten
Erstdruck: 1898

Wort- und Sacherklärungen **307**

175.1	**Thiergarten:** weitläufiger Park im gleichnamigen Berliner Stadtteil
175.6	**Leutnant:** niedrigster Offiziersrang
175.11	**Kukuk:** volkstümlich ein Symbol für Ehebrecher; Außerdem gilt er als Frühlingsbote. Der Volksglaube schreibt ihm prophetische Fähigkeiten zu.

Hugo von Hofmannsthal: Ballade des äußeren Lebens
Entstanden: 1895; Erstdruck: 1896

Stefan George: der Herr der Insel
Entstanden: 1895 oder früher; Erstdruck: 1899

177.7 **saft der Tyrer-schnecke:** Purpur ist ein Farbstoff, der aus einer Drüse der Purpurschnecke gewonnen wird. Das Verfahren wurde angeblich zuerst in Tyros angewandt.

Stefan George: Komm in den totgesagten park und schau
Entstanden: 1897 oder früher; Erstdruck: 1899

178.9 **astern:** Blumen mit oft sternförmigen, verschiedenfarbigen Blüten, vgl. auch Seite 310

Rainer Maria Rilke: Ich fürchte mich so
Erstdruck: 1899

Rainer Maria Rilke: Herbsttag
Erstdruck: 1902

179.7 **Süße in den schweren Wein:** Je später man erntet, desto süßer wird der Wein.

Else Lasker-Schüler: Weltende
Erstdruck: 1903.

180.2 **als ob der liebe Gott gestorben wär:** Anspielung auf Friedrich Nietzsche, der in seinem Werk DIE FRÖHLICHE WISSENSCHAFT schrieb: „Gott ist tot! Gott bleibt tot! Und wir haben ihn getötet!"

Rainer Maria Rilke: Der Panther
Erstdruck: 1907

Jardin des Plantes, Paris: ein botanischer Garten mit einem 180
Zoo
ein großer Wille: zentraler Begriff bei Schopenhauer und 180.8
Nietzsche

Rainer Maria Rilke: Römische Fontäne
Erstdruck: 1907
Borghese: ausgedehnte Parkanlage in Rom mit vielen Denk- 181
mälern und Brunnen

Rainer Maria Rilke: Blaue Hortensie
Erstdruck: 1907
Farbentiegeln: Farbpigmente wurden früher von Malern in ho- 182.1
hen Schalen, sog. Tiegeln, zerstoßen und gemischt, bevor sie
zur fertigen Farbe weiterverarbeitet wurden.

Else Lasker-Schüler: Ein alter Tibetteppich
Erstdruck: 8. Dezember 1910
Lamasohn: Lama ist der tibetische Ausdruck für Guru und be- 183.7
zeichnet im dortigen Buddhismus einen spirituellen Lehrer
und Meister.
Moschuspflanzentron: Moschus ist ein natürlicher Duftstoff, 183.7
dem eine aphrodisierende Wirkung zugeschrieben wird.

Georg Heym: Der Schläfer im Walde
Erstdruck: 1911
Titel: wie im Gedicht *Le dormieur de valle* von Arthur Rimbaud
Hetairien: Versammlungen von Freunden 184.13
dem großen Kelch von Blut: Der Kelch erscheint mehrfach in 184.27
der Passionsgeschichte, siehe Markus 14,23–24, Matthäus 26,
38–39, und Johannes 19,33–37.

Georg Heym: Der Gott der Stadt
Entstanden: Winter 1910/11; Erstdruck: 1911
Baal: Oberste Gottheit verschiedener westsemitischer Stämme, 185.5
die Menschenopfer forderte. Im Alten Testament wenden sich
die Kinder Israel wiederholt von Jahwe ab und Baal zu, siehe
z. B. Richter 2,11–13.

185.9	**Korybanten-Tanz:** Korybanten sind die (kastrierten) Priester der phrygischen Göttin Kybele. Sie sind bekannt für ihre ekstatischen Tänze.
185.12	**Weihrauch:** Entwickelt beim Verbrennen einen charakteristischen Duft und wird in vielen Religionen zu kultischen Zwecken als Opfergabe verwendet.

Alfred Lichtenstein: Die Dämmerung
Erstdruck: 1910/11

Jakob van Hoddis: Weltende
Erstdruck: 1911

Georg Trakl: Verfall
Erstdruck: 1913

187.3	**frommen Pilgerzügen:** In vielen Religionen gilt die beschwerliche Reise als Buße. Wer sie unternimmt, dem werden seine Sünden erlassen.
187.12	**Todesreigen:** vgl. „Reihn", Seite 293
	Totentanz: Im Spätmittelalter entstandene Bildtradition: die Tänzerinnen und Tänzer werden vom Tod angeführt und symbolisieren die Todesverfallenheit des Menschen.
187.14	**Astern:** oft ein Symbol für Bescheidenheit; blühen im Herbst.

Gottfried Benn: Kleine Aster
Entstanden: bis März 1912; Erstdruck: 1912
Titel: vgl. „astern", Seite 308

187.4	**Als ich von der Brust aus:** Standardprozedur einer Leichensektion
188.14	**Ruhe sanft:** Requiescat in pacem (R.i.p.): Ruhe in Frieden.

Gottfried Benn: D-Zug
Entstanden: bis August 1912; Erstdruck: 1912

188.1	**Malaiengelb:** Spielt auf die Hautfarbe der Malaien an, was zur Entstehungszeit des Gedichts nicht als politisch unkorrekt verstanden wurde.
188.2	**D-Zug:** schneller Reisezug mit Durchgangswagen und wenigen Aufenthalten
188.2	**Berlin-Trelleborg und die Ostseebäder:** Zwischen Deutschland

und dem schwedischen Trelleborg gab es eine Fährverbindung.
Resede: Reseda, eine Kräutergattung, die in Mittelmeerländern heimisch ist. 189.17
Süden, Hirt und Meer: Evokation von archaischen Mittelmeerkulturen, von Hirten- und Seefahrervölkern, wie sie in der antiken Dichtung vorkommen. 189.18

Georg Trakl: De profundis
Erstdruck: 1913
Weiler: Nur aus wenigen Gehöften (Bauernhöfen) bestehendes Dörfchen. 189.5
himmlischen Bräutigams: Jesus Christus ist der himmlische Bräutigam der zölibatär lebenden Nonnen. 189.8
süßen Leib [...] Dornenbusch: Da der brennende Dornbusch unversehrt blieb, wurde er in der christlichen Ikonografie zu einem Symbol der Jungfräulichkeit Marias. 190.11

Georg Trakl: Im Herbst
Erstdruck: 1913
keltern: in der Kelter (Frucht- bzw. Weinpresse) auspressen 190.8

Emmy Hennings: Nach dem Cabaret
Erstdruck: Mai 1913
Cabaret: franz. Schreibweise von Kabarett. Ein Kleintheater, in dem eine Mischung aus Tanz, Chanson, Sketchen etc. aufgeführt wurde. 191.4

Jakob van Hoddis: Kinematograph
Erstdruck: 1914
Titel: Ein Jahrmarktkino, in dem keine längeren Spielfilme, sondern kurze, nicht zusammenhängende Filme vorgeführt wurden.
Ganga: Ganges, Hauptstrom im Norden Vorderindiens, gilt den Indern als heilig. 191.2
Brahma: Indische Gottheit, Weltenschöpfer und Weltenlenker 191.2
Herr Piefke: Wichtigtuer und Prahler 192.6
Kiepe: viereckiger Korb mit Gurten zum Tragen auf dem Rücken 192.8

192.15	**Bogenlampe:** Lampe, bei der zwischen zwei Elektroden eine Gasentladung stattfindet, d.h. ein Lichtbogen brennt.
192.16	**geil:** bei Pflanzen „üppig wuchernd", bei Böden „fett", bei Menschen „sexuell erregt"

Alfred Wolfenstein: Städter
Erstdruck: 1914

Ernst Stadler: Form ist Wollust
Erstdruck: 1914

Alfred Lichtenstein: Punkt
Erstdruck: 1914

193.4 **Dornrosen meines Fleisches:** die Rose ohne Dornen ist ein Mariensymbol.

Alfred Lichtenstein: Die Operation
Erstdruck: 1914

194.5 **Cyste:** durch eine Membran abgeschlossener Gewebehohlraum mit flüssigem Inhalt

Alfred Lichtenstein: Liebeslied
Entstanden: Jun. 1912

August Stramm: Wiedersehen
Entstanden: 1914; Erstdruck: 1915

Wilhelm Klemm: Schlacht an der Marne
Entstanden 1914; Erstdruck: 1914
Titel: Eine der ersten Schlachten des Ersten Weltkriegs (5.–10. September 1914). Nach der Marne-Schlacht begann der Stellungskrieg.

Georg Trakl: Grodek
Entstanden: September oder Oktober 1914; Erstdruck: 1914/15
Titel: Die Schlacht von Grodek/Rawa-Ruska (6.–11. September 1914), an der Trakl als Militärapotheker teilnahm.

197.12 **der Schwester Schatten:** In der griechischen Mythologie ist Ar-

temis, die Göttin der Jagd und des Waldes, die berühmteste Schwester, nämlich die des Sonnengottes Apollo. Artemis wurde oft mit Hekate gleichgesetzt.
Hain: Kleines gehegtes Waldstück, oft religiös konnotiert, weil man annahm, dass frühe Religionen ihrer Götter in Hainen verehrten. 197.12

August Stramm: Patrouille
Entstanden: Nov. 1914 – Aug. 1915

August Stramm: Schlachtfeld
Entstanden: Nov.1914 – Aug.1915

Hugo Ball: Karawane
Entstanden: Frühsommer 1916; Erstdruck: 1920

Weimarer Republik, Nationalsozialismus und Exil

Bertolt Brecht: Vom Schwimmen in Seen und Flüssen
Entstanden: 1919; Erstdruck: 1921
Umtrieb: hier wohl im Sinne von lästiger Nebenarbeit, Nebentätigkeit. 202.31

B. Traven: Das Tanzlied des Totenschiffes
Erstdruck: 1925 (im Roman DAS TOTENSCHIFF)
Weltgericht: Gottes Gericht über die Menschen am Ende der Zeiten, bei dem die Guten belohnt und die Bösen bestraft werden. 203.13
Ob's Götter gibt, das weiß ich nicht: agnostizistische Position 203.15

Kurt Tucholsky: Arbeit für Arbeitslose. Herrn Ebermeyer zur Beschlagnahme empfohlen
Erstdruck: 1926
Untertitel: Ludwig Ebermayer, der von 1921 bis 1926 Oberreichsanwalt und in dieser Funktion für die Verfolgung von Hochverratsdelikten zuständig war. Zur Zeit der Weimarer Republik wurden viele oppositionelle Schriftsteller zu Gefängnisstrafen verurteilt und ihre Werke verboten.
am Reichstag stehn: Um den Reichstag, das damalige Parla- 204.15

	mentsgebäude, verlief eine Bannmeile, in der keine Demonstrationen stattfinden durften.
204.16	**Geßler:** Otto Karl Geßler, Mitglied der liberalen DDP und von 1920 bis 1928 Reichswehrminister
204.38	**Soldaten! Ihr Matrosen:** Die russische Revolution von 1917 und die deutsche Novemberrevolution von 1918 wurden von Soldaten- und Matrosenaufständen eingeleitet.

Bertolt Brecht: Vom armen B.B.
Entstanden: 26.4.1926; Erstdruck: 1927

205.1	**schwarzen Wäldern:** Anspielung auf den Schwarzwald, wo zwar nicht Brechts Mutter, aber sein Vater geboren war.
205.4	**meinem Absterben:** Sterben. Der Ausdruck stammt aus der Sprache des Gebets.
205.6	**Sterbesakrament:** eigentlich Bußsakrament, Krankensalbung und Eucharistie
206.28	**die langen Gehäuse des Eilands Manhattan:** Wolkenkratzer von New York
207.35	**Virginia:** Zigarre aus Virginia-Tabak

Mascha Kaléko: Großstadtliebe
Erstdruck: 1933

208.22	**Pagen:** Junger Diener, der in kitschigen Romanen Liebesbotschaften zuträgt.
208.25	**Reichspost:** Name der deutschen Post zwischen 1871 und 1945
208.26	**Per Stenographenschrift:** In Kurzschrift, Silbenschrift, die eine wesentlich höhere Schreibgeschwindigkeit als die gängige Buchstabenschrift ermöglicht.

Erich Kästner: Chor der Fräuleins
Erstdruck: 1928

208.5	**keine Jungfernkränze:** Jungfernkränze trugen in Mittelalter und früher Neuzeit junge, unverheiratete Frauen als Zeichen der Jungfräulichkeit. Die Stelle spielt an auf das bekannte Lied WIR WINDEN DIR DEN JUNGFERNKRANZ aus Carl Maria von Webers romantischer Oper DER FREISCHÜTZ, wo es vom Chor der Brautjungfern gesungen wird.
209.14	**innrer Missionar:** Als „Innere Mission" bezeichnet man evangelische Organisationen, die vom christlichen Glauben abge-

fallene Zeitgenossen wieder in den Schoß der Kirche zurückführen wollten.

Erich Kästner: Die Zeit fährt Auto
Erstdruck: 1928
sperren aus [...] streiken: Fabrikherren sperren streikende Arbeiter aus, um sie zur Wiederaufnahme der Arbeit zu zwingen. Arbeiter streiken, um die Fabrikherren zur Erhöhung der Löhne zu zwingen. Es gewinnt, wer die größeren Rücklagen besitzt. 209.4

Erich Kästner: Und wo bleibt das Positive, Herr Kästner?
Erstdruck: 1930
Guten und Schönen: Schlagwort des deutschen Bildungsbürgertums 210.5
den leeren Platz überm Sofa: Dort hängt in gutbürgerlichen Wohnstuben ein Gemälde, mit dem man sein Welt- oder Menschenbild darstellen möchte. 210.6
Vaseline: Gleit- und Schmiermittel, nicht zum Verzehr bestimmt 210.9
Habt Sonne in sämtlichen Körperteilen: Bezieht sich wohl auf die Redewendung „Die Sonne scheint ihm aus dem Arsch" was soviel bedeutet wie „Er hat extrem gute Laune". 211.26
Lunapark: Namen eines großen Vergnügungsparks in Berlin. 211.33

Bertolt Brecht: Terzinen über die Liebe
Entstanden: 1928; Erstdruck: 1929
Allgemein: Das Duett entstammt der Oper MAHAGONNY von Bertolt Brecht (Text) und Kurt Weill (Musik).
Kraniche: Als Zugvogel symbolische Frühlingsboten, in christlicher Tradition auch Symbole der Wachsamkeit. Sie sind bekannt für spektakuläre Balztänze. 211.2

Gertrud Kolmar: An die Gefangenen
Entstanden: wohl 1933; Erstdruck: 1978
flüchtende Wolken reißt: wie flüchtende Beutetiere vom Raubtier gerissen werden 213.4
Sturmglocke: Alarmglocke, die bei Gefahr oder Aufruhr geläutet wird. 213.7

213.8	**apokalyptische Reiter:** vgl. Offenbarung des Johannes 6. Die vier Reiter der Apokalypse stehen für die Plagen und Schrecken, die über die Menschheit beim Weltgericht hereinbrechen. Die Reiter werden meist als Sinnbilder der Tyrannei, des Krieges, des Hungers und der Seuche gedeutet.
214.15	**deinem heiligen großen Gericht:** Gott tritt im Neuen und Alten Testament immer wieder in der Rolle des Richters auf.
214.20	**dem Nadeln das Auge stechen:** Gefangenen Singvögeln stach man die Augen aus, weil die geblendeten Vögel schöner und öfter sangen als die sehenden.
214.21	**weiße Narzissen:** Anspielung auf den Mythos vom schönen Jüngling Narkissos, der nur sich selbst liebte und alle, die ihn liebten, unglücklich machte. Nachdem er sich in sein Spiegelbild verliebt hatte, erkannte er die Unerfüllbarkeit seines Begehrens und tötete sich mit einem Dolch. Seine Blutstropfen verwandelten sich in Narzissen.

Bertolt Brecht: Vorschlag, die Architektur mit der Lyrik zu verbinden
Entstanden: Frühjahr 1935 (Anlass: ein Moskaubesuch)

215.3	**Gewehre umgehängt:** die im Klassenkampf bewaffnete Arbeiterschaft

Gottfried Benn: Einsamer nie –
Entstanden: Sommer 1936; Erstdruck: 1936

Bertolt Brecht: Schlechte Zeit für Lyrik
Entstanden: 1939; Erstdruck: 1956

217.8	**des Sundes:** *Sund* ist im Ostseeraum eine Bezeichnung von Meerengen.
217.11	**Häuslerin:** Frau oder Tochter eines Kleinstbauern, arm und im dörflichen Sozialgefüge auf der untersten Hierarchiestufe
217.19	**die Reden des Anstreichers:** Die Reden Hitlers, der gelernter Anstreicher war.

Oskar Loerke: Leitspruch, November 1940
Entstanden: wohl Nov. 1940; Erstdruck: 1949

217.1	**blutgefügte Reich:** konkret: Das Dritte Reich; allgemein: jeder Staat, der durch Kampf und Krieg zusammengefügt wurde

Else Lasker-Schüler: Die Verscheuchte
Entstanden: 1934; Erstdruck: März 1934
Schattenbild: Die einen Schattenumriss abbildende Zeichnung. — 218.3
Bündel Wegerich: Wortspiel mit *Bund* und *Bündel* sowie mit *Weg, wegreich, wegesmächtig, Kehrich* und dem Namen der biologischen Familie der Wegerichpflanzen. — 218.13

Reinhold Schneider: Entfremdet ist das Volk mir
Entstanden: 16.4.1938; Erstdruck: 1944
nicht spreche nach des Herrn Gebot: Mich nicht zu meinem Glauben bekenne, was zu den elementaren Pflichten eines Christen gehört. Der Befehl, das Wort Jesu zu verkünden, findet sich am Ende jedes Evangeliums. — 219.3
Verderber: In christlicher Tradition bezeichnet man den Teufel als Verderber, da er die Menschen zu Taten verführt, die sie um das ewige Seelenheil bringen. — 219.8
Zeichen: In der Bibel werden als „Zeichen" Worte, Taten und Geschehnisse bezeichnet, die auf Gott, seinen Willen oder die Göttlichkeit Jesu Christi verweisen. — 219.9

Nachkrieg und Gegenwart

Rudolf Hagelstange: Denn Furcht beherrscht seit langem Eure Tage
Entstanden: ab 1944; Erstdruck: 1945
Zünglein an der Waage: Zeiger, der bei Gleichgewicht mittig steht — 221.4

Nelly Sachs: Qual, Zeitmesser eines fremden Sterns
Erstdruck: 1946

Nelly Sachs: Chor der Geretteten
Erstdruck: 1947
Geretteten: Als Gerettete betrachteten sich die Überlebenden der Konzentrationslager ebenso wie diejenigen, die ihr Leben durch rechtzeitige Flucht gerettet hatten. — 222.1
Stundenuhren: eigentlich Uhren, die nur die Stunden, nicht die Minuten oder Sekunden anzeigen; hier wohl Sanduhren — 222.9

222.15	**Zeigt uns langsam die Sonne**: Anspielung auf das Höhlengleichnis Platons, siehe DER STAAT, 7. Buch
223.23	**beißenden Hund**: Schäferhunde wurden von den Wachmannschaften der Konzentrationslager zur Bewachung und Schikanierung der Häftlinge eingesetzt.
223.28	**odemlos**: atemlos; Odem ist Sprache des Alten Testaments

Paul Celan: Todesfuge
Entstanden: Mai 1945; Erstdruck: 1948

224.4	**wir schaufeln ein Grab in den Lüften**: Gemeint ist Verbrennung der Leichen der Ermordeten in den Krematorien (Verbrennungsöfen) der Konzentrationslager
224.5	**spielt mit den Schlangen**: Celan gab an, hier an Zöpfe gedacht zu haben.
224.6	**Margarete**: deutscher Frauenname, weibl. Hauptfigur aus Goethes FAUST. ERSTER TEIL.
224.7	**er pfeift seine Rüden herbei**: vgl. „beißenden Hund", Seite 318
224.15	**Sulamith**: jüdischer Frauenname, Geliebte aus dem HOHEN LIED SALOMOS 6, 12.

Marie Luise Kaschnitz: Beschwörung (I)
Erstdruck: 1947

Günter Eich: Inventur
Erstdruck: 1948

227.7	**Weißblech**: mit Zinn beschichtetes Eisen- bzw. Stahlblech
227.13	**Brotbeutel**: militärischer Ausrüstungsgegenstand, eine Tasche zur Aufbewahrung von Proviant und Ähnlichem
228.26	**Zeltbahn**: Teil der Soldatenausrüstung, eine große, regenabweisende Plane

Günter Eich: Träume
Erstdruck: 1950

228.13	**die Wochenschau**: Früher stellten Wochenschauen im Kino die wichtigste Nachrichteninformationsquelle mit bewegten Bildern dar. Von 1933 bis 1945 waren sie Bestandteil der NS-Propagandamaschine.
228.14	**Eröffnung der Spielbank in Baden-Baden**: am 1. April 1950
228.15	**Cambridge siegte gegen Oxford mit zweieinhalb Längen**: tradi-

tioneller Ruderbootwettkampf zwischen den englischen Universitätsstädten Cambridge und Oxford

Die wegen Abtreibung Angeklagte: Die Frau, die angeklagt ist, bei einer anderen Frau eine Abtreibung vorgenommen zu haben.   229.19

unsere Enkel mögen es ausfechten: Im Sinne von „Nach uns die Sintflut"; zugleich Anspielung auf die Zeile Unsre Enkel fechten's besser aus aus dem Lied *Wir sind des Geyers schwarzer Haufen*.   229.25

Erich Kästner: In memoriam memoriae
Erstdruck: 1950

Ingeborg Bachmann: Die gestundete Zeit
Erstdruck: 15.8.1952

auf Widerruf gestundete: Mit der Möglichkeit des Widerrufs aufgeschobene Rückzahlung.   230.2

Marschhöfe: Bauernhöfe im Marschland, einer Landschaftsform, die sich durch Fehlen von Erhebungen und das Vorhandensein zahlreicher Gewässer auszeichnet.   230.5

Eingeweide der Fische: Eingeweide von Opfertieren dienten in der Antike den Priestern zur Vorhersage zukünftiger Ereignisse.   230.6

Lupinen: Ein Hybride der Gelben Lupine wird von Gärtnern Kronleuchter genannt.   230.8

Hans Bender: Heimkehr
Erstdruck: 1949

Bertolt Brecht: Böser Morgen
Entstanden: 1953; Erstdruck: 1954

Silberpappel: hochwachsende Baumart. Der lateinische Name „populus" bedeutet zugleich auch Volk und Nation.   232.1

Fuchsien […] Löwenmaul: Beide Wörter enthalten Namen von Tiergattungen.   232.4

Bertolt Brecht: Rudern, Gespräche
Entstanden: 1953; Erstdruck: 1953

Faltboote: Preiswertes Boot, das aus einer flexiblen Haut und einem zusammenklappbaren Innengerüst besteht.   232.2

Gottfried Benn: Nur zwei Dinge
Entstanden: bis 7.1.1953; Erstdruck: 1953

233.8 **Sage**: Meist liegen Inhalt und Entstehung einer Sage in weiter zeitlicher Ferne.

Ingeborg Bachmann: Erklär mir, Liebe
Erstdruck: 19.7.1956

234.6 **Sternblumen**: Gartenpflanze; Anspielung auf Clemens Brentanos Gedicht 20. JENNER NACH GROSSEM LEID

234.1 **Der Pfau […] schlägt sein Rad**: Balzverhalten

234.2 **Taube stellt den Federkragen hoch**: Balzverhalten

234.14 **der Entrich schreit**: Balzverhalten

234.14 **vom wilden Honig**: Sakrale Speise. In der Bibel heißt das gelobte Land „das Land wo Milch und Honig fließt"; vgl. auch „Bienen-Safft" Seite 272 und „Mänade", Seite 302 f.

234.19 **tanzt scheu der Skorpion**: Der Tanz gehört zum Paarungsverhalten der Skorpione.

234.20 **Der Käfer riecht die Herrlichste**: Männliche Käfer werden von den Sexualduftstoffen des Weibchens angelockt.

235.36 **Salamander**: Den vier Elementen, aus denen nach antiker Vorstellung die Materie besteht, sind jeweils Elementarwesen zugeordnet, so dem Feuer die Salamander.

Marie Luise Kaschnitz: Hiroshima
Erstdruck: 1957

235.1 **Der den Tod auf Hiroshima warf**: Am 6. August 1945 warf der US-Bomber Enola Gay eine Atombombe auf die japanische Großstadt Hiroshima. Die Formulierung lässt offen, ob der Pilot oder ein anderes Mitglied der Besatzung gemeint ist.

236.23 **Auge der Welt**: Pressefotograf; in der christlichen Ikonographie Gott.

Paul Celan: Tenebrae
Entstanden: 10.3.–8.10.1957; Erstdruck: 1957
Titel: Lateinisch Finsternis.

237.12 **Maar**: Als *Maar* bezeichnet man eine große, runde oder ovale Mulde in der Erdoberfläche, die bei einer vulkanischen Explosion entstanden ist.

Zur Tränke: Wasserbehälter, aus dem das Vieh trinkt; siehe auch Lukas 13,11–16 — 237.13

Peter Rühmkorf: Im Vollbesitz seiner Zweifel
Erstdruck: 1959
Nicht zu predigen, habe ich mich […] nicht, mir den Hals nach dem Höheren zu verdrehen: Anspielung auf Klopstocks Hymne DAS LANDLEBEN. — 237.1–3
Matjes mit Speckstibbel: Salzheringe mit Speckstückchen. — 238.5
Einssechzig: Preisangaben in D-Mark (auf dem Stand der Fünfziger-Jahre). — 238.6
Beefsteak à la Meyer: Gut gewürztes Rinderhacksteak mit Bratkartoffeln, Spiegelei und gedünsteten Zwiebeln bzw. Gewürzgurke, kostet heute ca. 6,50 Euro. — 238.10
Erbsenundwurzeln: Erbsen und Möhren — 238.10
Fliederbeersuppe: Norddeutsche Spezialität; Herbst- und Wintergericht — 238.12
Marienerscheinung: Vision der Jungfrau Maria, die dem Empfänger etwas Bedeutendes mitteilt; in protestantischen Gegenden selten. — 238.23
assyrischen Großkönige: Das Assyrische Reich war eine mesopotamische Großmacht in der Zeit zwischen 1800 und 610 v. Chr. — 238.27
Kohlenstoff vierzehn: Als Grundlage einer radiometrischen Methode zur Altersbestimmung von pflanzlichen und menschlichen Relikten. — 238.28
Unsicherheits-/Relation: Die Heisenbergsche Unschärferelation. — 239.30–31
drei-mal-vier Zeilen „Norddeutsch-reimlos": Beschreibung einer Gedichtform — 239.35
Bellarmin: In Hölderlins Roman HYPERION der deutsche Briefpartner des Protagonisten. — 239.39
unter Fünftausend zu brocken: siehe z. B. Matthäus 14,13–21. — 239.40
doppeltgebrannten: Erst doppelt gebrannte (destillierte) Schnäpse gelten als gut, weil der zweite Brand den Schnaps deutlich milder macht. — 239.46
unter Brüdern: vgl. Matthäus 12,49–50; In diesem Sinne sprechen sich Geistliche beider Konfessionen mit „Bruder" an. — 239.54

Zugleich ist Brüderlichkeit eines der Ideale der Französischen Revolution.

Hans Magnus Enzensberger: An alle Fernsprechteilnehmer
Erstdruck: 1960

240.3 **Verstärkerämtern**: Relaisstationen, die elektrische Kommunikationssignale verstärken.
240.7 **Dividenden**: Jährlich ausgezahlte Gewinne der Aktionäre einer Aktiengesellschaft.
240.10 **Primgelder**: Primage; Zusatzprämien für Kapitäne
240.13 **Butt**: Flachfisch, der sich meist in der Nähe des Meeresbodens aufhält.
240.17 **Staatsdruckereien**: Auf den Druck von Rechtsschriften spezialisierte Staatsbetriebe.
240.19 **mauscheln**: Jiddisch für „heimlich sprechen"; unter antisemitischem Vorzeichen wurde daraus zum einen eine Bezeichnung für „Jiddisch sprechen", zum anderen ein Wort für „unredliche Geschäfte betreiben" (was man den Juden generell, insbesondere aber, wenn sie „heimlich sprachen", unterstellte).
240.19 **Phlox**: Familie von Blütenpflanzen
240.23 **Radarspinne**: Hilfsmittel zur grafischen Auswertung bei der Radarortung
241.35 **Fünfjahresplan**: In den sozialistischen Staaten der Gesamtplan, nach dem im bezeichneten Zeitraum produziert wurde.

Johannes Bobrowski: Der Ilmensee 1941
Entstanden: Juni 1959; Erstdruck: 1961

241.1 **Gegen den Wind**: Raubtiere nähern sich Beutetieren unbemerkt gegen den Wind.
242.17 **Schattengesicht**: eine schattenhafte Erscheinung, schattenhaftes Wesen, Gespenst

Peter Huchel: Winterpsalm
Erstdruck: 1962
Allgemein: Peter Huchel hat das Gedicht selbst interpretiert. Ein Abdruck seiner Interpretation findet sich in Gesammelte Werke, hg. v. Axel Vieregg, Bd. II, S. 309 ff.

243.22 **Schilfrohrs**: im Innern hohle Süßgrasart

Hans Magnus Enzensberger: Middle Class Blues
Erstdruck: 1964
Sozialprodukt: Statistische Größe zur Bestimmung der wirtschaftlichen Leistung einer Volkswirtschaft in einem fixen Zeitraum. — 244.6
Sirenen: akustische Warnanlagen, u. a. im Luftschutz eingesetzt — 244.11
Der Krieg ist noch nicht erklärt: Anspielung auf den Kalten Krieg und die Kubakrise (16.-28.10.1962). — 244.15

Wolfgang Hilbig: ihr habt mir ein Haus gebaut
Entstanden: 1965; Erstdruck: 1979

Rose Ausländer: Schallendes Schweigen
Entstanden: 1957–1965; Erstdruck: 1965

Kurt Bartsch: Chausseestraße 125
Erstdruck: 1968
Chausseestraße 125: Adresse des Hauses, in dem Brecht am 14.8.1956 in der DDR starb. — 247.1
zigarr: Die Zigarre gehörte zu Brechts Markenzeichen. — 247.5
die mütze: Die Schlägermütze war ein anderes Markenzeichen Brechts. — 247.9
blattsalat: Kann über den Sommer bis weit in den Herbst hinein geerntet werden. — 247.11

Wolf Biermann: Portrait eines alten Mannes
Erstdruck: 1968
Ochse im Joch/des chinesischen Rades: Gemeint ist eine Vorrichtung, bei der ein Ochse mit einem Apparat verbunden ist, den er in Bewegung setzt, indem er im Kreis um ihn herumgeht. Der Apparat ist meist ein Wasserschöpfmechanismus über einem Brunnen. — 248.4
den Weg zu gehen der Massen: *Die Massen* ist ein sozialistisches Schlagwort, mit dem das Proletariat bildlich vorgestellt wird. Es gehört zu den Kernannahmen von Marx und Engels, dass die Geschichte der Menschheit auf die Autonomie der Arbeiterklasse zuläuft, unter deren Herrschaft sich die inneren — 248.13

Widersprüche aller vorhergehenden Sozial- und Wirtschaftsordnungen auflösen.

Paul Celan: Du liegst im großen Gelausche
Entstanden: 22.–23.12.1967; Erstdruck: 1968

248.3 **Spree, [...] Havel**: die beiden Flüsse Berlins

248.4 **Fleischerhaken**: In der Berliner Strafanstalt Plötzensee wurden nahezu 3.000 Antifaschisten und Widerstandskämpfer enthauptet oder gehenkt. In der Hinrichtungsbaracke befand sich ein langer Balken mit acht Seilhalterungen in der Form von Fleischerhaken.

248.6 **roten Äppelstaken/aus Schweden**: Celan besuchte 1967 mit einem Bekannten zuerst die Gedenkstätte im Gefängnis Plötzensee und danach den Weihnachtsmarkt am Funkturm, wo er an einem schwedischen Stand einen Adventskranz aus Holz sah, in den Äpfel und Kerzen gesteckt waren.

249.8 **Eden**: Sonst das Paradies, hier zugleich Name des Berliner Hotels, in dem Soldaten der Garde-Kavallerie-Division am 15.1.1919 die Arbeiterführer Rosa Luxemburg und Karl Liebknecht schwer misshandelten und nach mehrstündigem Verhör ermordeten.

249.12 **Landwehrkanal**: Die Leiche von Rosa Luxemburg wurde von den Mördern in den Landwehrkanal geworfen.

Ernst Jandl: ottos mops
Entstanden: 20.11.1963; Erstdruck: wohl 1970

Eugen Gomringer: Schweigen
Erstdruck: spätestens 1969 in WORTE SIND SCHATTEN, KONSTELLATIONEN 1951–1968

Marie Luise Kaschnitz: Die Gärten
Erstdruck: 1972.

250 **Cactusfeige**: Der Feigenkaktus ein Kakteengewächs, dessen essbare Früchte Kaktusfeigen heißen.

Rolf Dieter Brinkmann: Einen jener klassischen
Erstdruck: 1975

251.3–4 **kurz nach Laden/Schluß**: in den 1970er-Jahren 18.30 Uhr

Ernst Jandl: wien: heldenplatz
Erstdruck: 1976
Titel: Nach der Besetzung Österreichs durch deutsche Truppen hielt am 15. März 1938 Adolf Hitler auf dem Wiener Heldenplatz eine von den Zuhörern bejubelte Rede.

Sarah Kirsch: Die Luft riecht schon nach Schnee
Erstdruck: 1977
Eisblumen: blumenförmige Eiskristallgebilde am Fenster 253.5
Aschekübeln: Behälter, in den am Morgen die warme Asche gefüllt wird, damit der Ofen wieder mit Holz oder Kohle bestückt werden kann. 253.13

Wolf Wondratschek: In den Autos
Erstdruck: 1974
nach Süden: Als die Protestbewegungen der 1960er-Jahre an Attraktivität verloren, zogen manche Beteiligte sich als sogenannte Aussteiger in Länder des Mittelmeerraums zurück, um dort ein neues Leben anzufangen. 253.5
zu endgültigen Entschlüssen: Unumkehrbar ist der Schritt in die Illegalität, d.h. in den Terrorismus, während legal Protestierende jederzeit die Möglichkeit haben, von ihrer Protesthaltung abzurücken. 254.8
Leben/keine Privatsache darstellt: Es gehörte zum common sense der Protestbewegungen, dass noch das Privateste politisch ist. Liebeskonzepte betrachtete man z.B. als vermittelt durch verschiedenartige gesellschaftliche Instanzen wie die Ehe, die Mode- und Pornoindustrie und kritisierte den von ihnen ausgeübten Normierungsdruck sowie ihre systemstabilisierende Funktion. 254.12–13

Uwe Kolbe: Ich bin erzogen im Namen einer Weltanschauung
Entstanden: 1980; Erstdruck: 1990
Gläubiger: einer, der glaubt; einer, dem andere etwas schulden. 255.1
Papiertiger: Abfällige Bezeichnung für Staatsdiener, die Oppositionellen mit Strafmaßnahmen drohten, aber über kein Potenzial zu deren Umsetzung verfügen. 255.10
Sandlöwe: Der Ameisenlöwe, die Larve der Ameisenjungfer, 255.10

	gräbt einen Sandtrichter, in dessen Mitte er auf Beutetiere lauert.
255.14	**Wimpel mit Lenins Bildnis auf der Venus:** Die Venus ist ein Planet des Sonnensystems, zu dem seit Anfang der 1960er eine Reihe von erfolgreichen sowjetischen Raummissionen durchgeführt wurden.
255.20–21	**osmotischen/Weltkrieg:** *Osmose* bezeichnet den Transfer von Molekülen durch eine teildurchlässige Membran. Diese Form des Materietransports ist eine Voraussetzung vieler Stoffwechselprozesse.
255.22	**Zwickmühlen:** Im Mühlespiel eine Stellung der Steine, bei der mit jedem Zug dem Gegner ein Stein genommen wird.

Robert Gernhardt: Erinnerung an eine Begegnung in Duderstadt
Erstdruck: 1981

Ulla Hahn: Im Rahmen
Erstdruck: 1981

257.4	**Musselin:** Weiches, leichtes Stoffgewebe, seit dem 17. Jahrhundert in Europa bekannt und vor allem für Frauenbekleidung verwendet.
257.6	**altgoldenen Rahmen:** Als „Altgold" bezeichnet man Goldreste zur Wiederverwertung und einen dunklen Goldfarbton.

Ulla Hahn: Anständiges Sonet
Erstdruck: 1981
Motto: St. H.: Stephan Hermlin.

258.14	**Kehrreim:** Refrain
258.15	**Sonnenkringel:** Projektionen der Sonne, die entstehen, wenn das Licht durch ein Loch fällt, das einen kleineren Raumwinkel als die Sonne besitzt.

Sarah Kirsch: Bäume
Erstdruck: 1984

Rose Ausländer: Song
Entstanden: 1957–1963; Erstdruck: 1985

258.5	**Inferno:** Im Unterschied zum Fegefeuer die eigentliche Hölle.

Corso: festlicher Umzug; für einen solchen Umzug geeignete Straße; Wettrennen von Pferden ohne Reiter — 258.9
Canyons: tiefe Schluchten in sonst ebener Landschaft — 259.11

Ursula Krechel: Todestag
Erstdruck: 1985
Muttertag: Feiertag zu Ehren der Mütter und der Mutterschaft. In Deutschland der zweite Sonntag im Mai. Seit seiner Erfindung werden von den Kindern zum Muttertag neben anderen Dingen auch Gedichte verschenkt. — 259.2
Maiglöckchenstrauß: Mariensymbol auf Darstellungen der Geburt Christi; Arztsymbol. — 259.8
Besteckschubladen: Schubladen zur Aufbewahrung des Bestecks in alten Küchentischen — 260.19
Kreuzstichkissen: Kissen, das mit Kreuzstichen bestickt ist. Die Muster können eigne Erfindungen sein, sind aber in der Regel vorgefertigt. — 260.19

Thomas Kling: niedliche achterbahn
Erstdruck: 1991
sechzehn-/endiges: Hirsche werden von Jägern nach der Anzahl ihrer Geweihenden klassifiziert. Je älter das Tier ist, desto mehr Geweihenden besitzt es. — 260.1–2
FLOSS ONE/UFER: Anspielung auf Hans Henny Jahnns Roman FLUSS OHNE UFER. — 260.15–16
matrazenfloß: Anspielung auf Heinrich Heines Matratzengruft, das Krankenlager, auf dem der Dichter in Paris die letzten acht Jahre seines Lebens verbrachte — 260.16

Durs Grünbein: Tag X
Erstdruck: 1991
Pioniergruß: Den Jugendorganisationen der Jungpioniere und der Thälmann-Pioniere gehörten in der DDR fast alle Kinder und Jugendliche zwischen dem sechsten und 14. Lebensjahr an. — 261.1
in zwei erstarrte Hälften: in Ost und West (= Gut und Böse) — 261.2
wie nach Plan: Anspielung auf die Planwirtschaft der Ostblock-Staaten — 261.10
den Neuen Menschen: den sozialistischen Menschen — 261.15

261.18	**Appell:** Der Fahnenappell war als Veranstaltung an allgemeinbildenden Schulen in der DDR ein Ritual mit militärischem Charakter, bei dem die Pionier- bzw. FDJ-Fahne als Symbol der sozialistischen Staatstreue im Mittelpunkt stand.
261.19	**Das helle „Seid bereit!":** Zu den Appell-Ritualen der Jungpioniere gehörte der Pioniergruß: eine Führungsperson rief „Seid bereit!" und die Gruppe antwortete mit „Immer bereit!". Widmung: Ilya Kabakov: aus Russland stammender Maler und Konzeptkünstler

Friederike Mayröcker: beim Anblick eines jungen Kindes in der Straße
Erstdruck: 1992

Karl Krolow: Air
Erstdruck: 1995
Titel: „Air" (franz.) bedeutet Luft und ist zugleich der Name eines Tanzes.

Robert Gernhardt: Der letzte Gast
Erstdruck: 1997

263.1	**Pinien:** Kiefernart, die im nördlichen Mittelmeerraum verbreitet ist.

Marcel Beyer: Verklirrter Herbst
Erstdruck: 1997

Titel 264.1	**Gewaltig endet so der Tag**: Anspielung auf Georg Trakls Gedicht *Verklärter Herbst*: „Gewaltig endet so das Jahr/Mit goldnem Wein und Frucht der Gärten. […]."
264.2	**Aufklären:** Rekognoszieren, d. h. das Auskundschaften des Feindes, seiner Stellungen und Bewegungen. Anspielung auf die Bewegung und Epoche der Aufklärung.
264.5	**statisch aufgeladen:** Eine statische elektrische Ladung tragen Körper, wenn sie eine erhöhte oder verringerte elektrische Ladung aufweisen. Der aufgeladene Körper wirkt auf normal geladene Körper anziehend.
264.6	**Landser:** einfacher Soldat

Lutz Rathenow: Kapitalismus mit Tübinger Antlitz
Erstdruck: 1998
Titel: Anspielung auf den Slogan „Sozialismus mit menschlichem Antlitz".
Hölderlinturmes: Friedrich Hölderlin wohnte in Tübingen während seiner letzten Lebensjahrzehnte in einem turmähnlichen Gebäudeanbau am Neckar, möglicherweise im klinischen Sinne schizophren, vielleicht auch nur schwer depressiv. — 265.2
Stocherkahnrennen: Ein jährlich auf dem Neckar stattfindendes Bootsrennen. — 265.4
Aktionskunst: Avantgardistische Kunstform, bei der die kunstschaffende Handlung (engl. *action*) und nicht das fertige Werk im Mittelpunkt steht. — 265.5
dem Zweiten seinen Lebertran: Die Mannschaft des Verliererbootes muss nach dem Rennen Lebertran trinken. — 265.7
Die Jugend/trifft sich zu Mülltrennungsfesten: Anspielung auf staatlich organisierte Jugendfeste in der DDR bzw. im Ostblock. — 265.11–12
links gedrehten Joghurt: Joghurt mit rechtsdrehender Milchsäure gilt als ernährungsphysiologisch vorteilhafter. — 265.13
Schoppen: Trinkgefäß mit einem Volumen von 1/4 oder 1/2 Liter. — 265.17

Volker Braun: Nach dem Massaker der Illusionen
Erstdruck: 1999
Guevara: Ernesto Che Guevara, kubanischer Revolutionär argentinischer Herkunft, dem man nach seiner Exekution die Hände abhackte, um eine Identifikation der Leiche zu erschweren. — 266.1
Haupt voll Blut und Wunden: Anspielung auf Paul Gerhardts Kirchenlied O Haupt voll Blut und Wunden. — 266.7
GEHT EINMAL EUREN PHRASEN NACH/BIS ZU DEM PUNKT WO SIE VERKÖRPERT WERDEN: Wörtliches Zitat aus Georg Büchners Revolutionsdrama Dantons Tod. — 266.8–9
Waleri Chodemtschuk: Opfer der Reaktorkatastrophe von Tschernobyl, dessen Leichnam im „Sarkophag" des Blocks IV zurückgelassen werden musste. — 266.10
Sarkophag: Eigentlich ein großer Steinsarg in einem Königsgrab. Der Ausdruck hat sich auch als Bezeichnung des proviso- — 266.11

rischen Betonmantels eingebürgert, mit dem der Reaktor des Blocks IV im Kernkraftwerk Tschernobyl nach seiner Explosion am 26. April 1986 verschlossen wurde.

Hans Magnus Enzensberger: Drinnen und draußen
Erstdruck: 2009

266.7 **Zwölfendern:** Jagdtrophäen; vgl. auch „sechzehn-/endiges", Seite 327

267.11 **Pesos, Forints und Kopeken:** süd- und mittelamerikanische, ungarische und russische Münzen

267.14 **zwei erblindete Göttinnen:** Die Gerechtigkeit (Justitia) und der Zufall (Fortuna) werden mit verbundenen Augen dargestellt.

267.16 **Schwurgerichtssaal:** Heute Bezeichnung eines Gerichts aus drei Richtern und zwei Schöffen, früher ein Gericht, das aus einem oder drei Richtern und zwölf Geschworenen bestand. Vor Schwurgerichten werden vor allem Kapitalverbrechen und Hochverrat verhandelt.

Materialien

Material 1

Martin Opitz: Buch von der Deutschen Poeterey
(1624). In welchem alle jhre eigenschafft vnd zuegehör
gründtlich erzehlet/vnd mit exempeln außgeführet wird.
Studienausgabe, Herbert Jaumann (Hg.). Stuttgart: Philipp
Reclam jun. Stuttgart 2002. [zuerst 1970], (Auszüge).

Martin Opitz' Buch von der Deutschen Poeterey ist eine poetologischen Abhandlung von nicht zu überschätzendem historischen Einfluss. Die Normativität seiner Regeln blieb mehr als 100 Jahre unangefochten, seine Begriffsdefintionen sind größtenteils noch heute gültig. Die wichtigsten Passagen des Bandes werden nachfolgend als Textauszug wiedergegeben. Die Kapitel V. bis VII. sind der Produktion von Dichtung gewidmet; sie enthalten die Opitz zufolge gültigen Regeln. Sie vermitteln uns einen Einblick in die barocke Konzeption vom rhetorisch regulierten Herstellen der Poesie; zugleich zeigt sich hier deutlich, um wie vieles enger der barocke Lyrikbegriff war als der heutige. Die anderen Kapitel formulieren Grundannahmen der barocken Literaturtheorie und werfen – erstmals in deutscher Sprache – die Frage auf, in welchem Maße Dichten eine erlernbare Fähigkeit ist und welchen Anteil andererseits die Disposition des Dichters, die bei Opitz Furor, Ingenium oder Begabung heißt, daran hat.

Das I. Capitel: Vorrede.

Wiewol ich mir von der Deutschen Poeterey/auff ersuchung vornemer Leute/vnd dann zue beßerer fortpflantzung vnserer sprachen/etwas auff zue setzen vorgenommen; bin ich doch
5 solcher gedancken keines weges/das ich vermeine/man könne iemanden durch gewisse regeln vnd gesetze zu einem Poeten machen. Es ist auch die Poeterey eher getrieben worden/als man je von derselben art [Wesen]/ampte [Zweck] vnd zuegehör [Bestandteile]/geschrieben: vnd haben die Gelehrten/
10 was sie in den Poeten (welcher schrifften auß einem Göttlichen antriebe vnd von natur herkommen/wie Plato hin vnd wieder hiervon redet) auffgemercket/nachmals durch richtige verfassungen zuesammen geschloßen/vnd aus vieler tugen-

den eine kunst gemacht. Bey den Griechen hat es Aristoteles vornemlich gethan; bey den Lateinern Horatius; vnd zue vnserer Voreltern zeiten Vida vnnd Scaliger so außführlich/das weiter etwas darbey zue thun vergebens ist. Derentwegen ich nur etwas/so ich in gemeine von aller Poeterey zue erinnern von nöthen zue sein erachte/hiervor setzen wil/nachmals das was vnsere deutsche Sprache vornemlich angehet/etwas vmbstendtlicher für augen stellen.

Das II. Capitel: Worzue die Poeterey/vnd wann sie erfunden worden.

Die Poeterey ist anfanges nichts anders gewesen als eine verborgene Theologie/vnd vnterricht von Göttlichen sachen. Dann weil die erste vnd rawe Welt gröber vnd vngeschlachter war/als das sie hette die lehren von weißheit vnd himmlischen dingen recht fassen vnd verstehen können/so haben weise Männer/was sie zue erbawung der Gottesfurcht/gutter sitten vnd wandels erfunden/in reime vnd fabeln/welche sonderlich der gemeine pöfel zue hören geneiget ist/verstecken vnd verbergen mussen. Denn das man jederzeit bey allen Völckern vor gewiß geglaubet habe/es sey ein einiger vnd ewiger GOtt/ von dem alle dinge erschaffen worden vnd erhalten werden/ haben andere/die ich hier nicht mag außschreiben/genungsam erwiesen. Weil aber GOtt ein vnbegreiffliches wesen vnnd vber menschliche vernunfft ist/haben sie vorgegeben/die schönen Cörper vber vns/Sonne/Monde vnd Sternen/item allerley gutte Geister des Himmels wehren Gottes Söhne vnnd Mitgesellen/welche wir Menschen vieler grossen wolthaten halber billich ehren solten. [...]

Neben diesem [Linus] haben Eumolpus/Museus/Orpheus/ Homerus/Hesiodus vnnd andere/als die ersten Väter der Weißheit/wie sie Plato nennet/vnd aller gutten ordnung/die bäwrischen vnd fast viehischen Menschen zue einem höfflichern vnd bessern leben angewiesen. Dann inn dem sie so viel herrliche Sprüche erzehleten/vnd die worte in gewisse reimen [Verse] vnd maß [Metren] verbunden/so das sie weder zue weit außschritten/noch zue wenig in sich hatten/sondern wie eine gleiche Wage im reden hielten/vnd viel sachen vorbrachten/welche einen schein sonderlicher propheceiungen vnd geheimnisse von sich gaben/vermeineten die einfältigen leute/ es müste etwas göttliches in jhnen stecken/vnd liessen sich durch die anmutigkeit der schönen getichte zue aller tugend vnnd guttem wandel anführen. Hat also Strabo vrsache/den Eratosthenes lügen zue heissen/welcher/wie viel vnwissende leute heutiges tages auch thun/gemeinet/es begehre kein Poete durch vnterrichtung/sondern alle bloß durch ergetzung sich angeneme zu machen. *Hergegen*/spricht er Strabo im ersten Buche/*haben die alten gesagt/die Poeterey sey die erste Philosophie/eine erzieherinn des lebens von jugend auff/welche die art der sitten/der bewegungen des gemütes vnd alles thuns vnd lassens lehre. Ja die vnsrigen* (er verstehet die Stoischen) *haben darvor gehalten/das ein weiser alleine ein Poete sey.* [...]

Das IIII. Capitel: Von der Deutschen Poeterey.

Von dieser Deutschen Poeterey nun zue reden/sollen wir nicht vermeinen/das vnser Land vnter so einer rawen vnd vngeschlachten Lufft liege/das es nicht eben dergleichen zue der Poesie tüchtige ingenia [Begabungen] könne tragen/als jergendt ein anderer ort vnter der Sonnen. Wein vnnd früchte pfleget man zue Loben von dem orte da sie herkommen sein; nicht die gemüter der menschen. Der weise Anacharsis ist in den Scitischen wüsten gebohren worden. Die Vornemsten Griechen sind in Egypten/Indien vnd Franckreich gereiset/die weißheit zue erlernen. Vnd/vber diß das wir so viel Vorneme Poeten/so heutiges tages bey vns erzogen worden/vnter augen können stellen/erwehnet Tacitus von den Deutschen in dem buche das er von jhnen geschrieben/das ob wol weder Mann noch Weib vnter jhnen zue seiner zeit den freyen künsten ob zue liegen pflegeten/faßeten sie doch alles was sie im gedächtniß behalten wolten in gewisse reimen vnd getichte. Wie er denn in einem andern orte saget/das sie viel von des Arminius seinen thaten zue singen pflegeten. Welches sie vieleichte den Frantzosen [Galliern] nachgethan haben [...].

[...]

Das nun von langer zeit her dergleichen zue vben [Poesie zu schreiben] in vergessen gestellt ist worden/ist leichtlicher zue beklagen/als die vrsache hiervon zue geben. Wiewol auch bey den Italienern erst Petrarcha die Poeterey in seiner Mutterspra-

che getrieben hat/vnnd nicht sehr vnlengst Ronsardus; von
deme gesaget wird/das er/damit er sein Frantzösisches desto
besser außwürgen köndte/mit der Griechen schrifften gantzer
zwölff jahr sich vberworffen [überhäuft] habe; als von welchen
die Poeterey jhre meiste Kunst/art vnd liebligkeit bekommen.
Vnd muß ich nur bey hiesiger gelegenheit ohne schew dieses
erinnern/das ich es für eine verlorene arbeit halte/im fall sich
jemand an vnsere deutsche Poeterey machen wolte/der/ne-
benst dem das er ein Poete von natur sein muß/in den grie-
chischen vnd Lateinischen büchern nicht wol durchtrieben ist/
vnd von jhnen den rechten grieff erlernet hat; das auch alle
die lehren/welche sonsten zue der Poesie erfodert werden/vnd
ich jetzund kürtzlich berühren wil/bey jhm nichts verfangen
können.

Das V. Capitel: Von der zuegehör der Deutschen Poesie/vnd erstlich von der invention oder erfindung [Auffindung des Stoffs]/vnd Disposition oder abtheilung der dinge [Gliederung des Stoffs] von denen wir schreiben wollen.
Weil die Poesie/wie auch die Rednerkunst/in dinge vnd worte
abgetheilet wird; als wollen wir erstlich von erfindung vnd ein-
theilung der dinge/nachmals von der zuebereitung vnd ziehr
der worte/vnnd endtlich vom maße der sylben/Verse/reimen/
vnnd vnterschiedener art der carminum vnd getichte reden.
Die erfindung der dinge ist nichts anders als eine sinnreiche
faßung aller sachen die wir vns einbilden können/der Him-
lischen vnd jrrdischen/die Leben haben vnd nicht haben/
welche ein Poete jhm zue beschreiben vnd herfür zue bringen
vornimpt: darvon in seiner Idea Scaliger außfürlich berichtet.
An dieser erfindung henget stracks die abtheilung/welche be-
stehet in einer füglichen vnd artigen ordnung der erfundenen
sachen. Hier mußen wir vns besinnen/in was für einem ge-
nere carminis [Dichtungsgattung] vnd art der getichte (weil
ein jegliches seine besondere zuegehör hat) wir zue schreiben
willens sein.
Ein Heroisch getichte (das gemeiniglich weitleufftig ist/vnd
von hohem wesen redet) soll man stracks von seinem innhalte
vnd der Proposition anheben; wie Virgilius in den büchern
vom Ackerbawe thut […].

Vnd ich (wiewol ich mich schäme/das ich in mangel anderer deutschen exempel mich meiner eigenen gebrauchen soll/ weil mir meine wenigkeit vnd vnvermögen wol bewust ist) in dem ersten buche der noch vnaußgemachten [ungedruckten] Trostgetichte in Wiederwertigkeit des Krieges:

Des schweren Krieges last den Deutschland jetzt empfindet/
Vnd das Gott nicht vmbsonst so hefftig angezündet
Den eifer seiner macht/auch wo in solcher pein
Trost her zue holen ist/soll mein getichte sein.

[…]

Das getichte vnd die erzehlung selber belangend/nimpt sie es nicht so genawe wie die Historien/die sich an die zeit vnd alle vmbstende nothwendig binden mußen/vnnd wiederholet auch nicht/wie Horatius erwehnet/den Troianischen krieg von der Helenen vnd jhrer brüder geburt an: lest viel außen was sich nicht hin schicken wil/vnd setzet viel das zwar hingehöret/aber newe vnd vnverhoffet ist/vntermenget allerley fabeln/ historien/Kriegeskünste/schlachten/rathschläge/sturm/wetter/vnd was sonsten zue erweckung der verwunderung in den gemütern von nöthen ist; alles mit solcher ordnung/als wann sich eines auff das andere selber allso gebe/vnnd vngesucht in das buch keme. Gleichwol aber soll man sich in dieser freyheit zue tichten vorsehen/das man nicht der zeiten [historischen Realität] vergeße/vnd in jhrer warheit irre. […]

Die Tragedie ist an der maiestet dem Heroischen getichte gemeße/ohne [abgesehen davon] das sie selten leidet [verträgt]/ das man geringen standes personen vnd schlechte sachen einführe: weil sie nur von Königlichem willen/Todtschlägen/ verzweiffelungen/Kinder- vnd Vätermörden/brande/blutschanden/kriege vnd auffruhr/klagen/heulen/seufftzen vnd dergleichen handelt. Von derer zugehör schreibet vornemlich Aristoteles/vnd etwas weitleufftiger Daniel Heinsius; die man lesen kan.

Die Comedie bestehet in schlechtem wesen vnnd personen: redet von hochzeiten/gastgeboten/spielen/betrug vnd schalckheit der knechte/ruhmrätigen Landtsknechten/buhlersachen/ leichtfertigkeit der jugend/geitze des alters/kupplerey vnd solchen sachen/die täglich vnter gemeinen Leuten vorlauffen.

Haben derowegen die/welche heutiges tages Comedien geschrieben/weit geirret/die Keyser vnd Potentaten eingeführet; weil solches den regeln der Comedien schnurstracks zuewieder laufft.

[…]

Die Eclogen oder Hirtenlieder reden von schaffen/geißen/seewerck [Säen]/erndten/erdgewächsen/fischereyen vnnd anderem feldwesen; vnd pflegen alles worvon sie reden/als von Liebe/heyrathen/absterben/buhlschafften/festtagen vnnd sonsten auff jhre bäwrische vnd einfältige art vor zue bringen. In den Elegien hatt man erstlich nur trawrige sachen/nachmals auch buhlergeschäffte/klagen der verliebten/wünschung des todes/brieffe/verlangen nach den abwesenden/erzehlung seines eigenen Lebens vnnd dergleichen geschrieben; wie dann die meister derselben/Ouidius/Propertius/Tibullus/Sannazar/Secundus/Lotichius vnd andere außweisen.

[…]

Hymni oder Lobgesänge waren vorzeiten/die sie jhren Göttern vor dem altare zue singen pflagen/vnd wir vnserem GOtt singen sollen. Dergleichen ist der lobgesang den Heinsius vnserem erlöser/vnd der den ich auff die Christnacht geschrieben habe. Wiewol sie auch zuezeiten was anders loben; wie bey dem Ronsard ist der Hymnus der Gerechtigkeit/Der Geister/des Himmels/der Sternen/der Philosophie/der vier Jahreszeiten/des Goldes/etc.

[…]

Die Lyrica oder getichte die man zur Music sonderlich gebrauchen kan/erfodern zueföderst ein freyes lustiges gemüte/vnd wollen mit schönen sprüchen vnnd lehren häuffig geziehret sein: wieder der andern Carminum [sonstigen Poesie] gebrauch/da man sonderliche masse [Versmaße] wegen der sententze [Sätze] halten muß; damit nicht der gantze Cörper vnserer rede nur lauter augen zue haben scheine/weil er auch der andern glieder nicht entberen kan. Ihren inhalt betreffendt/saget Horatius […]/das sie alles was in ein kurtz getichte kan gebracht werden beschreiben können; buhlerey/täntze/banckete/schöne Menscher/Gärte/Weinberge/lob der mässigkeit/nichtigkeit des todes/etc. Sonderlich aber vermahnung zue der fröligkeit: welchen inhalts ich meiner Oden eine/zue beschliessung dieses Capitels/setzen wil: [Es folgt: ‚Ich empfinde fast ein Grauen']

Das VI. Capitel: Von der zuebereitung vnd zierh der worte.
Nach dem wir von den dingen gehandelt haben/folgen jetzund die worte; wie es der natur auch gemeße ist. Denn es muß ein Mensch jhm erstlich etwas in seinem gemüte fassen/hernach das was er gefast hat außreden. Die worte bestehen in dreyerley; inn der elegantz oder zierhligkeit/in der composition oder zusammensetzung/vnd in der dignitet vnd ansehen.

Die zierhligkeit erfodert das die worte reine vnd deutlich sein. Damit wir aber reine reden mögen/sollen wir vns befleissen deme welches wir Hochdeutsch nennen besten vermögens nach zue kommen/vnd nicht derer örter sprache/wo falsch geredet wird/in vnsere schrifften vermischen: als da sind/*es geschach*/für/*es geschahe*/*er sach*/für/*er sahe*; *sie han*/für *sie haben* vnd anderes mehr: welches dem reime auch bißweilen außhelffen sol; als:

Der darff nicht sorgen für den spot/
Der einen schaden krieget hot.

So stehet es auch zum hefftigsten vnsauber/wenn allerley Lateinische/Frantzösische/Spanische vnnd Welsche wörter in den text vnserer rede geflickt werden [...].
[...]
Wie nun wegen reinligkeit der reden frembde wörter vnnd dergleichen mußen vermieden werden; so muß man auch der deutligkeit halben sich für alle dem hüten/was vnsere worte tunckel vnd vnverstendtlich macht. Als wann ich sagen wollte: *Das weib das thier ergrieff*. Hier were zue zweiffeln/ob das weib vom thiere/oder das thier vom weibe were ergrieffen worden: welches die Griechen eine ἀμφιβολίαν [Amphibolie] nennen.
[...]
Auff die außlesung [Wahl] der worte/sagen wir nun billich auch von jhrer zuesammensetzung; wie wir nemlich die buchstaben/syllaben vnd wörter aneinander fügen sollen.

Weil ein buchstabe einen andern klang von sich giebet als der andere/soll man sehen/das man diese zum offtern gebrau-

che/die sich zue der sache welche wir für vns haben am besten schicken. Als wie Virgilius von dem berge Etna redet/brauchet er alles harte vnd gleichsam knallende buchstaben [...].
[...]
Das ansehen vnd die dignitet der Poetischen rede anlangt/bestehet dieselbe in den tropis [Tropen] vnnd schematibus [Figuren], wenn wir nemblich ein wort von seiner eigentlichen bedeutung auff eine andere ziehen. Dieser figuren abtheilung/ eigenschafft vnd zuegehör allhier zue beschreiben/achte ich darumb vnvonnöthen/weil wir im deutschen hiervon mehr nicht als was die Lateiner zue mercken haben/vnd also genungsamen vnterricht hiervon neben den exempeln aus Scaligers vnnd anderer gelehrten leute büchern nemen können. [...]
Dieses sey nun von der allgemeinen zuegehör der Poetischen rede: weil aber die dinge von denen wir schreiben vnterschieden sind/als gehöret sich auch zue einem jeglichen ein eigener vnnd von den andern vnterschiedener Character oder merckzeichen der worte. Denn wie ein anderer habit einem könige/ ein anderer einer priuatperson gebühret/vnd ein Kriegesman so/ein Bawer anders/ein Kauffmann wieder anders hergehen soll: so muß man auch nicht von allen dingen auff einerley weise reden; sondern zue niedrigen sachen schlechte/zue hohen ansehliche, zue mittelmässigen auch mässige vnd weder zue grosse noch zue gemeine worte brauchen.
In den niedrigen Poetischen sachen werden schlechte vnnd gemeine leute eingeführet; wie in Comedien vnd Hirtengesprechen. Darumb tichtet man jhnen auch einfaltige vnnd schlechte reden an/die jhnen gemässe sein [...].
[...]
Hergegen in wichtigen sachen/da von Göttern/Helden/Königen/Fürsten/Städten vnd dergleichen gehandelt wird/muß man ansehliche/volle vnd hefftige reden vorbringen/vnd ein ding nicht nur bloß nennen/sondern mit prächtigen hohen worten vmbschreiben. Virgilius sagt nicht: *die* [am nächsten Tag] oder *luce sequenti* [bei Anbruch des nächsten Tags]; sondern:
vbi primos crastinus ortus
Extulerit Titan, radiisque retexerit orbem.
Wann Titan morgen wird sein helles liecht auffstecken/

Vnd durch der stralen glantz die grosse welt entdecken.

Die mittlere oder gleiche art zue reden ist/welche zwar mit jhrer ziehr vber die niedrige steiget/vnd dennoch zue der hohen an pracht vnd grossen worten noch nicht gelanget. In dieser gestalt hat Catullus seine Argonautica geschrieben; welche wegen jhrer vnvergleichlichen schönheit allen der Poesie liebhabern bekandt sein/oder ja sein sollen. Bießhieher auch dieses: nun ist noch vbrig das wir von den reimen vnd vnterschiedenen art der getichte reden.

Das VII. Capitel: Von den reimen/jhren wörtern vnd arten der getichte.

Ein reim ist eine vber einstimmung des lautes der syllaben vnd wörter zue ende zweyer oder mehrer verse/welche wir nach der art die wir vns fürgeschrieben haben zuesammen setzen. Damit aber die syllben vnd worte in die reimen recht gebracht werden/sind nachfolgende lehren in acht zue nemen.

Erstlich/weil offte ein Buchstabe eines doppelten lautes ist/soll man sehen/das er in schliessung der reimen nicht vermenget werde. Zum exempel: Das *e* in dem worte *ehren* wird wie ein griechisch ε/in dem worte *nehren* wie ein η außgesprochen: kan ich also mit diesen zweyen keinen reim schliessen […].

[…]

Gleichfals begehet man einen fehler/wann in dem rythmo fœminino die letzte sylbe des einen verses ein *t*/des andern ein *d* hat; weil *t* harte vnd *d* gelinde außgesprochen wird. Als im 23. Psalme:

Auff einer grünen Awen er mich weidet/
Zum schönen frischen wasser er mich leitet.

So auch/wann das eine *u* ein selblautender/das andere ein doppeltlautender Buchstabe ist/vnd fast wie ein *i* außgesprochen wird. Als im 42. Psalme:

Bey jhm wird heil gefunden/
Israel er von sünden.

Dann in dem worte *sünden* ist das *u* ein diphthongus [Umlaut].

Vnd letzlich wird der reim auch falsch/wann in dem einen verse das letzte wort einen doppelten consonanten; vnnd das in dem andern einen einfachen hat; als: wann der eine verß

sich auff das wort *harren*; der andere auff das wort *verwahren*/
oder der eine auff *rasen*/der andere auff *gleicher massen* endete. Denn es eine andere gelegenheit mit der Frantzösischen
sprache hatt/da zwar zweene consonantes geschrieben/aber
gemeiniglich nur einer außgesprochen wird.

Das wir nun weiter fortfahren/so ist erstlich ein jeglicher verß/
wie sie die Frantzosen auch abtheilen/(denn der Italiener zarte
reimen alleine auf die weibliche endung außgehen) entweder
ein fœmininus, welcher zue ende abschiessig ist/vnd den accent in der letzten sylben ohne eine hat [in der letzten Silbe
unbetont ist]/Als:

Er hat rund vmb sich her das wasser außgespreitet/
Den köstlichen pallast des Himmels zue bereitet;

Oder masculinus, das ist/männlicher verß/da der thon auff
der letzten sylben in die höhe steiget; als:

Den donner/reiff vnd schnee/der wolcken blawes zelt/
Ost/Norden/Sud vnd West in seinen dienst bestelt.

Nachmals ist auch ein jeder verß entweder ein iambicus oder
trochaicus; nicht zwar das wir auff art der griechen vnnd lateiner eine gewisse grösse der sylben können inn acht nemen;
sondern das wir aus den accenten vnnd dem thone erkennen/
welche sylbe hoch vnnd welche niedrig gesetzt soll werden. Ein
Jambus ist dieser:

Erhalt vns Herr bey deinem wort.

Der folgende ein Trochéus:

Mitten wir im leben sind.

Dann in dem ersten verse die erste sylbe niedrig/die andere
hoch/die dritte niedrig/die vierde hoch/vnd so fortan/in dem
anderen verse die erste sylbe hoch/die andere niedrig/die
dritte hoch/etc. außgesprochen werden. Wiewol nun meines
wissens noch niemand/ich auch vor der zeit selber nicht/dieses genawe in acht genommen/scheinet es doch so hoch von
nöthen zue sein/als hoch von nöthen ist/das die Lateiner nach
den quantitatibus oder grössen der sylben jhre verse richten
vnd reguliren.

[…]

Ein jeglich Sonnet aber hat viertzehen verse/vnd gehen der
erste/vierdte/fünffte vnd achte auff eine endung des reimens
auß; der andere/dritte/sechste vnd siebende auch auff eine. Es

gilt aber gleiche/ob die ersten vier genandten weibliche termination haben/vnd die andern viere männliche: oder hergegen. Die letzten sechs verse aber mögen sich zwar schrencken wie sie wollen; doch ist am bräuchlichsten/das der neunde vnd zehende einen reim machen/der eilffte vnd viertzehende auch einen/vnd der zwölffte vnd dreyzehende wieder einen.
[…]

Das VIII. Capitel. Beschluß dieses buches.

So viel ist es/was ich von vnserer Poesie auffsetzen wollen. Wiewol ich keinen zweiffel trage/es sey noch allerseits eines vnd das andere zue erinnern/welches nicht weniger notwendig seyn mag/als etwas von denen sachen/derer ich erwehne. Es kan auch wol sein/das mir in dem eilen (denn ich vor fünff tagen/wie meine freunde wissen/die feder erst angesetzt habe) diß vnd jenes mag einkommen sein/das entweder gar außengelassen/oder ja im minsten verbeßert sollte werden. Ich hoffe aber/es wird mir der guethertzige Leser/in betrachtung der kurtzen zeit so ich hierbey verschloßen/etwas vbersehen/vnd bedencken/Rom sey nicht auff einen tag gebawet worden. Was noch vbrig ist/wil ich entweder inkünfftig selbst gründtlicher verführen/oder denen lassen/die mir an liebe gegen vnsere sprache gleiche/vnd an geschicklichkeit vberlegen sein. Von denselben zue lernen bin ich so begierig/als ich willig gewesen bin/andere/die auch dieses nicht gewust haben/zue vnterrichten. Welche meine geringschätzige arbeit bey statlichen auffgeweckten gemütern/wo nicht mehr/doch so viel verfangen wird/das sie gleichsam als durch einen sporen hiermit auffgemuntert/vnserer Muttersprache die hand bietten/vnd jhrer Poesie den glantz/welchen sie lengest hette kriegen sollen/geben werden. Welches aber alsdenn vollkömlich geschehen kan/wenn zue dem was hiebevor in diesem buche erzehlet ist worden/die vornemlich jhren fleiß werden anlegen/welche von natur selber hierzue geartet sein […].

[…]

Wo diese natürliche regung ist/welche Plato einen Göttlichen furor nennet/zum vnterscheide des aberwitzes [Wahnsinns] oder blödigkeit [unpassenden Verhaltens]/dürffen weder erfindung noch worte gesucht werden; vnnd wie alles mit lust vnd anmutigkeit geschrieben wird/so wird es auch nachmals von jederman mit dergleichen lust vnd anmutigkeit gelesen. An den andern wollen wir zwar den willen vnd die bemühung loben/der nachkommenen gunst aber können wir jhnen nicht verheißen.

Wiewol wir die vbung vnd den fleiß nicht verwerffen: dann im fall dieselbigen mit der natur vereiniget werden/muß etwas folgen das böse mäuler leichtlicher tadeln können als nachmachen.

Eine guete art der vbung aber ist/das wir vns zueweilen auß den Griechischen vnd Lateinischen Poeten etwas zue vbersetzen vornemen: dadurch denn die eigenschafft vnd glantz der wörter/die menge der figuren/vnd das vermögen auch dergleichen zue erfinden zue wege gebracht wird. Auff diese weise sind die Römer mit den Griechen/vnd die newen scribenten mit den alten verfahren: so das sich Virgilius selber nicht geschämet/gantze plätze auß andern zue entlehnen; wie sonderlich Macrobius im fünfften vnd sechsten buche beweiset. Wir sollen vns auch an vnserem eigenen fleiße nicht genügen laßen; sondern/weil viel augen mehr sehen als eines/vber die sachen welche wir an das liecht zue bringen vermeinen/berühmbter männer vrtheil ergehen laßen.

[...]

Plinius der Jüngere/welcher vber alle seine sachen gelehrter freunde guet achten erfodert/saget in der 17. Epistel des 7. Buches/das jhn diese gewonheit gar nicht rewc. Denn er bedächte/welch ein grosses es sey/durch der leute hände gehen/ vnd könne jhm nicht einbilden/das man dasselbe nicht solle mit vielen vnd zum offtern vbersehen/was man begehret/das es allen vnd immer gefallen solle. Welches denn der grösseste lohn ist/den die Poeten zue gewarten haben; daß sie nemlich inn königlichen vnnd fürstlichen Zimmern platz finden/von grossen vnd verständigen Männern getragen/von schönen leuten (denn sie auch das Frawenzimmer zue lesen vnd offte in goldt zue binden pfleget) geliebet/in die bibliothecken einverleibet/offentlich verkauffet vnd von jederman gerhümet werden. Hierzue kömpt die hoffnung vieler künfftigen zeiten/in welchen sie fort für fort grünen/vnd ein ewiges gedächtniß in den hertzen der nachkommenen verlassen. [...]

Nebenst dieser hoheit des gueten namens/ist auch die vnvergleichliche ergetzung/welche wir bey vns selbst empfinden/ wenn wir der Poeterey halben so viel bücher vnnd schrifften durchsuchen: wenn wir die meinungen der weisen erkündigen/ vnser gemüte wieder die zuefälle dieses lebens außhärten/vnd alle künste vnnd wissenschafften durchwandern? So war ich dieses für meine grösseste frewde vnd lust auff der Welt halte/ so war wündsche ich/das die die in ansehung jhres reichthumbs vnnd vermeineter vberflüssigkeit aller notdurfft jhren stand weit vber den vnserigen erheben/die genüge vnd rhue/ welche wir schöpffen auß dem geheimen gespreche vnd gemeinschafft der grossen hohen Seelen/die von so viel hundert ja tausendt Jharen her mit vns reden/empfinden solten; ich weiß/sie würden bekennen/das es weit besser sey/viel wissen vnd wenig besitzen/als alles besitzen vnd nichts wissen. [...]

Material 2
Johann George Sulzer: Allgemeine Theorie der Schönen Künste in einzeln, nach alphabetischer Ordnung der Kunstwörter auf einander folgenden, Artikeln abgehandelt, Dritter Theil, Weidmannsche Buchhandlung, Leipzig: Neue vermehrte zweyte Auflage, 1793. Reprographischer Nachdruck, Hildesheim: 1967, S. 299–305, (gekürzt).

Sulzers Lexikon erschien in zwei Bänden 1771 und 1774 und war zu seiner Zeit ein viel benutztes Nachschlagewerk. Es enthält mehrere Artikel, die das Lyrische und die Lyrik stärker spezifizieren als Opitz. Im Artikel zum Stichwort „Lyrisch" zeichnet sich eine Verengung des Begriffsinhalts ab. Während Opitz noch primär von der Sangbarkeit und den Inhalten des lyrischen Gedichts ausgeht, legt Sulzer einen zusätzlichen Schwerpunkt auf die Stimmung des Dichters beim Verfassen des Gedichts. Gegen Ende zeichnet sich ab, dass die Lyrik sich zu einer literarischen Hauptgattung entwickelt, womit die Grundlage für jene Gattungstheorie gelegt ist, die von den nachfolgenden Artikeln Goethes ausformuliert wird. Der Artikel „Lyrische Versarten" weist auf die formale Revolution hin, die Mitte des 18. Jahrhunderts durch die Einführung reimloser und metrisch komplexer Versarten antiker Herkunft in die deutsche Literatur bewirkt wurde.

Lyrisch. (Dichtkunst.) Die lyrischen Gedichte haben diese Benennung von der Lyra, oder Leyer, unter deren begleitendem Klang sie bey den ältesten Griechen abgesungen wurden; wiewol doch auch zu einigen Arten die Flöte gebraucht worden. Der allgemeine Charakter dieser Gattung wird also daher zu bestimmen seyn, daß jedes lyrische Gedicht zum Singen bestimmt ist. Es kann wol seyn, daß in den ältesten Zeiten auch die Epopöe von Musik begleitet worden, so wie wir es auch mit Gewißheit von der Tragödie behaupten können. Dessen ungeachtet ist der Charakter des eigentlichen Gesanges vorzüglich auf die lyrische Gattung anzuwenden, da die epischen und tragischen Gedichte mehr in dem Charakter des Recitatives [Sprechgesanges], als des Gesanges gearbeitet sind.

Um also diesen allgemeinen Charakter des Lyrischen zu entdeken, dürfen wir nur auf den Ursprung und die Natur des Gesanges zurük sehen. Er entsteht allemal aus der Fülle der Empfindung, und erfodert eine abwechselnde rhythmische Bewegung, die der Natur der besondern Empfindung, die ihn veranlasset, angemessen sey. Niemand erzählt, oder lehret singend, wo nicht etwa die Aeusserung einer Leidenschaft zufälliger Weise in diese Gattung fällt. Lyrische Gedichte werden deswegen allemal von einer leidenschaftlichen Laune hervorgebracht; wenigstens ist sie darin herrschend; der Verstand oder die Vorstellungskraft aber sind da nur zufällig.

Also ist der Inhalt des lyrischen Gedichts immer die Aeußerung einer Empfindung, oder die Uebung einer fröhlichen, oder zärtlichen, oder andächtigen, oder verdrießlichen Laune, an einem ihr angemessenen Gegenstand. Aber diese Empfindung oder Laune äußert sich da nicht beyläufig, nicht kalt, wie bey verschiedenen andern Gelegenheiten; sondern gefällt sich selbst, und setzet in ihrer vollen Aeußerung ihren Zwek. Denn eben deswegen bricht sie in Gesang aus, damit sie sich selbst desto lebhafter und voller genießen möge. So singet der Fröhliche, um sein Vergnügen durch diesen Genuß zu verstärken; und der Traurige klagt im Gesang, weil er an dieser Traurigkeit Gefallen hat. Bey andern Gelegenheiten können dieselben Empfindungen sich in andern Absichten äußern, die mit dem Gesang keine Verbindung haben. So läßt der Dichter in der Satyre und im Spottgedicht seine verdrießliche oder lachende

Laune aus, nicht um sich selbst dadurch zu unterhalten, sondern andre damit zu strafen. Das lyrische Gedicht hat, selbst da, wo es die Rede an einen andern wendet, gar viel von der Natur des empfindungsvollen Selbstgespräches. Darum ist die Folge der lyrischen Vorstellungen nicht überlegt, nicht methodisch; sie hat vielmehr etwas seltsames, auch wol eigensinniges; die Laune greift, ohne prüfende Wahl, auf das, was sie nährt, wo sie es findet. Wo andre Dichter aus Ueberlegung sprechen, da spricht der lyrische blos aus Empfindung. [...] In der That lernt man das menschliche Gemüth in seinen verborgensten Winkeln daraus [aus lyrischen Gedichten] kennen. Dieses ist das Wesentliche von dem innern Charakter dieser Gattung. Doch können wir auch noch zum innerlichen Charakter die Eigenschaft hinzufügen, daß der lyrische Ton durchaus empfindungsvoll sey, und jede Vorstellung entweder durch diesen Ton, oder durch eine andre ästhetische Kraft müsse erhöhet werden, damit durch das ganze Gedicht die Empfindung nirgend erlösche. Nichts ist langweiliger, als eine Ode, darin eine Menge zwar guter, aber in einem gemeinen Ton vorgetragener Gedanken vorkommt. Daß der besonders leidenschaftliche Ton bey dem lyrischen Gedicht eine wesentliche Eigenschaft ausmache, sieht man am deutlichsten daraus, daß die schönste Ode in einer wörtlichen Uebersetzung wo dieser Ton fehlet, alle ihre Kraft völlig verliert.

Hieraus ist auch die äußerliche Form des lyrischen Gedichtes entstanden. Da lebhafte Empfindungen immer vorübergehend sind, und folglich nicht sehr lange dauern, so sind die lyrischen Gedichte nie von beträchtlicher Länge. Doch schiket sich auch die völlige Kürze des Sinngedichtes nicht dafür; weil der Mensch natürlicher Weise bey der Empfindung, die ihm selbst gefällt, sich verweilet, um entweder ihren Gegenstand von mehrern Seiten, oder in einer gewissen Ausführlichkeit zu betrachten; oder weil das ins Feuer gesetzte Gemüth sich allemal mit seiner Empfindung selbst eine Zeitlang beschäfftiget, ehe es sich wieder in Ruhe setzet.

Natürlicher Weise sollte das lyrische Gedicht wolklingender und zum Gesang mehr einladend seyn, als jede andre Art, auch periodisch immer wiederkommende Abschnitte, oder Strophen haben, die weder allzulang, und für das Ohr unfaßlich, noch allzukurz, und durch das zu schnelle Wiederkommen langweilig werden. So sind auch in der That die meisten lyrischen Gedichte der Alten. Aber der eigentliche Hymnus der Griechen, der in Hexametern ohne Strophen ist, geht davon ab. Auch ist in der That die Empfindung darin von der ruhigern, mit stiller Bewundrung verbundenen Art, für welche der Hexameter nicht unschiklich ist.

[...] Hier merken wir nur überhaupt an, daß die lyrische Dichtkunst die Gedanken, Gesinnungen und Empfindungen, welche wir in andern Dichtungsarten, in ihren Würkungen, und meistentheils nur überhaupt, und wie von weitem sehen, in der Nähe, in ihren geheimesten Wendungen, auf das lebhafteste schildere, und daß wir sie dadurch auf das deutlichste in uns selbst empfinden, so daß jede gute und heilsame Regung auf eine dauerhafte Weise dadurch erwekt werden kann.

Die Griechen hatten ungemein vielerley Arten des lyrischen Gedichtes, deren jeder, sowol in Ansehung des Inhalts, als der Form, ein genau ausgezeichneter Charakter vorgeschrieben war. Doch können sie in vier Hauptarten eingetheilt werden: den Hymnus, die Ode, das Lied, und die Idylle; wenn man nicht noch die Elegie dazu rechnen will, deren Inhalt in der That lyrisch ist. [...]

Lyrische Versarten. Vor noch nicht langer Zeit hatten die deutschen lyrischen Dichter sehr eingeschränkte Begriffe von den lyrischen Versarten in ihrer Sprache. Fast alles war durch das ganze Gedicht entweder in Jamben, oder Trochäen gesetzt; und die größte Mannichfaltigkeit suchte man darin, daß der jambische, oder trochäische Vers bald länger, bald kürzer gemacht wurd. Um das Jahr 1742 fiengen Pyra und Lange an, einige alte lateinische, oder vielmehr griechische Versarten in der deutschen Sprache zu versuchen: die Sache fand bald Beyfall, und nach ihnen hat das feine Ohr unsers Ramlers die ersten Versuche zu größerer Vollkommenheit gebracht. Klopstok und einige seiner Freunde sind nicht nur nachgefolget, sondern der Sänger des Messias, der zuerst dem deutschen Ohr den wahren Hexameter hat hören lassen, hat auch einen großen Reichthum fürtrefflicher lyrischer Versarten, theils von den Griechen für unsre Sprach entlehnet, theils neu ausgedacht. Wer

sie will kennen lernen, hat nur die Sammlung seiner Oden in
die Hand zu nehmen, wo die Versarten allezeit zu Anfang je-
der Ode durch die gewöhnlichen Zeichen ausgedrükt sind. Wir
120 lassen es dahin gestellt seyn, ob nun würklich, wie der kühne
Dichter irgendwo zu versichern scheinet, unsre lyrische Verse
vor den griechischen selbst einen Vorzug haben. Es ist bereits
angemerkt worden, daß zum eigentlichen Liede unsre alten ly-
rischen Verse sich besser schiken, als die, aus mehreren Arten
125 der Füße zusammengesetzten. Doch hievon wird an einem an-
dern Orte umständlicher gesprochen werden.

Material 3
Johann Wolfgang Goethe: „Dichtarten" und „Naturformen
der Dichtung". Aus: Noten und Abhandlungen zu
besserem Verständnis des West-Östlichen Divans. In:
Johann Wolfgang Goethe: Werke, Hamburger Ausgabe in
14 Bänden, Bd. 2, Gedichte und Epen II, Erich Trunz (Hg.):
München: Verlag C. H. Beck 1982, S. 187–189. [13. Aufl.].

Als Goethe Leseproben aus seinem einzigen lyrischen Zyklus, dem West-Östlichen Divan, *Freunden und Bekannten vorlegte, überzeugten ihn deren Reaktionen von der Notwendigkeit, den Gedichten im Druck erklärende ‚Noten und Abhandlungen' folgen zu lassen. Sie gelten als sein umfangreichster zusammenhängender Text über Literatur. In mehr als 60 kurzen Artikeln werden Kultur, Gesellschaft und Poesie des Orients, aber auch allgemeine literaturtheoretische Fragen erörtert. Das Kapitel über die Naturformen der Dichtung enthält in knappster Form eine neue Gattungstheorie, die an die Stelle der alten, bei Opitz noch selbstverständlichen Vielzahl der Gattungen eine Gattungstrias setzt, die unsere Literaturwahrnehmung bis heute prägt.*

Dichtarten
Allegorie, Ballade, Cantate, Drama, Elegie, Epigramm, Epistel,
Epopöe, Erzählung, Fabel, Heroide, Idylle, Lehrgedicht, Ode,
Parodie, Roman, Romanze, Satire.
5 Wenn man vorgemeldete Dichtarten, die wir alphabetisch zu-
sammengestellt, und noch mehrere dergleichen methodisch
zu ordnen versuchen wollte, so würde man auf große, nicht

leicht zu beseitigende Schwierigkeiten stoßen. Betrachtet man obige Rubriken genauer, so findet man, daß sie bald nach äußeren Kennzeichen, bald nach dem Inhalt, wenige aber einer wesentlichen Form nach benamst sind. Man bemerkt schnell, daß einige sich nebeneinander stellen, andere sich andern unterordnen lassen. Zu Vergnügen und Genuß möchte jede wohl für sich bestehen und wirken, wenn man aber zu didaktischen oder historischen Zwecken einer rationelleren Anordnung bedürfte, so ist es wohl der Mühe wert, sich nach einer solchen umzusehen. Wir bringen daher folgendes der Prüfung dar.

Naturformen der Dichtung

Es gibt nur drei echte Naturformen der Poesie: die klar erzählende, die enthusiastisch aufgeregte und die persönlich handelnde: *Epos, Lyrik* und *Drama.* Diese drei Dichtweisen können zusammen oder abgesondert wirken. In dem kleinsten Gedicht findet man sie oft beisammen, und sie bringen eben durch diese Vereinigung im engsten Raume das herrlichste Gebild hervor, wie wir an den schätzenswertesten Balladen aller Völker deutlich gewahr werden. Im älteren griechischen Trauerspiel sehen wir sie gleichfalls alle drei verbunden, und erst in einer gewissen Zeitfolge sondern sie sich. Solange der Chor die Hauptperson spielt, zeigt sich Lyrik obenan; wie der Chor mehr Zuschauer wird, treten die andern hervor, und zuletzt, wo die Handlung sich persönlich und häuslich zusammenzieht, findet man den Chor unbequem und lästig. Im französischen Trauerspiel ist die Exposition episch, die Mitte dramatisch, und den fünften Akt, der leidenschaftlich und enthusiastisch ausläuft, kann man lyrisch nennen.

Das Homerische Heldengedicht ist rein episch; der Rhapsode waltet immer vor, was sich ereignet, erzählt er; niemand darf den Mund auftun, dem er nicht vorher das Wort verliehen, dessen Rede und Antwort er nicht angekündigt. Abgebrochene Wechselreden, die schönste Zierde des Dramas, sind nicht zulässig.

Höre man aber nun den modernen Improvisator auf öffentlichem Markte, der einen geschichtlichen Gegenstand behandelt; er wird, um deutlich zu sein, erst erzählen, dann, um Interesse zu erregen, als handelnde Person sprechen, zuletzt enthusi-

astisch auflodern und die Gemüter hinreißen. So wunderlich sind diese Elemente zu verschlingen, die Dichtarten bis ins Unendliche mannigfaltig; und deshalb auch so schwer eine Ordnung zu finden, wonach man sie neben- oder nacheinander
50 aufstellen könnte. Man wird sich aber einigermaßen dadurch helfen, daß man die drei Hauptelemente in einem Kreis gegen einander über stellt und sich Musterstücke sucht, wo jedes Element einzeln obwaltet. Alsdann sammle man Beispiele, die sich nach der einen oder nach der andern Seite hinneigen, bis
55 endlich die Vereinigung von allen dreien erscheint und somit der ganze Kreis in sich geschlossen ist.

Auf diesem Wege gelangt man zu schönen Ansichten sowohl der Dichtarten als des Charakters der Nationen und ihres Geschmacks in einer Zeitfolge. Und obgleich diese Verfahrungs-
60 art mehr zu eigener Belehrung, Unterhaltung und Maßregel als zum Unterricht anderer geeignet sein mag, so wäre doch vielleicht ein Schema aufzustellen, welches zugleich die äußeren zufälligen Formen und diese inneren notwendigen Uranfänge in faßlicher Ordnung darbrächte. Der Versuch jedoch
65 wird immer so schwierig sein als in der Naturkunde das Bestreben, den Bezug auszufinden der äußeren Kennzeichen von Mineralien und Pflanzen zu ihren inneren Bestandteilen, um eine naturgemäße Ordnung dem Geiste darzustellen.

Material 4

Arno Holz: Selbstanzeige, Phantasus, Berlin, Johannes Sassenbach. Aus: Evolution der Lyrik. In: Arno Holz: Werke, Bd. 5, Das Buch der Zeit, Dafnis, Kunsttheoretische Schriften, Wilhelm Emrich (Hg.), Anita Holz (Hg.), Neuwied am Rhein, Berlin-Spandau: Luchterhand 1962, S. 62–76. (Auszüge).

Mit der Selbstanzeige *bewarb Arno Holz seinen 1898 erschienenen Lyrikband* Phantasus, *aus dem zwei Gedichte in die vorliegende Sammlung aufgenommen wurden. Seinen Ausführungen liegt – sofern sie argumentativ verfahren – mit großer Selbstverständlichkeit die Goethesche Gattungstrias zugrunde. Die Lyrik des Frühnaturalismus (ab 1885), zu der Holz selbst beigetragen hat, wird von ihm aufgrund ihrer Konventionalität verworfen.*

Eine bloße Erneuerung der Sujets, d.h. der Einbezug der Großstadt als Thema in die Lyrik, könne nicht länger als hinreichend akzeptiert werden, es sei vielmehr eine formale Innovation notwendig geworden, deren Idee sich in den Gedichten des Phantasus *abzeichne. Diese neue Art des lyrischen Dichtens solle sich von allen überkommenen Formen befreien, um die Worte zu ihrer ‚eigentlichen' Geltung kommen lassen zu können.*

Als die jungen Dichter der achtziger Jahre mitten im tiefsten deutschen Literaturfrieden plötzlich über die aufgeschreckte Bourgeoisie herfielen und die Gelbveiglein aus ihren Versen reuteten, um dafür Kartoffeln zu pflanzen, glaubten sie damit die Lyrik, wie der Kunstausdruck lautete, „revolutioniert" zu haben. Ich schlug auch die Trommel, schwenkte abwechselnd auch die Fahne, rasselte mit meinem eingebildeten Zahnstocher ebenfalls und bin also über die Stimmung, die damals rumorte, einigermaßen informiert. Wir hatten Glück und stehen heute in den Konversationslexicis als Begründer der sogenannten „Großstadtlyrik". Dann kam das Jahr 1890, in dem das neue Drama geboren wurde – ich weiß, Spaßvögel behaupten, es sei schon längst wieder gestorben – und die Lyrik, die bis dahin das Interesse, wenigstens der Produzenten, fast ausschließlich behauptet hatte, geriet im Handumdrehen wieder in Geringschätzung. Die eben noch auf der Barrikade gestanden, die eben noch, eine neue Welt in ihrer Leier, von einem nahen Morgenrot geträumt, das den Speckigen, die nicht durch das Nadelöhr gingen, das Jüngste Gericht bedeuten sollte, den Mühsäligen und Beladenen aber die Auferstehung – die Göttin von gestern irrte wieder umher, geächtet wie Genoveva. Nur wenige Getreue, die ein vorsorgliches Geschick mit begüterten Vätern gesegnet, folgten ihr in die Einöde, wo der Mond sich in ihren Brillantringen spiegelte; und unter seltsamen Pappeln, die unter seltsamen Himmeln ein seltsames Rauschen vollführten, trieb nun ein seltsamer Kultus sein seltsames Wesen. Ich kondensiere nur; ich übertreibe nicht. Das Kleid dieser wohlhabenden Jünglinge war schwarz vom schweren Violett der Trauer, sehnend grün schillerten ihre Hände, und ihre Zeilen – Explosionen sublimer Kämpfe – waren Schlangen, die sich wie Orchideen wanden. Der graue Regen-

fall der Alltagsasche erstickte sie. Sie wollten das schreckliche Leben der Felsen begreifen und erfahren, welchen erhabenen Traum die Bäume verschweigen. Aus ihren Büchern der Preis-
und Hirtengedichte, der Sagen und Sänge, der hängenden Gärten und der heroischen Zierate, der donnernden Geiser und der unausgeschöpften Quellen dufteten Harmonieen in Weiß, vibrierten Variationen in Grau und Grün, schluchzten Symphonieen in Blau und Rosa. Noch nie waren so abenteuerlich
gestopfte Wortwürste in so kunstvolle Ornamentik gebunden. Half nichts. Ihr Dasein blieb ein submarines, und das deutsche Volk interessierte sich für Lyrik nur noch, insofern sie aus den Damen Friederike Kempner und Johanna Ambrosius träufelte. [...]
Ich weiß nicht, ob man mir sofort zustimmen wird. Aber der große Weg zur Natur zurück, den seit der Renaissance die Kunst nicht mehr gegangen, und den nach den allerdings noch nicht überall und völlig überwundenen Eklektizismen einer Jahrhunderte langen Epigonenzeit endlich breit wiedergefunden zu haben, einer der denkwürdigsten Glückszufälle unseres Zeitalters bleiben wird, den in der Literatur, eine Generation vor uns, zuerst der Roman betrat und dann, erst in unseren Tagen, endlich auch das Drama – dieser Weg ist von der Lyrik noch nicht beschritten worden. Weder in Deutschland, noch
anderswo. Wo bisher auch nur der Versuch dazu gemacht wurde, führte das technisch zu Monstrositäten wie bei Walt Whitman. Das Alte zerbrach, aber ein Neues wurde nicht an seine Stelle gesetzt. [...]

Daß wir Kuriosen der „Modernen Dichtercharaktere" damals
die Lyrik „revolutioniert" zu haben glaubten, war ein Irrtum; und vielleicht nur deshalb verzeihlich, weil er so ungeheuer naiv war. Da das Ziel einer Kunst stets das gleiche bleibt, nämlich die möglichst intensive Erfassung desjenigen Komplexes, der ihr durch die ihr eigentümlichen Mittel überhaupt offen
steht, messen ihre einzelnen Etappen sich naturgemäß lediglich nach ihren verschiedenen Methoden, um dieses Ziel zu erreichen. Man revolutioniert eine Kunst also nur, indem man ihre Mittel revolutioniert. Oder vielmehr, da ja auch diese Mittel stets die gleichen bleiben, indem man ganz bescheiden nur
deren Handhabung revolutioniert. [...]

Man kann in die Lyrik – wenigstens in die niedergeschriebene der Kulturvölker, die andere, über die genügende Dokumente noch nicht vorhanden sind, entzieht sich leider unserer Beurteilung – zurücktauchen, so tief man will: man wird, rein formal, so unzählige Abänderungen es durch alle Völker und Zeiten auch erfahren, stets auf das selbe letzte Grundprinzip stoßen. Daß man auf dieses nicht früher kommen konnte, als bis es sich perspektivisch von einem neuen bot, erklärt sich hinlänglich durch sich selbst. Trotzdem wird es stets etwas Heikeles bleiben, ein solches letztes Prinzip präzisieren zu wollen. Namentlich, wenn man es als erster tut. Der zweite hat es dann schon leichter. Aber ich möchte es nennen, das alte, das überlieferte: ein Streben nach einer gewissen Musik durch Worte als Selbstzweck. Oder noch besser: nach einem Rhythmus, der nicht nur durch das lebt, was durch ihn zum Ausdruck ringt, sondern den daneben auch noch seine Existenz rein als solche freut.

In diesem Streben, das ein durchaus äußerliches ist, weil es aus einem Quell für sich fließt und nicht unmittelbar aus dem Wesen dieser Kunst, mit dem es nichts zu tun hat, trifft sich, ich wiederhole, rein formal alle bisherige Lyrik. Aus ihm gebaren sich nach und nach alle ihre Formen. Keine dieser Formen ließ den Worten – den Mitteln dieser Kunst! – ihren natürlichen Wert, und eine nach der anderen wirtschaftete ab, sobald es sich ergab, daß die Welt, über die sie sich hatte stülpen wollen, für ihren umzirkelten Mechanismus denn doch ein wenig zu weit war. [...]

Die Revolution der Lyrik, von der so viele schon fabeln, daß sie längst eingetreten sei, wird nicht eher eintreten, als bis auch diese Kunst, gleich ihren voraufgegangenen Schwestern, sich von jenem Prinzip, das sie noch immer einengt und das ihre Schaffenden noch immer in Zungen reden läßt, die schon ihre Ururgroßväter gesprochen, endlich emanzipiert und ein neues, das sie von allen Fesseln, die sie noch trägt, erlöst, das sie von allen Krücken, auf denen sie noch humpelte, befreit, endlich an dessen Stelle setzt. Erst dann wird in die große neueuropäische Literaturbewegung, in der ihre beiden Schwesterkünste sich bereits befinden, endlich auch die Lyrik gemundet sein, und dann erst, nicht früher, werden ihre Anhänger davon träumen dürfen, ihrer heimlichen Kaiserin über ihre Rivalinnen hinweg, falls ihre Kraft sie so weit trägt, die Zukunft zu erobern! –

Welches dieses Prinzip sein wird?

Ich hatte das alte, das heute noch herrschende, zu definieren gesucht als „ein Streben nach einer gewissen Musik durch Worte als Selbstzweck". Oder noch besser: „nach einem gewissen Rhythmus, der nicht nur durch das lebt, was durch ihn zum Ausdruck ringt, sondern den daneben auch noch seine Existenz rein als solche freut". Aus dieser Definition, deren Fassung ich preisgebe, ergibt sich zwingend die neue: eine Lyrik, die auf jede Musik durch Worte als Selbstzweck verzichtet und die, rein formal, lediglich durch einen Rhythmus getragen wird, der nur noch durch das lebt, was durch ihn zum Ausdruck ringt.

[...]

Eine Lyrik, die auf jede Musik durch Worte als Selbstzweck verzichtet und die, rein formal, lediglich durch einen Rhythmus getragen wird, der nur noch durch das lebt, was durch ihn zum Ausdruck ringt. Eine solche Lyrik, die von jedem überlieferten Kunstmittel absieht, nicht, weil es überliefert ist, sondern, weil sämtliche Werte dieser Gruppe längst aufgehört haben, Entwicklungswerte zu sein, habe ich in meinem Buche versucht.

Wozu noch der Reim? Der erste, der – vor Jahrhunderten! – auf Sonne Wonne reimte, auf Herz Schmerz und auf Brust Lust, war ein Genie; der tausendste, vorausgesetzt, daß ihn diese Folge nicht bereits genierte, ein Kretin. Brauche ich den selben Reim, den vor mir schon ein anderer gebraucht hat, so streife ich in neun Fällen von zehn den selben Gedanken. Oder, um dies bescheidener auszudrücken, doch wenigstens einen ähnlichen. Und man soll mir die Reime nennen, die in unserer Sprache noch nicht gebraucht sind! Gerade die unentbehrlichsten sind es in einer Weise, daß die Bezeichnung „abgegriffen" auf sie wie auf die kostbarsten Seltenheiten klänge. Es gehört wirklich kaum „Übung" dazu: hört man heute ein erstes Reimwort, so weiß man in den weitaus meisten Fällen mit tödlicher Sicherheit auch bereits das zweite. [...] So arm ist unsere Sprache an gleichauslautenden Worten, so wenig liegt dies „Mittel" in ihr ursprünglich, daß man sicher nicht allzu sehr übertreibt, wenn man blind behauptet, fünfundsiebzig Prozent ihrer sämtlichen Vokabeln waren für diese Technik von vorneherein unverwendbar, existierten für sie gar nicht. Ist mir aber ein Ausdruck verwehrt, so ist es mir in der Kunst gleichzeitig mit ihm auch sein reales Äquivalent. Kann es uns also wundern, daß uns heute der gesamte Horizont unserer Lyrik um folgegerecht fünfundsiebzig Prozent enger erscheint als der unserer Wirklichkeit? Die alte Form nagelte die Welt an einer bestimmten Stelle mit Brettern zu, die neue reißt den Zaun nieder und zeigt, daß die Welt auch noch hinter diese Bretter reicht. [...]

Ähnlich die Strophe. Wie viele prachtvollste Wirkungen haben nicht ungezählte Poeten jahrhundertelang mit ihr erzielt! Wir alle, wenn wir Besseres nicht zu tun wissen und alte Erinnerungen locken, wiegen uns noch in ihr. Aber ebensowenig wie die Bedingungen stets die selben bleiben, unter denen Kunstwerke geschaffen werden, genau so ändern sich auch fortwährend die Bedingungen, unter denen Kunstwerke genossen werden. Unser Ohr hört heute feiner. Durch jede Strophe, auch durch die schönste, klingt, sobald sie wiederholt wird, ein geheimer Leierkasten. Und gerade dieser Leierkasten ist es, der endlich raus muß aus unserer Lyrik. Was im Anfang Hohes Lied war, ist dadurch, daß es immer wiederholt wurde, heute Bänkelsängerei geworden! [...]

Die zeitgenössische französische vers-libre-Bewegung – ich habe sie leider zu wenig kontrollieren können, aber ich vermute, daß ihre letzte Tendenz sich mit meiner deckt – scheint mir in Theorie und Praxis erst bis zu Goethe und Heine gelangt. Das heißt also, nur erst bis zu den sogenannten „freien", noch nicht aber schon zu den natürlichen Rhythmen! [...]

Ich habe mir mein Buch, ähnlich wie mein Drama „Sozialaristokraten", als das erste einer Reihe gedacht. [...] Die für den ersten Augenblick vielleicht etwas sonderbar anmutende Druckanordnung – unregelmäßig abgeteilte Zeilen und unsichtbare Mittelachse, die ich für diese Form bereits seit Jahren vorgesehn, inzwischen ist sie glücklich „modern" geworden – habe ich gewählt, um die jeweilig beabsichtigten Lautbilder möglichst auch schon typographisch anzudeuten. Denn wenn

irgend eine bisher, so ist es gerade diese Form, die, um ihre volle Wirkung zu üben, den lebendigen Vortrag verlangt. Und
190 so wenig allerdings eine solche „Typographie" auch schon genügen mag, uns steht leider ein anderes, besseres Mittel für solche Zwecke noch nicht zur Verfügung. Was ich auf diese Weise gegeben, ich weiß, sind also gewissermaßen nur Noten. Die Musik aus ihnen muß sich jeder, der solche Hieroglyphen
195 zu lesen versteht, allein machen. –
[…] Meint man, meine Verse seien gar keine, sondern nur „abgeteilte Prosa", so habe ich nichts dagegen. Es kommt mir auch hier wieder nicht auf den Namen an, sondern nur auf die Sache. […]
200 Aus einem kleinen, sauber gedruckten Büchlein, das auf seinem Umschlag, gezeichnet von Thomas Theodor Heine, hinter einer vorgehaltenen Löwenmaske einen beliebten Kletterkünstler aus dem Zoologischen Garten zeigt – wie es scheint, in Vertretung des Verfassers – erfahre ich eben, wo ich diese
205 Zeilen beendet habe, daß ich von allen Jüngeren „der gesundeste und mithin uninteressanteste" bin. Um meinen Mangel an Originalität zu verdecken, die nicht meine Sache wäre, hätte ich einst „vor lauter Geistlosigkeit den konsequenten Realismus erfunden". Ich benutze diese Gelegenheit, um hinzuzu-
210 fügen, daß ich mir bewußt bin, mit diesem meinem neuen Buche, oder doch wenigstens mit dem, was ich mit ihm beabsichtige, aus dem gleichen Beweggrunde diese „Erfindung" heute zum Abschluß zu bringen. Daß ich meinem Schicksal nicht entgehen, daß ich für diesen Wahnwitz hängen werde,
215 weiß ich. Aber ich fürchte den Galgen nicht. Ich kenne ihn. Er ist nur aus Zeitungspapier.

Material 5
Bertolt Brecht: „Der Lyriker braucht die Vernunft nicht zu fürchten" und „Über das Zerpflücken von Gedichten". In: Bertolt Brecht: Gesammelte Werke in 20 Bänden, Bd. 19, Schriften zur Literatur und Kunst 2, Elisabeth Hauptmann (Hg.), Frankfurt am Main: Suhrkamp Verlag 1982, S. 391–393, [Zuerst 1967].

Bertolt Brecht, einer der bedeutendsten deutschsprachigen Lyriker des 20. Jahrhunderts, hat sich auch in einer Reihe von Aufsätzen und Artikeln zu Fragen der Lyrik geäußert. Wie vor ihm Holz und später auch Benn interessiert sich Brecht nicht für Gattungstheorie, sondern geht von der allgemein akzeptierten literarischen Trias aus. Die beiden folgenden Texte, die zwischen 1935 und 1941 entstanden sind, befassen sich mit dem Verhältnis des lyrischen Gedichts zu Vernunft und Gefühl und mit der Qualität lyrischer Gedichte. Der erste Aufsatz fokussiert den lyrischen Autor, der zweite den Leser.

Der Lyriker braucht die Vernunft nicht zu fürchten
Einige Leute, deren Gedichte ich lese, kenne ich persönlich. Ich wundere mich oft, daß mancher von ihnen in seinen Gedichten weit weniger Vernunft zeigt als in seinen sonstigen Äußerungen. Hält er Gedichte für reine Gefühlssache? Glaubt er, daß es überhaupt reine Gefühlssachen gibt? Wenn er so etwas glaubt, sollte er doch wenigstens wissen, daß Gefühle ebenso falsch sein können wie Gedanken. Das müßte ihn vorsichtig machen.
Einige Lyriker, besonders Anfänger, scheinen, wenn sie sich in Stimmung fühlen, Furcht zu haben, aus dem Verstand Kommendes könne die Stimmung verscheuchen. Dazu ist zu sagen, daß diese Furcht unbedingt eine törichte Furcht ist.
Wie man aus den Werkstättenberichten großer Lyriker weiß, handelt es sich bei ihren Stimmungen keineswegs um so oberflächliche, labile, leicht verfliegende Stimmungen, daß umsichtiges, ja nüchternes Nachdenken stören könnte. Die gewisse Beschwingtheit und Erregtheit ist der Nüchternheit keineswegs direkt entgegengesetzt. Man muß sogar annehmen, daß die Unlust, gedankliche Kriterien heranzulassen, auf eine

tiefere Unfruchtbarkeit der betreffenden Stimmung hindeutet. Man sollte dann unterlassen, ein Gedicht zu schreiben.
Ist das lyrische Vorhaben ein glückliches, dann arbeiten Gefühl und Verstand völlig im Einklang. *Sie* rufen sich fröhlich zu: Entscheide du!

Über das Zerpflücken von Gedichten

Der Laie hat für gewöhnlich, sofern er ein Liebhaber von Gedichten ist, einen lebhaften Widerwillen gegen das, was man das Zerpflücken von Gedichten nennt, ein Heranführen kalter Logik, Herausreißen von Wörtern und Bildern aus diesen zarten blütenhaften Gebilden. Demgegenüber muß gesagt werden, daß nicht einmal Blumen verwelken, wenn man in sie hineinsticht. Gedichte sind, wenn sie überhaupt lebensfähig sind, ganz besonders lebensfähig und können die eingreifendsten Operationen überstehen. Ein schlechter Vers zerstört ein Gedicht noch keineswegs ganz und gar, so wie ein guter es noch nicht rettet. Das Herausspüren schlechter Verse ist die Kehrseite einer Fähigkeit, ohne die von wirklicher Genußfähigkeit an Gedichten überhaupt nicht gesprochen werden kann, nämlich der Fähigkeit, gute Verse herauszuspüren. Ein Gedicht verschlingt manchmal sehr wenig Arbeit und verträgt manchmal sehr viel. Der Laie vergißt, wenn er Gedichte für unnahbar hält, daß der Lyriker zwar mit ihm jene leichten Stimmungen, die er haben kann, teilen mag, daß aber ihre Formulierung in einem Gedicht ein Arbeitsvorgang ist und das Gedicht eben etwas *zum Verweilen gebrachtes* Flüchtiges ist, also etwas verhältnismäßig Massives, Materielles. Wer das Gedicht für unnahbar hält, kommt ihm wirklich nicht nahe. In der Anwendung von Kriterien liegt ein Hauptteil des Genusses. Zerpflücke eine Rose, und jedes Blatt ist schön.

Material 6
Gottfried Benn: Probleme der Lyrik. In: Gottfried Benn: Sämtliche Werke, Bd. VI, Prosa 4, 1951–1956, Holger Hof (Hg.), Stuttgart: Klett-Cotta 2001, S. 9–44, (Auszüge).

Gottfried Benn trug am 21. August 1951 vor Studierenden in der Marbacher Philipps-Universität seine Rede über die ‚Probleme der Lyrik' vor. Der Vortrag war nach Benns Bericht ein Desaster, die Rede hingegen gilt als eines der wichtigsten theoretischen Dokumente zur Lyrik der Moderne. Im Stil eines Essays umkreist sie in lockerer Verknüpfung die Bedingungen, Formen und Inhalte der modernen Poesie und charakterisiert deren Produzenten. Moderne Poesie versteht Benn als ‚Ausdruckskunst', womit er eine Lehnübersetzung des Ausdrucks „Expressionismus" vorschlägt, die zugleich die Fixierung auf die deutsche Literaturepoche im engeren Sinne aufhebt. Die Lyrik hat Benn zufolge die einzige Aufgabe, einen Zustand des lyrischen Ichs in Worte zu bannen, und ist damit letztlich weder ihren Lesern in Gänze verständlich noch an der Bewältigung irgendwelcher gesellschaftlichen Aufgaben beteiligt.

Probleme der Lyrik

[...] Das neue Gedicht, die Lyrik, ist ein Kunstprodukt. Damit verbindet sich die Vorstellung von Bewußtheit, kritischer Kontrolle, und, um gleich einen gefährlichen Ausdruck zu gebrauchen, auf den ich noch zurückkomme, die Vorstellung von „Artistik". Bei der Herstellung eines Gedichtes beobachtet man nicht nur das Gedicht, sondern auch sich selber. Die Herstellung des Gedichtes selbst ist ein Thema, nicht das einzige Thema, aber in gewisser Weise klingt es überall an. [...]
Wir stoßen hier auf eine einschneidende Eigentümlichkeit des modernen lyrischen Ich. Wir finden in der modernen Literatur Beispiele von Gleichrangigkeit in einem Autor von Lyrik und Essay. Fast scheinen sie sich zu bedingen. Außer Valéry nenne ich Eliot, Mallarmé, Baudelaire, Ezra Pound, auch Poe, und dann die Surrealisten. Sie waren und sind alle an dem Prozeß des Dichtens ebenso interessiert wie an dem Opus selbst. Einer von ihnen schreibt: „ich gestehe, ich bin viel mehr an der Gestaltung oder Verfertigung von Werken interessiert als an den

Werken selbst." Dies, ich bitte es zu beachten, ist ein moderner
Zug. Von Platen oder Mörike ist mir nicht bekannt, daß sie
diese Doppelsichtigkeit kannten oder pflegten, auch nicht von
Storm oder Dehmel, auch nicht von Swinburne oder Keats.
Die modernen Lyriker bieten uns geradezu eine Philosophie
der Komposition und eine Systematik des Schöpferischen.
Und auf eine weitere Eigentümlichkeit möchte ich auch gleich
verweisen, die sehr auffallend ist: keiner der großen Romanciers der letzten hundert Jahre war auch ein Lyriker, vom Autor
des Werther und der Wahlverwandtschaften sehe ich natürlich
ab. [...] Hier müssen also grundsätzliche typologische Unterschiede vorliegen. Und wir wollen gleich feststellen, welche
das sind. Wenn nämlich Romanciers Gedichte produzieren,
sind das hauptsächlich Balladen, Handlungsverläufe, Anekdotisches und dergleichen. Der Romancier braucht auch für
seine Gedichte Stoffe, Themen. Das Wort als solches genügt
ihm nicht. Er sucht Motive. Das Wort nimmt nicht wie beim
primären Lyriker die unmittelbare Bewegung seiner Existenz
auf, der Romancier beschreibt mit dem Wort. [...]
Ich gebrauchte vorhin zur Charakterisierung des modernen
Gedichts den Ausdruck Artistik und sagte, das sei ein umstrittener Begriff – in der Tat, er wird in Deutschland nicht gern gehört. Der durchschnittliche Ästhet verbindet mit ihm die Vorstellung von Oberflächlichkeit, Gaudium, leichter Muse, auch
von Spielerei und Fehlen jeder Transzendenz. In Wirklichkeit
ist es ein ungeheuer ernster Begriff und ein zentraler. Artistik
ist der Versuch der Kunst, innerhalb des allgemeinen Verfalls
der Inhalte sich selber als Inhalt zu erleben und aus diesem
Erlebnis einen neuen Stil zu bilden, es ist der Versuch gegen
den allgemeinen Nihilismus der Werte eine neue Transzendenz
zu setzen: die Transzendenz der schöpferischen Lust. So gesehen, umschließt dieser Begriff die ganze Problematik des Expressionismus, des Abstrakten, des Anti-Humanistischen, des
Atheistischen, des Anti-Geschichtlichen, des Zyklizismus, des
„hohlen Menschen" – mit einem Wort die ganze Problematik
der Ausdruckswelt.
In unser Bewußtsein eingedrungen war dieser Begriff durch
Nietzsche, der ihn aus Frankreich übernahm. Er sagte: die Delikatesse in allen fünf Kunstsinnen, die Finger für Nuancen, die

psychologische Morbidität, der Ernst der Mise en scène, dieser Pariser Ernst par excellence – und: die Kunst als die eigentliche Aufgabe des Lebens, die Kunst als dessen metaphysische Tätigkeit. Das alles nannte er Artistik.

[…]

[…] Heute beschränke ich mich auf das Gedicht, und ich kann es, denn im Gedicht spielen sich alle diese Seinskämpfe wie auf einem Schauplatz ab, hinter einem modernen Gedicht stehen die Probleme der Zeit, der Kunst, der inneren Grundlagen unserer Existenz weit gedrängter und radikaler als hinter einem Roman oder gar einem Bühnenstück. Ein Gedicht ist immer die Frage nach dem Ich, und alle Sphinxe und Bilder von Sais mischen sich in die Antwort ein. Doch will ich alles Tiefsinnige vermeiden und empirisch bleiben, darum werfe ich die Frage auf, welches sind nun also die besonderen Themen der Lyrik von heute? Hören Sie bitte: Wort, Form, Reim, langes oder kurzes Gedicht, an wen ist das Gedicht gerichtet, Bedeutungsebene, Themenwahl, Metaphorik – – wissen Sie, woraus die eben von mir genannten Begriffe sind? Sie sind aus einem amerikanischen Fragebogen an Lyriker, in USA versucht man, auch die Lyrik durch Fragebogen zu fördern. Ich finde das interessant, es zeigt, daß bei den Lyrikern drüben die gleichen Überlegungen angestellt werden wie bei uns. Zum Beispiel die Frage, ob langes oder kurzes Gedicht, hatte schon Poe aufgeworfen, und Eliot greift sie wieder auf, sie ist eine äußerst persönliche Frage. Vor allem aber hat es mir die Frage: an wen ist ein Gedicht gerichtet, angetan – es ist tatsächlich ein Krisenpunkt, und es ist eine bemerkenswerte Antwort, die ein gewisser Richard Wilbur darauf gibt: ein Gedicht, sagt er, ist an die Muse gerichtet, und diese ist unter anderem dazu da, die Tatsache zu verschleiern, daß Gedichte an niemanden gerichtet sind. Man sieht daraus, daß auch drüben der monologische Charakter der Lyrik empfunden wird, sie ist in der Tat eine anachoretische Kunst. […]

Und zu ihrem Wesen gehört auch noch etwas anderes, eine tragische Erfahrung der Dichter an sich selbst: keiner auch der großen Lyriker unserer Zeit hat mehr als sechs bis acht vollendete Gedichte hinterlassen, die übrigen mögen interessant sein unter dem Gesichtspunkt des Biographischen und Entwicklungsmäßigen des Autors, aber in sich ruhend, aus sich leuchtend, voll langer Faszination sind nur wenige – also um diese sechs Gedichte die dreißig bis fünfzig Jahre Askese, Leiden und Kampf.

Als *nächstes* möchte ich Ihnen einen Vorgang etwas direkter schildern, als es im allgemeinen geschieht. Er ist der Vorgang beim Entstehen eines Gedichts. Was liegt im Autor vor? Welche Lage ist vorhanden?

Die Lage ist folgende: Der Autor besitzt:
1. einen dumpfen schöpferischen Keim, eine psychische Materie.
2. Worte, die in seiner Hand liegen, zu seiner Verfügung stehen, mit denen er umgehen kann, die er bewegen kann, er kennt sozusagen seine Worte. Es gibt nämlich etwas, was man die Zuordnung der Worte zu einem Autor nennen kann. Vielleicht ist er auch an diesem Tag auf ein bestimmtes Wort gestoßen, das ihn beschäftigt, erregt, das er leitmotivisch glaubt verwenden zu können.
3. besitzt er einen Ariadnefaden, der ihn aus dieser bipolaren Spannung herausführt, mit absoluter Sicherheit herausführt, denn – und nun kommt das Rätselhafte: das Gedicht ist schon fertig, ehe es begonnen hat, er weiß nur seinen Text noch nicht. Das Gedicht kann gar nicht anders lauten, als es eben lautet, wenn es fertig ist. Sie wissen ganz genau, wann es fertig ist, das kann natürlich lange dauern, wochenlang, jahrelang, aber bevor es nicht fertig ist, geben Sie es nicht aus der Hand. […]

Dieser Sachverhalt ist so merkwürdig, daß ich ihn nochmal anders ausdrücken möchte. Irgendetwas in Ihnen schleudert ein paar Verse heraus oder tastet sich mit ein paar Versen hervor, irgendetwas anderes in Ihnen nimmt diese Verse sofort in die Hand, legt sie in eine Art Beobachtungsapparat, ein Mikroskop, prüft sie, färbt sie, sucht nach pathologischen Stellen. Ist das erste vielleicht naiv, ist das zweite ganz etwas anderes: raffiniert und skeptisch. Ist das erste vielleicht subjektiv, bringt das zweite die objektive Welt heran, es ist das formale, das geistige Prinzip.

Ich verspreche mir nichts davon, tiefsinnig und langwierig über die Form zu sprechen. Form, isoliert, ist ein schwieriger Begriff.

Aber die Form ist ja das Gedicht. Die Inhalte eines Gedichtes, sagen wir Trauer, panisches Gefühl, finale Strömungen, die hat ja jeder, das ist der menschliche Bestand, sein Besitz in mehr oder weniger vielfältigem und sublimem Ausmaß, aber Lyrik wird daraus nur, wenn es in eine Form gerät, die diesen Inhalt autochthon macht, ihn trägt, aus ihm mit Worten Faszination macht. Eine isolierte Form, eine Form an sich, gibt es ja gar nicht. Sie ist das Sein, der existentielle Auftrag des Künstlers, sein Ziel. In diesem Sinne ist wohl auch der Satz von Staiger aufzufassen: Form ist der höchste Inhalt.

[…]

Ich wende mich jetzt einem *dritten* Spezialthema zu und nehme Ihnen wahrscheinlich damit eine Frage aus dem Mund. Nämlich, werden Sie fragen, was ist denn nun eigentlich mit dem Wort, die Theoretiker der Lyrik und die Lyriker sprechen immer von dem Wort, wir haben doch auch Worte, haben Sie denn besondere Worte – also was ist mit dem Wort? Eine sehr schwierige Frage, aber ich will versuchen, sie Ihnen zu beantworten, allerdings muß ich dabei auf persönliche Erfahrungen zurückgreifen, auf Erlebnisse besonderer Art.

Farben und Klänge gibt es in der Natur, Worte nicht. Wir lesen bei Goethe: „aus Farbenreibern sind schon treffliche Maler hervorgegangen", wir müssen hinzufügen, das Verhältnis zum Wort ist primär, diese Beziehung kann man nicht lernen. Sie können Äquilibristik lernen, Seiltanzen, Balanceakte, auf Nägeln laufen, aber das Wort faszinierend ansetzen, das können Sie, oder das können Sie nicht. Das Wort ist der Phallus des Geistes, zentral verwurzelt. Dabei national verwurzelt. Bilder, Statuen, Sonaten, Symphonien sind international – Gedichte nie. Man kann das Gedicht als das Unübersetzbare definieren. Das Bewußtsein wächst in die Worte hinein, das Bewußtsein transzendiert in die Worte. Vergessen – was heißen diese Buchstaben? Nichts, nicht zu verstehen. Aber mit ihnen ist das Bewußtsein in bestimmter Richtung verbunden, es schlägt in diesen Buchstaben an, und diese Buchstaben nebeneinander gesetzt schlagen akustisch und emotionell in unserem Bewußtsein an. Darum ist oublier nie Vergessen. Oder nevermore mit seinen zwei kurzen verschlossenen Anfangssilben und dann dem dunklen strömenden more, in dem für uns das Moor aufklingt und la Mort, ist nicht nimmermehr – nevermore ist schöner. Worte schlagen mehr an als die Nachricht und den Inhalt, sie sind einerseits Geist, aber haben andererseits das Wesenhafte und Zweideutige der Dinge der Natur.

[...]

[...] Jetzt müssen wir dem Veranlasser dieser Dinge ins Auge sehen, dem lyrischen Ich direkt, en face und unter verschärften Bedingungen. Welchen Wesens sind diese Lyriker psychologisch, soziologisch, als Phänomen? Zunächst entgegen der allgemeinen Auffassung, sie sind keine Träumer, die anderen dürfen träumen, diese sind Verwerter von Träumen, auch von Träumen müssen sie sich auf Worte bringen lassen. Sie sind auch eigentlich keine geistigen Menschen, keine Ästheten, sie machen ja Kunst, das heißt sie brauchen ein hartes, massives Gehirn, ein Gehirn mit Eckzähnen, das die Widerstände, auch die eigenen, zermalmt. Sie sind Kleinbürger mit einem besonderen, halb aus Vulkanismus und halb aus Apathie geborenen Drang. Innerhalb des Gesellschaftlichen sind sie völlig uninteressant – Tasso in Ferrara – damit ist es vorbei, keine Leonoren mehr, keine Lorbeerkränze, die die Stirne wechseln. Sie sind aber auch keine Himmelstürmer, keine Titaniden, sie sind meistens recht still, innerlich still, sie dürfen ja auch nicht alles gleich fertigmachen wollen, man muß die Themen weiter in sich tragen, jahrelang, man muß schweigen können, Valéry schwieg zwanzig Jahre, Rilke schrieb vierzehn Jahre keine Gedichte, dann erschienen die Duineser Elegien. [...]

Um Ihnen diesen Typ noch von einer anderen Seite aus nahezubringen, möchte ich Sie noch auf folgendes verweisen. Vergegenwärtigen Sie sich, welch ein grundlegender Unterschied zwischen dem Denker und dem Dichter ist, dem Gelehrten und dem Künstler, die doch in der Öffentlichkeit immer zusammen genannt, in einen Topf geworfen werden, als ob da eine große Identität bestände. Weit entfernt! Völlig auf sich angewiesen der Künstler. Ein Dozent [...] vergewissert sich, sichert sich, geht dann vielleicht einen halben Schritt weiter, belegt diesen halben Schritt mit Unterlagen, er erscheint nie allein und bloß. Nichts von alledem beim Künstler. Er steht allein, der Stummheit und der Lächerlichkeit preisgegeben. Er verantwortet sich selbst. Er beginnt seine Dinge, und er macht sie fertig. Er folgt einer inneren Stimme, die niemand hört. Er weiß nicht, woher diese Stimme kommt, nicht, was sie schließlich sagen will. Er arbeitet allein, der Lyriker arbeitet besonders allein, da in jedem Jahrzehnt immer nur wenige große Lyriker leben, über die Nationen verteilt, in verschiedenen Sprachen dichtend, meistens einander unbekannt – jene „Phares", Leuchttürme, wie sie die Franzosen nennen, jene Gestalten, die das große schöpferische Meer für lange Zeiten erhellen, selber aber im Dunklen bleiben.

Da steht also ein solches Ich, sagt sich: ich heute bin so. Diese Stimmung liegt in mir vor. Diese meine Sprache, sagen wir, meine deutsche Sprache, steht mir zur Verfügung. Diese Sprache mit ihrer Jahrhunderte alten Tradition, ihren von lyrischen Vorgängern geprägten sinn- und stimmungsgeschwängerten, seltsam geladenen Worten. Aber auch die Slang-Ausdrücke, Argots, Rotwelsch, von zwei Weltkriegen in das Sprachbewußtsein hineingehämmert, ergänzt durch Fremdworte, Zitate, Sportjargon, antike Reminiszenzen, sind in meinem Besitz. Ich von heute, der mehr aus Zeitungen lernt als aus Philosophien, der dem Journalismus näher steht als der Bibel, dem ein Schlager von Klasse mehr Jahrhundert enthält als eine Motette, der an einen gewissen physikalischen Ablauf der Dinge eher glaubt als an Nain oder Lourdes, der erlebt hat, wie man sich bettet, so liegt man, und keiner deckt einen zu – dies Ich arbeitet an einer Art Wunder, einer kleinen Strophe, der Umspannung zweier Pole, dem Ich und seinem Sprachbestand, arbeitet an einer Ellipse, deren Kurven erst auseinanderstreben, aber dann sich gelassen ineinander senken.

[...]

Der Lyriker kann gar nicht genug wissen, er kann gar nicht genug arbeiten, er muß an allem nahe dran sein, er muß sich orientieren, wo die Welt heute hält, welche Stunde an diesem Mittag über der Erde steht. Man muß dicht am Stier kämpfen, sagen die großen Matadore, dann vielleicht kommt der Sieg. Es darf nichts zufällig sein in einem Gedicht. Was Valéry über Moltke schrieb: „für diesen kalten Helden ist der wahre Feind der Zufall", gilt für den Lyriker, er muß sein Gedicht abdichten gegen Einbrüche, Störungsmöglichkeiten, sprachlich abdichten, und er muß seine Fronten selbst bereinigen. Er muß Nüstern haben – mein Genie sitzt in meinen Nüstern, sagte Nietzsche – Nüstern auf allen Start- und Sattelplätzen, auf dem intellektuellen, da wo die materielle und die ideelle Dialektik sich voneinander fortbewegen wie zwei Seeungeheuer, sich bespeiend mit Geist und Gift, mit Büchern und Streiks –, und da, wo die neueste Schöpfung von Schiaparelli einen Kurswechsel in der Mode andeutet mit dem Modell aus aschgrauem Leinen und mit ananasgelbem Organdy. Aus allem kommen die Farben, die unwägbaren Nuancen, die Valeurs – aus allem kommt das Gedicht.

Aus all diesem kommt das Gedicht, das vielleicht eine dieser zerrissenen Stunden sammelt –: das absolute Gedicht, das Gedicht ohne Glauben, das Gedicht ohne Hoffnung, das Gedicht, an niemanden gerichtet, das Gedicht aus Worten, die Sie faszinierend montieren. Und, um es nochmals zu sagen, wer auch hinter dieser Formulierung nur Nihilismus und Laszivität erblicken will, der übersieht, daß noch hinter Faszination und Wort genügend Dunkelheiten und Seinsabgründe liegen, um den Tiefsinnigsten zu befriedigen, daß in jeder Form, die fasziniert, genügend Substanzen von Leidenschaft, Natur und tragischer Erfahrung leben. […]

Und noch einen ganz extravaganten Eindruck hat manchmal dies lyrische Ich. Es gesteht ihn sich selber nur mit Vorsicht ein. Es kann sich manchmal des Eindrucks nicht erwehren, als ob es so aussähe, als möchten auch die Philosophen von heute in ihrem Grunde dichten. Sie fühlen, daß es mit dem diskursiven systematischen Denken im Augenblick zu Ende ist, das Bewußtsein erträgt im Augenblick nur etwas, das in Bruchstücken denkt, die Betrachtungen von 500 Seiten über die Wahrheit, so treffend einige Sätze sein mögen, werden aufgewogen von einem dreistrophigen Gedicht – dies leise Erdbeben fühlen die Philosophen, aber das Verhältnis zum Wort ist bei ihnen gestört oder nie lebendig gewesen, darum wurden sie Philosophen, aber im Grunde möchten sie dichten – alles möchte dichten.

[…] [Ich halte] persönlich das moderne Gedicht nicht für vortragsfähig […], weder im Interesse des Gedichts, noch im Interesse des Hörers. Das Gedicht geht gelesen eher ein. Der Aufnehmende nimmt von vornherein eine andere Stellung zu dem Gedicht ein, wenn er sieht, wie lang es ist, und wie die Strophen gebaut sind. Als ich einmal vor Jahren in der ehemaligen Preußischen Akademie der Künste, deren Mitglied ich bin, Verse vortrug, sagte ich vor jeder Lesung: jetzt kommt ein Gedicht von beispielsweise vier Strophen zu acht Reihen – das optische Bild unterstützt meiner Meinung nach die Aufnahmefähigkeit. Ein modernes Gedicht verlangt den Druck auf Papier und verlangt das Lesen, verlangt die schwarze Letter, es wird plastischer durch den Blick auf seine äußere Struktur, und es wird innerlicher, wenn sich einer schweigend darüber beugt. […]

Material 7
Dieter Lamping: Das lyrische Gedicht, Definitionen zu Theorie und Geschichte der Gattung, Göttingen: Vandenhoeck & Ruprecht, 2. Aufl., 1993, S. 23–27, 55–57, 62–63, 88–89 (Auszüge).

Der Literaturwissenschaftler Dieter Lamping knüpft in seiner 1989 erschienenen theoretischen Auseinandersetzung mit dem lyrischen Gedicht an die lange Tradition der Gattungstheorie an. Seine Bestimmung des lyrischen Gedichts als „Einzelrede in Versen" beansprucht, eine trennscharfe Abgrenzung der Lyrik von anderen Gattungen vorzunehmen, ohne aus ihrem Bereich eine relevante Menge von Texten auszuschließen, die nach allgemeinem Verständnis und traditioneller Auffassung zu ihr zählen. Lampings Definition wird in der Literaturwissenschaft kontrovers diskutierter, hat aber fraglos den Vorzug, seiner Zielsetzung recht nahe zu kommen.

Von einer sachlich angemessenen – explikatorischen – Definition des Gedichts ist aber, abgesehen vom Verzicht auf alle definitorisch problematischen Wertungen, zu verlangen, daß sie eine Präzisierung des geltenden Sprachgebrauchs darstellt, die gleichwohl noch immer so weit gefaßt ist, daß sie eine möglichst große Menge üblicherweise als Gedichte bezeichneter Texte erfaßt. In diesem Sinn schlage ich vor, das Gedicht als *Versrede* oder genauer noch: als *Rede in Versen* zu definieren. […]

Unter einer *Rede* ist jede sprachliche Äußerung zu verstehen, die eine sinnhaltige, endliche Folge sprachlicher Zeichen darstellt. In dieser Definition sind, im Sinn einer Minimaldefinition, nur die Merkmale aufgeführt, die eine Rede in jedem Fall, und das heißt zugleich: im einfachsten Fall, haben muß:

- Sprachlichkeit, das heißt: sie muß wesentlich, wenn auch nicht ausschließlich aus sprachlichen Zeichen bestehen;
- Sinnhaltigkeit, das heißt: die Zeichen müssen als sprachliche zumindest entweder für sich oder zusammen eine semantische Funktion haben;
- Sukzessivität, das heißt: die Zeichen müssen in Folge angeordnet sein;
- schließlich Endlichkeit, das heißt, die Zeichenfolge muß einen markierten Anfang und ein markiertes Ende haben.

[...]

Als *Versrede* soll hier jede Rede bezeichnet werden, die durch ihre besondere Art der Segmentierung rhythmisch von normalsprachlicher Rede abweicht. Das Prinzip dieser Segmentierung ist die Setzung von Pausen, die durch den Satzrhythmus der Prosa, und das heißt vor allem: durch die syntaktische Segmentierung des Satzes nicht gefordert werden. Das Segment, das durch zwei solche, aufeinander folgende Pausen geschaffen wird, ist der Vers.

In diesem Sinn ist der Vers zunächst als eine rhythmische Einheit aufzufassen, und als solche stellt er ein grundsätzlich anderes Redesegment dar als die syntaktische Einheit des Satzes. Zwar können Vers- und Satzgliederung, eben weil sie grundsätzlich verschieden sind, zusammenfallen, etwa beim sogenannten Zeilenstil. Doch erweist sich die prinzipielle Eigenständigkeit der Versgliederung gerade in den Fällen, wo sie, wie etwa beim Enjambement, mit der Satzgliederung nicht übereinstimmt.

In der Literaturwissenschaft, und zumal in der Metrik, ist es allerdings üblich, den Vers nicht als eine rhythmische, sondern als eine metrische Einheit zu definieren, wobei sich Unterschiede vor allem danach ergeben, welche Regelmäßigkeiten jeweils für metrumbildend gehalten werden. [...] Gegen eine metrische Definition des Verses sprechen [...] gänzlich ungebundene Gedichte. Seit es freie Verse gibt, gibt es auch Gedichte wie die „Cantos" Ezra Pounds, die „Hollywood Elegien" Brechts oder die „Xenien" Montales, die nicht mehr metrisch reguliert sind – zumindest nicht mehr als jeder beliebige Prosatext auch.

Angesichts solcher Interferenzen erscheint es nur sinnvoll, auf eine metrische Definition des Verses zu verzichten. Ein Vers *kann* metrisch reguliert sein, er muß es jedoch nicht sein. Im einfachsten Fall ist er nicht reguliert, und diesen Fall stellt der freie Vers dar, der somit, im Gegensatz zur Schulmeinung der Metriker, unter typologischem Aspekt nicht als die Grenz-, sondern als die Grundform des Verses angesehen werden kann. Im Vergleich mit ihm sind alle metrisch regulierten Formen komplexer.

[…]

Daß es angesichts der Vielzahl und der Vielfalt lyrischer Gedichte schwierig sei, „ein Prinzip der Lyrik zu finden", ist ein Gemeinplatz der Lyrik-Theorie. Zwar hat es nicht an Versuchen gefehlt, ein solches Prinzip zu formulieren, doch hat sich bislang noch jedes über kurz oder lang als zu eingeschränkt erwiesen: der Mannigfaltigkeit lyrischer Dichtung konnte zumindest auf die Dauer keines gerecht werden. Die Schwierigkeit, in der Vielfalt der Lyrik – verstanden als Inbegriff aller lyrischen Gedichte – eine Einheit zu entdecken, dürfte auch ein wesentlicher Grund dafür gewesen sein, daß sich ein Bewußtsein von einer dritten „Hauptgattung" neben der Epik und der Dramatik erst vergleichsweise spät (und nicht überall) gebildet hat und eine analoge Bezeichnung für sie noch später aufgekommen ist: der heute übliche Gattungsname ‚Lyrik' ist in Deutschland zum Beispiel nicht vor dem ersten Drittel des 19. Jahrhunderts nachzuweisen. Der Ausdruck ‚lyrische Poesie' ist wohl, ähnlich wie die Begriffe ‚lyrisches Gedicht' und ‚lyrische Dichtung' (oder ‚Dichtkunst'), erheblich älter, bezeichnet aber bis ins 18. Jahrhundert hinein mehr ein lockeres Ensemble verschiedener, durchweg metrisch definierter Formen als eine Gattung.

[…]

Gleichwohl bahnt sich, in anderer Hinsicht, schon während

des 17. Jahrhunderts ein Paradigmen-Wechsel in der Lyrik-Theorie an. Die klassizistische Poetik vor allem Frankreichs, die die Ode zur Poesie der erhabenen Empfindung erklärt, bereitet eine Erweiterung des Lyrik-Begriffs in den rationalistischen Poetiken vor, die die Lyrik durch ihren besonderen Inhalt als Darstellung von Gefühlen, Empfindungen oder Leidenschaften definieren – allerdings nach wie vor noch mit der Unterstellung, daß solche lyrischen Gedichte ‚sangbar' seien. In diesem Sinn läßt dann etwa Gottsched als lyrische Poesie nicht nur [...] antikisierende Oden und Hymnen, sondern zum Beispiel auch die Minnelyrik des Mittelalters gelten, weil auch sie Empfindungen zum Gegenstand habe. Diese Erweiterung des Begriffs setzt sich in den idealistischen Lyrik-Theorien fort, deutlich schon bei Herder, der ihn auf die sogenannte ‚Naturpoesie' ausdehnt.

Mit dieser Ausweitung des Begriffsumfangs geht eine neuerliche Akzentverschiebung einher. Hatte Gottsched noch die Lyrik als – distanzierte – *Darstellung* einer erhabenen Empfindung verstanden, so begreift Herder sie bereits als unmittelbaren *Ausdruck* eines leidenschaftlichen Gefühls. Aus dieser Auffassung entsteht im 19. Jahrhundert die Theorie von der Subjektivität der Lyrik, die ihre epochemachende systematische Entfaltung in den Ästhetiken Hegels und seines Schülers Friedrich Theodor Vischer erhält.

Nach der Angemessenheit der Subjektivitäts-Theorie ist zumindest während des 19. Jahrhunderts kaum gefragt worden. Sie galt selbstverständlich als angemessen, weil sie vor allem die Erlebnis- und Stimmungslyrik reflektierte, die, von Goethe zu größtem Ansehen gebracht, die Lyrik des späten 18. und des 19. Jahrhunderts wesentlich ausgemacht hat. Die Konzentration auf diese noch junge, aber sehr hoch eingeschätzte Lyrik macht im übrigen die heimliche Normativität der Subjektivitäts-Theorie aus.

Grundsätzliche Zweifel an ihrer Angemessenheit sind nachdrücklich erst im 20. Jahrhundert geäußert worden – zunächst mit dem Hinweis auf die vor-klassische Lyrik von der Antike bis zur Renaissance, dann stärker mit dem Hinweis auf die nach-romantische und zumal die moderne Lyrik. [...]

[I]n der traditionellen Theorie der Lyrik als personaler oder als subjektiver Rede ist [...] unterstellt, [...] daß ihr ein bestimmter, eingeschränkter Redecharakter eigen sei. Diese Auffassung wird zwar in kaum einer der traditionellen Theorien *expliziert*, ist jedoch allen *impliziert*. Ob die Lyrik nun als persönliche oder als subjektive Rede verstanden wird – immer ist dabei vorausgesetzt, daß es sich um die *Rede eines Einzelnen* handelt. Dieses Merkmal scheint, durch seine Bindung an die Kriterien der Personalität und der Subjektivität, soweit eingeschränkt zu sein, daß es gleichfalls kaum die empirische Vielfalt lyrischen – oder genauer: lyrisch genannten – Sprechens auch nur annähernd zu erfassen vermag. Es enthält aber, im Unterschied zu den beiden anderen Merkmalen traditioneller Bestimmungen der Lyrik, die Möglichkeit einer sinnvollen Erweiterung.

Die Rede eines Einzelnen stellt nur einen speziellen, wenngleich prominenten Fall der übergreifenden Struktur dar, die man als *Einzelrede* bezeichnen kann. Diese Rede-Struktur kennzeichnet nicht nur personale und subjektive Lyrik traditioneller Art; sie ist wohl auch das einzige Merkmal, das solche Lyrik mit anderer Lyrik verbindet, die, wie etwa die Gelegenheitslyrik, die Chorlyrik oder die Rollenlyrik, weder subjektiv noch personal ist, und das darüber hinaus sowohl klassischer wie moderner Lyrik gemeinsam ist. Deshalb scheint sie noch am ehesten als strukturelles Merkmal einer angemessen weitgefaßten systematischen Definition der Lyrik geeignet zu sein. Ich schlage daher vor, als lyrisch alle Gedichte zu bezeichnen, die *Einzelrede in Versen* sind.

Diese Definition zielt auf eine sachlich vertretbare Erweiterung des Lyrik-Begriffs im Anschluß an den herkömmlichen Wortgebrauch. Wie schon die Begriffsbestimmung des Gedichts ist sie nicht als eine Maximal-, sondern als eine Minimaldefinition anzusehen, die lediglich ein notwendiges formales Merkmal, nämlich das der Versgliederung, und ein notwendiges strukturelles Merkmal, nämlich das der Einzelrede, enthält, die beide zusammengenommen auch hinreichend sind. Als Minimalbedingungen sind diese beiden Kriterien vergleichsweise weit gefaßt: sie stellen so etwas wie den kleinsten gemeinsamen Nenner dar, auf den sich auch der allergrößte Teil herkömmlicherweise als lyrisch bezeichneter Gedichte bringen läßt.

Im einfachsten Fall besteht die poetische Rede nur aus einer Äußerung, die auch nur in einer Situation getan wird und meist zugleich von bloß einem Sprecher stammt. Doch ändert sich die Struktur der Rede nicht grundsätzlich, wenn sie etwa die gemeinsame, also gleichzeitige Äußerung mehrerer Sprecher in einer Situation ist. Diesen einfachsten Typ der poetischen Rede ohne Sprecherwechsel stellt die *Einzelrede* dar. – Ein schon komplexerer Typ liegt dann vor, wenn die poetische Rede aus mindestens zwei verschiedenen Äußerungen in ein und derselben Situation besteht – in der Art, daß die eine Äußerung in der Regel auf die andere folgt. Diesen Typ poetischer Rede stellt die *Wechselrede* dar. – Der komplexeste Typ poetischer Rede schließlich liegt dann vor, wenn sie aus mindestens zwei verschiedenen Äußerungen mindestens zweier verschiedener Sprecher in mindestens zwei verschiedenen Situationen besteht – in der Art, daß die eine (zeitlich frühere) Äußerung durch die andere (zeitlich spätere) vermittelt wird. Diesen Typ poetischer Rede stellt die Einzel- oder Wechselrede *vermittelnde Rede* dar.

Diese drei Typen der Einzelrede, der Wechselrede und der vermittelnden Rede sind zumindest in struktureller Hinsicht die drei Grundformen poetischer Rede. Wollte man dieses Modell poetischer Rede-Strukturen für eine Theorie der poetischen (Haupt-)Gattungen nutzen, müßte man es allerdings um weitere Kriterien ergänzen und differenzieren. Es mag jedoch in dieser Form für eine wenigstens grobe Unterscheidung lyrischer Gedichte von anderen Gedichten genügen. Nicht als lyrisch zu bezeichnen sind, auf seiner Basis, zunächst einmal alle Gedichte, die durch die Struktur der Redevermittlung gekennzeichnet sind. Diese Struktur ist charakteristisch für epische Gedichte, als deren Prototyp das klassische Versepos gelten kann. Folglich sind im Sinn der hier vorgeschlagenen Definition Gedichte wie etwa Goethes „Alexis und Dora" oder „Hermann und Dorothea" nicht unter dessen Lyrik zu zählen, auch wenn eine solche Zuordnung in Werkausgaben oder in monographischen Darstellungen immer wieder vorgenommen wird.

Durch die Struktur der Redevermittlung sind aber nicht nur Verstexte in der Größenordnung von Epen und Idyllen charakterisiert, sondern zum Beispiel auch ein großer Teil traditioneller Balladen wie Bürgers „Lenore" oder Brentanos „Lore Lay", die von Figuren erzählen und sie im übrigen selbst zu Wort kommen lassen – nicht selten im Gespräch mit anderen. Die Struktur der Redevermittlung kann sich schließlich sogar in einer Kleinform wie dem Epigramm finden, wofür als Beispiel Erich Kästners Gedicht „Zur ‚Woche des Buches'" stehen mag:

Hinz kam zu Kunz um Rats gelaufen.
„Was schenkt ein Vater seinem Sohn?"
Kunz schlug ihm vor, ein Buch zu kaufen.
„Ein Buch? Ach nein. Das hat er schon."
(S. 88/89)

Bildquellenverzeichnis

Seite 17, 53, 98, 134, 169: akg-images. **Seite 199:** Interfoto. **Seite 200:** akg-images. **Seite 220:** Stiftung Museum Schloss Moyland/VG Bild-Kunst, Bonn 2011.

Trotz entsprechender Bemühungen ist es nicht in allen Fällen gelungen, den Rechtsinhaber ausfindig zu machen. Gegen Nachweis der Rechte zahlt der Verlag für die Abdruckerlaubnis die gesetzlich geschuldete Vergütung.

Autoren- und Quellenverzeichnis

Angelus Silesius (Johann Scheffler) (1624 Breslau – 1677 Breslau)
39: **Du mußt, was Gott ist, sein.** In: Angelus Silesius: Sämtliche Poetische Werke in drei Bänden, Hans Ludwig Held (Hg.), Bd. 3, Cerubinischer Wandersmann, Sinnliche Beschriebung der vier letzten Dinge, München: Carl Hanser Verlag 1962, 3. Aufl., S. 7.
40: **Der Mensch ist Ewigkeit.** In: Angelus Silesius ebd., S. 8
40: **Gott wird, was er nie war.** In: Angelus Silesius ebd., S. 109.
40: **Der Fall Evens ist Ursach, daß Gott Mensch worden.** In: Angelus Silesius ebd., S. 109 f.
41: **Die Sünd ist allein das Übel.** In: Angelus Silesius ebd., S. 142.
41: **Der verdammte Übeltäter.** In: Angelus Silesius ebd., S. 187.

Ausländer, Rose (1901 Czernowitz – 1988 Düsseldorf)
246: **Schallendes Schweigen.** In: Rose Ausländer: Gedichte, Frankfurt am Main: S. Fischer Verlag 2007, S. 142.
258 f.: **Song.** In: Ausländer, Rose ebd., S. 304 f.

B. Traven
202 f: **Das Tanzlied des Totenschiffes.** In: B. Traven: Das Totenschiff. Reinbek bei Hamburg: Rowohlt 2000. (hier aus: Deutsche Gedichte zwischen 1918 und 1933, Helmut Kreuzer (Hg.), Stuttgart: Philipp Reclam jun. 1999, S. 197 f.)

Bachmann, Ingeborg (1926 Klagenfurt – 1973 Rom)
230 f.: **Die gestundete Zeit.** In: Ingeborg Bachmann: Werke, Bd. 1, Gedichte. Hörspiele. Libretti. Übersetzungen, Christine Koschel (Hg.), Inge von Weidenbaum (Hg.) und Clemens Münster (Hg.), München, Zürich: R. Piper & Co. Verlag 1978, S. 37.
234 f.: **Erklär mir, Liebe.** In: Bachmann, Ingeborg ebd., S. 109 f.

Ball, Hugo (1886 Pirmasens – 1927 Sant' Abbondio bei Lugano)
199: **Karawane.** In: Karl Riha (Hg.): Dada, 113 Gedichte, Berlin: Verlag Klaus Wagenbach 2003, S. 37.

Bartsch, Kurt (Bartsch (1937 Berlin –2010 Berlin)
247: **Chausseestraße 125:** In: Kurt Piontek (Hg.): Deutsche Gedichte der sechziger Jahre, Stuttgart: Philipp Reclam jun. 1972, S. 190.

Bender, Hans (*1919 Mühlhausen)
231: **Heimkehr.** In: Horst Bingel (Hg.): Deutsche Lyrik, Gedichte seit 1945, Stuttgart: Deutsche Verlags-Anstalt 1961, S. 68.

Benn, Gottfried (1886 Mansfeld in Brandenburg – 1956 Berlin)
187f: **Kleine Aster.** In: Gottfried Benn: Sämtliche Gedichte, Stuttgart: Klett Cotta 2006, S. 11.
188f.: **D-Zug.** In: Gottfried Benn ebd., S. 24.
216: **Einsamer nie – .** In: Gottfried Benn ebd., S. 135.
233: **Nur zwei Dinge.** In: Gottfried Benn ebd., S. 320.

Beyer, Marcel (*1965 Tailfingen)
264:**Verklirrter Herbst.** In: Marcel Beyer: Falsches Futter, Gedichte, Frankfurt am Main: Suhrkamp Verlag 1997, S. 27.

Biermann, Wolf (*1936 Hamburg)
247f.: **Portrait eines alten Mannes.** In: Wolf Biermann: Mit Marx- und Engelszungen, Gedichte, Balladen, Lieder, Berlin: Verlag Klaus Wagenbach 1968, S. 15.

Bobrowski, Johannes (1917 Tilsit – 1965 Berlin)
241f.: **Der Ilmensee 1941.** In: Johannes Bobrowski: Gesammelte Werke, Bd. 1, Die Gedichte, Stuttgart: Deutsche Verlags-Anstalt 1987, S. 53.

Boie, Heinrich Christian (1744 Meldorf – 1806 Meldorf)
68: **An Doris.** In: Karl Weinhold: Heinrich Christian Boie, Bei-

trag zur Geschichte der deutschen Literatur im achtzehnten Jahrhundert, Halle: Verlag der Buchhandlung des Weisenhauses 1868, S. 313.

Braun, Volker (*1939 Dresden)
266: **Nach dem Massaker der Illusionen.** In: Volker Braun: Tumulus, Frankfurt am Main: Suhrkamp Verlag 1999, S. 28.

Brecht, Bertolt (1898 Augsburg – 1956 Berlin)
201 f.: **Vom Schwimmen in Seen und Flüssen.** In: Bertolt Brecht: Gesammelte Werke in 20 Bänden, Bd. 8–10, Gedichte, Elisabeth Hauptmann (Hg.) und Rosemarie Hill (Hg.), Frankfurt a. M.: Suhrkamp Verlag 1982, S. 209 f. [zuerst 1967]
205 f.: **Vom armen B.B..** In: Bertolt Brecht ebd., S. 261 ff.
215: **Vorschlag, die Architektur mit der Lyrik zu verbinden.** In: Bertolt Brecht ebd., S. 551 f.
216 f.: **Schlechte Zeit für Lyrik.** In: Bertolt Brecht ebd., S. 743 f.
232: **Böser Morgen.** In: Bertolt Brecht ebd., S. 1010.
232: **Rudern, Gespräche.** In: Bertolt Brecht ebd., S. 1013.
211 f.: **Terzinen über die Liebe.** In: Bertolt Brecht: Gesammelte Werke in 20 Bänden, Bd. 2, Stücke 2, Elisabeth Hauptmann (Hg.), Frankfurt a. M.: Suhrkamp Verlag 1982, S. 535 f.

Brentano, Clemens (1778 Ehrenbreitstein bei Koblenz – 1842 Aschaffenburg)
115: **Die Liebe fing mich ein mit ihren Netzen.** In: Clemens Brentano: Gedichte, Hartwig Schulz (Hg.), Stuttgart: Philipp Reclam jun. 1995, S. 18.
124 f.: **Die Liebe lehrt.** In: Clemens Brentano ebd., S. 54.
123 f.: **Der Spinnerin Nachtlied.** In: Clemens Brentano: Werke, Bd. 1, Wolfgang Frühwald (Hg.), Bernhard Gajek (Hg.) und Friedhelm Kemp (Hg.), München: Carl Hanser Verlag 1968, S. 131.
125: **Hör, es klagt die Flöte.** In: Clemens Brentano ebd., S. 144 f.

Brinkmann, Rolf Dieter (1940 Vechta – 1975 London)
251: **Einen jener klassischen.** In: Rolf Dieter Brinkmann: West-

wärts 1 & 2, Gedichte, Mit Fotos des Autors, Reinbek bei Hamburg: Rowohlt Taschenbuch Verlag 1999, S. 25. [zuerst 1975]

Brockes, Barthold Hinrich (1680 Hamburg – 1747 Hamburg)
81 f.: **Gedanken bei der Section eines Körpers.** In: Barthold Hinrich Brockes: Irdisches Vergnügen in Gott, bestehend in Physicalisch- und Moralischen Gedichten, Sechster Theil, o.O. 1739, Neudruck Bern: Herbert Lang Verlag 1970, S. 298.

Bürger, Gottfried August (1747 Molmerswende im Harz – 1794 Göttingen)
70 f.: **Der Bauer.** In: Gottfried August Bürger: Gedichte, Jost Hermand (Hg.), Stuttgart: Philipp Reclam jun. 1977, S. 58.
89: **Herr von Gänsewitz zum Kammerdiener.** In: Gottfried August Bürger ebd., S. 61.
93: **Mittel gegen den Hochmut der Großen.** In: Gottfried August Bürger ebd., S. 61.
91 f.: **Prometheus.** In: Gottfried August Bürger: Sämtliche Werke, Günter und Hiltrud Häntzschel (Hg.), München, Wien: Philipp Reclam jun. 1987, S. 311.
92: **Der dunkle Dichter.** In: Gottfried August Bürger ebd., S. 318.

Casper von Lohenstein, Daniel (1635 Nimptsch – 1683 Breslau)
42: **Künstlich erhöheter Raub.** In: Daniel Casper von Lohenstein: Lyrica, Gerhard Spellerberg (Hg.), Tübingen: Max Niemeyer Verlag 1992, S. 376.
43 f.: **Uberschrifft des Tempels der Ewigkeit.** In: Daniel Casper von Lohenstein ebd, S. 441 f.

Celan, Paul (1920 Czernowitz – 1970 Paris)
224 ff.: **Todesfuge.** In: Paul Celan: Die Gedichte. Kommentierte Gesamtausgabe, Barbara Wiedemann (Hg.), Frankfurt a. M.: Suhrkamp Verlag 2005, S. 40 f.
236 f.: **Tenebrae.** In: Paul Celan ebd., S. 97.
248 f.: **Du liegst im großen Gelausche.** In: Paul Celan ebd., S. 315 f.

Claudius, Matthias (1740 Reinfeld in Holstein – 1815 Hamburg)
71: **Im Mai.** In: Claudius Matthias: Sämtliche Werke, Darmstadt, 7. Aufl., 1989, Lizenzausgabe der Ausg. im Winkler Verlag München 1984, S. 87.
86f: **Abendlied.** In: Claudius Matthias ebd., S. 217 f.
88: **Kriegslied.** In: Claudius Matthias ebd., S. 236.
97: **Christiane.** In: Claudius Matthias ebd., S. 473.

Czepko, Daniel (1605 Koischwitz bei Liegnitz – 1660 Wohlau)
21: **Unglück prüfet das Gemüthe. Von der Tugend.** In: Daniel Czepko: Sämtliche Werke, Bd. 1, Teil 1, Lyrik in Zyklen, Hans-Gert Rolloff (Hg.) und Marian Szyrocki (Hg.), Berlin, New York: Walter de Gruyter 1989, S. 82.
21 f.: **Spiele wohl! Das Leben ein Schauspiel.** In: Daniel Czepko ebd., S. 85 f.
23: **Ich liebe das und weiß nicht was.** In: Daniel Czepko ebd., S. 143.
23 f.: **Ohne Nachtheil.** In: Daniel Czepko ebd., S. 158.

Dach, Simon (1605 Memel – 1659 Königsberg)
20: **Grübinne versetzt eine Burg.** In: Simon Dach: Werke, Hermann Österley (Hg.), Hildesheim, New York: Georg Olms Verlag 1977, S. 838 f. [zuerst Stuttgart 1876]
30 f.: **Horto recreamur amœno.** In: Simon Dach ebd., S. 711.

Dehmel, Richard (1863 Wendisch-Hermsdorf in der Mark Brandenburg – 1920 Hamburg-Blankenese)
172 f.: **Entbietung.** In: Richard Dehmel: Dichtungen, Briefe, Dokumente, Paul Johannes Schindler (Hg.), Hamburg: Hoffmann und Campe Verlag 1963, S. 13.

Droste-Hülshoff, Annette von (1797 auf Schloss Hülshoff bei Münster – 1848 Meersburg am Bodensee)
149: **Am Turme.** In: Annette von Droste-Hülshoff: Sämtliche Werke, Bd. 1. Gedichte, Bodo Plachta (Hg.) und Winfried Woesler (Hg.), Frankfurt a. M., Leipzig: Insel Verlag 2004, S. 74 f.
150 f.: **Das Spiegelbild.** In: Annette von Droste-Hülshoff ebd., S. 147 f.

Eich, Günter (1907 Lebus – 1972 Salzburg)
227 f.: **Inventur.** In: Günter Eich: Gedichte, Ausgewählt von Ilse Aichinger, Frankfurt am Main: Suhrkamp Verlag 1983, S. 10 f.
228f: **Träume.** In: Günter Eich ebd., S. 14 f.

Eichendorff, Joseph von (1788 auf Schloß Lubowitz bei Ratibor in Oberschlesien – 1857 Neiße)
126: **Zwielicht.** In: Joseph von Eichendorff: Gedichte, Peter Horst Neumann (Hg.) und Andreas Lorenczuk (Hg.), Stuttgart: Philipp Reclam jun. 1997, S. 52.
128 f.: **Waldgespräch.** In: Joseph von Eichendorff ebd., S. 59.
135 f.: **Frühlingsfahrt.** In: Joseph von Eichendorff ebd., S. 61 f.
144: **Sehnsucht.** In: Joseph von Eichendorff ebd., S. 80 f.
145: **Mondnacht.** In: Joseph von Eichendorff ebd., S. 83.
145: **Wünschelrute.** In: Joseph von Eichendorff ebd., S. 32.

Enzensberger, Hans Magnus (*1929 Kaufbeuren)
240: **An alle Fernsprechteilnehmer.** In: Hans-Magnus Enzensberger: Im Gegenteil, Gedichte, Szenen, Essays, Vom Autor selbst zusammengetragen und mit einem Nachwort versehen, Gütersloh: Bertelsmann-Club, Stuttgart: Europäische Bildungsgemeinschaft, Wien: Buchgemeinschaft Donauland, Zug/Schweiz: Buch- u. Schallplattenfreunde-GmbH, Berlin u.a.: Dt. Buch-Gemeinschaft 1981, S. 432. (© Suhrkamp Verlag, Frankfurt)
244 f.: **Middle Class Blues.** In: Hans-Magnus Enzensberger ebd., S. 271 f.
266 f.: **Drinnen und draußen.** In: Hans Magnus Enzensberger: Rebus, Gedichte, Frankfurt am Main: Suhrkamp Verlag 2009, S. 100.

Fleming, Paul (1609 Hartenstein in Sachsen – 1640 Hamburg)
24: **Wie er wolle geküsset seyn.** In: Paul Fleming: Teütsche Poemata, Lübeck 1642, Neudruck Hildesheim: Georg Olms Verlagsbuchhandlung 1969, S. 535 f.
25 f.: **Ich war an Kunst, und Gut, und Stande groß und reich.** In: Paul Fleming ebd., S. 670.

Fontane, Theodor (1819 Neuruppin – 1898 Berlin)
168: **Auf dem Matthäikirchhof.** In: Theodor Fontane: Gedichte, Karl Richter (Hg.), Stuttgart: Philipp Reclam jun. 2006, S. 69 f. [zuerst 1998].

Freiligrath, Ferdinand (1810 Detmold – 1876 Cannstatt)
154–157: **Freie Presse.** In: Ferdinand Freiligrath: Werke in einem Band, Berlin, Weimar: Aufbau Verlag 1967, S. 94 f.

Geibel, Emanuel (1815 Lübeck – 1884 Lübeck)
162 ff.: **An König Wilhelm.** In: Emanuel Geibel: Gesammelte Werke in acht Bänden, Bd. 4, Spätherbstblätter – Heroldsrufe, Stuttgart: Verlag der J. G. Cotta'schen Buchhandlung 1893, S. 239 f.

George, Stefan (1868 Büdesheim bei Bingen – 1933 Minusio bei Locarno)
177: **der Herr der Insel.** In: Stefan George: Werke, Ausgabe in zwei Bänden, Bd. 1, Georg Peter Landmann (Hg.), Stuttgart: Klett-Cotta, 4. Aufl., 1984, S. 69 f.
178: **Komm in den totgesagten park und schau.** In: Stefan George ebd., S. 121.

Gerhardt, Paul (1607 Gräfenhainichen bei Wittenberg – 1676 Lübben)
36 f.: **Geh aus, mein Herz, und suche Freud.** In: Paul Gerhardt: Wach auf, mein Herz, und singe, Vollständige Ausgabe seiner Lieder und Gedichte, Eberhard von Cranach-Sichart (Hg.), Wuppertal: R. Brockhaus 2007, S. 140.

Gernhardt, Robert (1937 Reval in Estland –2006 Frankfurt am Main)
256: **Erinnerung an eine Begegnung in Duderstadt.** In: Robert Gernhardt: Wörtersee, Zürich: Haffmans Verlag 1989, S. 256, (© Thomas Schlück Literary Agency, Garbsen). [zuerst 1981]
263 f.: **Der letzte Gast.** In: Robert Gernhardt: Lichte Gedichte, Zürich: Haffmans Verlag 1997, S. 205, (© Thomas Schlück Literary Agency, Garbsen).

Gleim, Johann Wilhelm Ludwig (1719 Ermsleben im Ostharz – 1803 Halberstadt)
57: **Anakreon.** In: Johann Wilhelm Ludwig Gleim: Ausgewählte Werke, Walter Hettche (Hg.), Göttingen: Wallstein Verlag 2003, S. 7.
64: Bey Eröfnung des Feldzuges 1756. In: Johann Wilhelm Ludwig Gleim ebd., S. 81 f.

Goethe, Johann Wolfgang (1749 Frankfurt am Main – 1832 Weimar)
66: **Annette an ihren Geliebten.** In: Johann Wolfgang Goethe: Werke, Hamburger Ausgabe in 14 Bänden, Bd. 1, Gedichte und Epen I, Erich Trunz (Hg.), München: C. H. Beck Verlag, 13. Aufl., 1982, S. 17.
72 f.: **Es schlug mein Herz.** In: Johann Wolfgang Goethe ebd., S. 27 f.
73 f.: **Maifest.** In: Johann Wolfgang Goethe ebd., S. 30.
91 f: **Prometheus.** In: Johann Wolfgang Goethe ebd., S. 44 ff.
81 f.: **Ganymed.** In: Johann Wolfgang Goethe ebd., S. 46 f.
82 f.: **Ich saug' an meiner Nabelschnur.** In: Johann Wolfgang Goethe ebd., S. 102.
99: **An den Mond.** In: Johann Wolfgang Goethe ebd., S. 129 f.
100: **Wandrers Nachtlied.** In: Johann Wolfgang Goethe ebd., S. 142.
101: **Ein gleiches.** In: Johann Wolfgang Goethe ebd., S. 142.
101 f.: **Der Fischer.** In: Johann Wolfgang Goethe ebd., S. 153 f.
103 f.: **Der Erlkönig.** In: Johann Wolfgang Goethe ebd., S. 154 f.
105 f.: **Grenzen der Menschheit.** In: Johann Wolfgang Goethe ebd., S. 146 f.
107 ff.: **Das Göttliche.** In: Johann Wolfgang Goethe ebd., S. 147 ff.
109 f.: **Froh empfind´ ich mich nun auf klassischem Boden begeistert.** In: Johann Wolfgang Goethe ebd., S. 160.
116: **Natur und Kunst, sie scheinen sich zu fliehen.** In: Johann Wolfgang Goethe ebd., S. 245.
126: **Mächtiges Überraschen.** In: Johann Wolfgang Goethe ebd., S. 294.
130 f.: **Selige Sehnsucht.** In: Johann Wolfgang Goethe: Werke,

Hamburger Ausgabe in 14 Bänden, Bd. 2, Gedichte und Epen II, Erich Trunz (Hg.), München: Verlag C. H. Beck, 13. Aufl., 1982. S. 18 f.
131: **Hatem.** In: Johann Wolfgang Goethe ebd., S. 63 f.
132: **Suleika.** In: Johann Wolfgang Goethe ebd., S. 63 f.
133: **Lied und Gebilde.** In: Johann Wolfgang Goethe ebd., S. 16.
104 f.: **Mignon.** In: Johann Wolfgang Goethe: Werke, Hamburger Ausgabe in 14 Bänden, Bd. 7, Romane und Novellen II, Erich Trunz (Hg.), München: C.H. Beck, 11. Aufl., 1982, S. 145.

Gomringer, Eugen (*1925 Cachuela Esperanza in Bolivien)
250: **Schweigen.** In: Eugen Gomringer (Hg.): konkrete poesie, deutschsprachige autoren, anthologie, Stuttgart: Philipp Reclam jun. 1972, S. 58.

Grünbein, Durs (*1962 Dresden)
261: **Tag X.** In: Durs Grünbein: Schädelbasislektion, Frankfurt am Main: Suhrkamp Verlag 1991, S. 55.

Gryphius, Andreas (1616 Glogau – 1664 Glogau)
28: **Thränen des Vaterlands.** *anno 1636.* In: Andreas Gryphius: Gedichte, Eine Auswahl, Texte nach der letzten Hand von 1663, Adalbert Elschenbroich (Hg.), Stuttgart: Philipp Reclam jun. 2007, S. 7. [zuerst 1968]
29: **Es ist alles eitel.** In: Andreas Gryphius ebd., S. 5.
31 f.: **Schluss des 1648sten Jahres.** In: Andreas Gryphius: Werke, 3. Bd., Lyrische Gedichte, Hermann Palm (Hg.), Hildesheim: Georg Olms Verlagsbuchhandlung 1961, S. 169 f. [zuerst Tübingen 1884]

Günderrode, Karoline von (1780 Karlsruhe – 1806 Winkel am Rhein)
122: **Der Kuß im Traume, aus einem ungedruckten Romane.** In: Karoline von Günderrode: Sämtliche Werke, Historisch-kritische Ausgabe, Walter Morgenthaler (Hg.), Frankfurt a. M., Basel: Stroemfeld 2006, S. 109. [Zuerst 1990/91]

122 f.: **Die Malabarischen Witwen.** In: Karoline von Günderrode ebd., S. 325.

Günther, Johann Christian (1695 Striegau – 1723 Jena)
50: **An seine Magdalis.** In: Johann Christian Günther: Günthers Werke in einem Band, ausgewählt und eingeleitet von Hans Dahlke, Berlin, Weimar: Aufbau Verlag 1966, S. 23.
50 f.: **Die Pest ergriff den Leib der schönen Flavia.** In: Johann Christian Günther ebd., S. 135 f.
52: **Als er der Phillis einen Ring mit einem Totenkopfe überreichte.** In: Johann Christian Günther ebd., S. 250.

Hagedorn, Friedrich von (1719 Hamburg – 1754 Hamburg)
55: **Die Alster.** In: Friedrich von Hagedorn: Sämtliche poetische Werke. In drey Theilen, Theil 3, Hamburg 1757, Neudruck Bern: Herbert Lang Verlag 1968, S. 115 f.

Hagelstange, Rudolf (1912 Nordhausen – 1984 Hanau)
221: **Denn Furcht beherrscht seit langem Eure Tage.** In: Rudolf Hagelstange: Venezianisches Credo, Wiesbaden: Insel-Verlag 1946, S. 13.

Hahn, Ulla (*1946 Brachthausen im Sauerland)
257: **Im Rahmen.** In: Ulla Hahn: Herz über Kopf, Gedichte, Stuttgart: Deutsche Verlags-Anstalt 1981, S. 6.
257 f.: **Anständiges Sonet.** In: Ulla Hahn ebd., S. 19.

Hardenberg, Friedrich von (Novalis) (1772 auf dem Gut Oberwiederstedt bei Hettstedt – 1801 Weißenfels)
119: **Wenn nicht mehr Zahlen und Figuren.** In: Friedrich von Hardenberg (Novalis): Werke, Tagebücher und Briefe Friedrich von Hardenbergs, Hans-Joachim Mähl (Hg.) und Richard Samuel (Hg.), Bd. 1, Das dichterische Werk, Tagebücher und Briefe, Richard Samuel (Hg.), Darmstadt: Wissenschaftliche Buchgesellschaft 1999 [Lizenzausgabe d. Ausg. v. Hanser München u. Wien 1978], S. 406.
119–121: **Der Himmel war umzogen.** In: Friedrich von Hardenberg (Novalis) ebd., S. 140 ff.

Heine, Heinrich (1797 Düsseldorf – 1856 Paris)
137: **Die Lotosblume ängstigt.** In: Heinrich Heine: Sämtliche Gedichte in zeitlicher Folge, Klaus Briegleb (Hg.), Frankfurt a. M., Leipzig: Insel Verlag 1997, S. 151.
138: **Loreley.** In: Heinrich Heine ebd., S. 164 f.
139: **Mein Herz, mein Herz ist traurig.** In: Heinrich Heine ebd., S. 168 f.
143: **Das Fräulein stand am Meere.** In: Heinrich Heine ebd., S. 352.
152: **Die schlesischen Weber.** In: Heinrich Heine ebd., S. 491 f.
158: **Der Asra.** In: Heinrich Heine ebd., S. 493.
158 f.: **Laß die heilgen Parabolen.** In: Heinrich Heine ebd., S. 723.
159 f.: **Lotosblume.** In: Heinrich Heine ebd., S. 846 f.

Henckell, Karl (1864 Hannover – 1929 Lindau)
171 f.: **Das Lied vom Eisenarbeiter.** In: Karl Henckell: Gesammelte Werke, Bd. 2, Buch des Kampfes, München: Michael Müller Verlag 1921, S. 8 f.

Hennings, Emmy (1885 Flensburg – 1948 Sorengo bei Lugano)
191: **Nach dem Cabaret.** In: Emmy Ball Hennings 1885–1948. Texte, Bilder, Dokumente, Copyright © Frankfurt a. M., Basel: Stroemfeld Verlag 1999. (hier aus: Emmy Hennings: Die letzte Freude, Leipzig: Kurt Wolff Verlag 1913, S. 13.)

Herwegh, Georg (1817 Stuttgart – 1875 Lichtenthal bei Baden-Baden)
147: **Aufruf. 1841.** In: Georg Herwegh: Werke in einem Band, Berlin, Weimar: Aufbau-Verlag 1967, S. 33 f.

Heym, Georg (1887 Hirschberg in Schlesien – 1912 Berlin)
183 f.: **Der Schläfer im Walde.** In: Georg Heym: Das lyrische Werk, Sämtliche Gedichte 1910–1912, Mit einer Auswahl der frühen Gedichte 1899–1909. Aufgrund der Gesamtausgabe Karl Ludwig Schneider (Hg.), München: Deutscher Taschenbuchverlag 1977, S. 40 f.
185: **Der Gott der Stadt.** In: Georg Heym ebd., S. 192.

Hilbig, Wolfgang (1941 Meuselwitz – 2007 Berlin)
245: **Ihr habt mir ein haus gebaut.** In: Wolfgang Hilbig: Gedichte, Frankfurt am Main: S. Fischer Verlag 2008, S. 10.

Hoddis, Jakob van (1887 Berlin – 1942 Sobibór)
186: **Weltende.** In: Jakob van Hoddis: Dichtungen und Briefe, Regina Nörtemann (Hg.), Göttingen: Wallstein Verlag 2007.
191 f.: **Kinematograph.** In: Jakob van Hoddis ebd., S. 25.

Hoffmann von Hoffmannswaldau, Christian (1616 Breslau – 1679 Breslau)
42: **Die Welt.** In: Christian Hofmann von Hofmannswaldau: Gedichte, Manfred Windfuhr (Hg.), Stuttgart: Philipp Reclam jun. 2002, S. 103. [zuerst 1964]
46: **Sonnet. Vergänglichkeit der Schönheit.** In: Christian Hofmann von Hofmannswaldau ebd., S. 95.
47 f.: **So soll der purpur deiner lippen.** In: Angelo George de Capua (Hg.) und Ernst Alfred Philippson (Hg.): Herrn von Hoffmannswaldau und andrer Deutschen auserlesener und bißher ungedruckter Gedichte erster theil, Tübingen: Max Niemeyer Verlag 1961, S. 449 f.

Hofmannsthal, Hugo von (1874 Wien – 1929 Wien)
176: **Ballade des äußeren Lebens.** In: Hugo von Hofmannsthal: Sämtliche Werke. Kritische Ausgabe, Bd. 1, Gedichte 1, Eugene Weber (Hg.), Frankfurt a. M.: S. Fischer Verlag 1984, S. 44.

Hölderlin, Friedrich (1770 Lauffen am Neckar – 1843 Tübingen)
117 f.: **Hälfte des Lebens.** In: Friedrich Hölderlin: Gedichte, Jochen Schmidt (Hg.), Frankfurt a. M.: Insel Verlag 1984, S. 134 f.
118: **Lebenslauf.** In: Friedrich Hölderlin ebd., S. 74.

Hölty, Ludwig Christoph Heinrich (1748 Mariensee bei Hannover – 1776 Hannover)
69: **An einen Knaben.** In: Ludwig Christoph Heinrich Hölty: Gesammelte Werke und Briefe, Kritische Studienausgabe, Walter Hettche (Hg.), Göttingen: Wallstein Verlag 1998, S. 41 f.

75: **Maylied.** In: Christoph Heinrich Hölty ebd., S. 162.
75 f.: **Minnelied.** In: Christoph Heinrich Hölty ebd., S. 160 f.
83 f.: **Die künftige Geliebte.** In: Christoph Heinrich Hölty ebd., S. 210.
84: **Der Stern der Seelen, eine Phantasie.** In: Christoph Heinrich Hölty ebd., S. 218.

Holz, Arno (1863 Rastenburg in Ostpreußen – 1929 Berlin)
173: **Unvergeßbare Sommergrüße.** In: Arno Holz: Phantasus, Verkleinerter Faksimiledruck der Originalfassung, Gerhard Schulz (Hg.), Stuttgart: Philipp Reclam jun. 1984, S. 21.
175: **Im Thiergarten.** In: Arno Holz ebd., S. 24.

Huchel, Peter (1903 Lichterfelde bei Berlin – 1981 Staufen)
243: **Winterpsalm.** In: Peter Huchel: Gesammelte Werke in zwei Bänden, Bd. 1, Die Gedichte, Frankfurt am Main: Suhrkamp Verlag 1984, S. 154.

Jandl, Ernst (1925 Wien – 2000 Wien)
249: **ottos mops.** In: Ernst Jandl: Der künstliche Baum, München: Luchterland Literaturverlag 2001, S. 58.
252: **wien: heldenplatz.** In: Ernst Jandl: Laut und Luise, Stuttgart: Philipp Reclam jun. 2009, S. 37, (© Luchterhand Literaturverlag, München). [zuerst 1976]

Kaléko, Mascha (1907 Chrzanów – 1975 Zürich)
207 f.: **Großstadtliebe.** In: Mascha Kaléko: Das lyrische Stenogrammheft, Kleines Lesebuch für Große, Reinbek bei Hamburg: Suhrkamp Verlag 1956, S. 20.

Kaschnitz, Marie Luise (1901 Karlsruhe – 1974 Rom)
226: **Beschwörung (I).** In: Marie Luise Kaschnitz: Gesammelte Werke in sieben Bänden, Bd. 5, Lyrik, Frankfurt am Main: Insel Verlag 1985, S. 153 ff.
235 f.: **Hiroshima.** In: Marie Luise Kaschnitz: Gedichte, Frankfurt am Main: Insel Verlag 2002, S. 51.
250: **Die Gärten.** In: Marie Luise Kaschnitz ebd., S. 192.

Kästner, Erich (1899 Dresden – 1974 München)
208 f.: **Chor der Fräuleins.** In: Erich Kästner: Gesammelte Schriften für Erwachsene, Bd. 1, Gedichte, Zürich 1969, S. 56. (© Artium Verlag, Zürich).
209: **Die Zeit fährt Auto.** In: Erich Kästner ebd., S. 85.
210 f.: **Und wo bleibt das Positive, Herr Kästner?** In: Erich Kästner ebd., S. 218 f.
230: **In memoriam memoriae.** In: Erich Kästner ebd., S. 323.

Keller, Gottfried (1819 Zürich – 1890 Zürich)
153: **Winternacht.** In: Gottfried Keller: Sämtliche Werke in sieben Bänden, Thomas Böning (Hg.) u. a., Bd. 1, Gedichte, Kai Kauffmann (Hg.), Frankfurt a. M.: Deutscher Klassiker Verlag 1995, S. 191, 432 f.

Kirsch, Sarah (*1935 Limlingerode)
253: **Die Luft riecht schon nach Schnee.** In: Sarah Kirsch : Rückenwind, Ebenhausen bei München: Langewiesche-Brandt 1977 [Lizenzausgabe], S. 12.
258: **Bäume.** In: Sarah Kirsch: Katzenleben, Gedichte, Stuttgart: Deutsche Verlags-Anstalt 1984, S. 34.

Klemm, Wilhelm (1881 Leipzig – 1968 Wiesbaden)
196: **Schlacht an der Marne.** In: Wilhelm Klemm: Ich lag in fremder Stube, Gesammelte Gedichte, Hanns-Josef Ortheil (Hg.), München, Wien: Carl Hanser Verlag 1981, S. 15.

Kling, Thomas (1957 Bingen – 2005 Dormagen)
260 f.: **niedliche achterbahn.** In: Thomas Kling: Brennstabm, Gedichte, Frankfurt am Main: Suhrkamp Verlag 1991, S. 37.

Klopstock, Friedrich Gottlieb (1724 Quedlinburg – 1803 Hamburg)
59–62: **Der Zürchersee (1750).** In: Friedrich Klopstock: Oden, Karl Ludwig Schneider (Hg.), Stuttgart: Philipp Reclam jun. 2006, S. 45 ff. [zuerst 1966]
94 ff.: **Der Erobrungskrieg (1793).** In: Friedrich Klopstock ebd., S. 116.
93 f.: **Kennet euch selbst.** In: Friedrich Klopstock: Werke in

einem Band, Karl-Heinz Hahn (Hg.), Berlin, Weimar: Aufbau-Verlag 1971, S. 105 f.

Kolbe, Uwe (*1957 Ost-Berlin)
255: **Ich bin erzogen im Namen einer Weltanschauung.** In: Uwe Kolbe: Vaterlandkanal, Ein Fahrtenbuch, Frankfurt am Main: Suhrkamp Verlag 1990, S. 43.

Kolmar, Gertrud (1894 Berlin – 1943 Auschwitz)
213: **An die Gefangenen.** In: Gertrud Kolmar: Gedichte, Frankfurt am Main: Suhrkamp Verlag 1983, S. 163 f.

Körner, Theodor (1791 Dresden – 1813 bei Gadebusch in Mecklenburg)
127 f.: **Lied der schwarzen Jäger.** In: Theodor Körner: Werke, Hans Zimmer (Hg.), Bd. 1, Leipzig, Wien: Bibliographisches Institut, o. J. (Vorwort 2.9.1893), S. 93.

Krechel, Ursula (*1947 Trier)
259 f.: **Todestag.** In: Ursula Krechel: Vom Feuer lernen, Gedichte, Darmstadt, Neuwied: Luchterland 1985, S. 65.

Krolow, Karl (1915 Hannover – 1999 Darmstadt)
263: **Air.** In: Karl Krolow: Die zweite Zeit, Gedichte, Frankfurt am Main: Suhrkamp 1995, S. 31.

Lasker-Schüler, Else (1869 Elberfeld – 1945 Jerusalem)
180: **Weltende.** In: Else Lasker-Schüler: Werke und Briefe, Kritische Ausgabe, Norbert Oellers (Hg.) u. a., Bd. 1.1 Gedichte, bearbeitet v. Karl Jürgen Skrodzki und N. Oellers, Frankfurt a. M.: Jüdischer Verlag 1996, S. 75.
183: **Ein alter Tibetteppich.** In: Else Lasker-Schüler ebd., S. 130.
218: **Die Verscheuchte.** In: Else Lasker-Schüler: Gesammelte Werke, Gedichte 1902–1943, München: Deutscher Taschenbuch Verlag 1986, S. 345.
Lenau, Nicolaus (1802 Csatád im Banat – 1850 Oberdöbeling bei Wien)
146 f.: **Die drei Zigeuner.** In: Nikolaus Lenau: Gedichte, Hans-

georg Schmidt-Bergmann (Hg.), Frankfurt a. M., Leipzig: Insel Verlag 1998, S. 209 f. [Zuerst 1986]

Lenz, Jakob Michael Reinhold (1751 Seßwegen in Livland – 1792 Moskau)
77: **In einem Gärtchen am Contade** *als der Dichter gebadet hatte mit Bleifeder auf eine Karte geschmiert.* In: Jakob Michael Reinhold Lenz: Gedichte, Helmut Haug (Hg.), Stuttgart: Philipp Reclam jun. 1984. S. 4. [Zuerst 1968]
78: **Fühl alle Lust fühl alle Pein.** In: Jakob Michael Reinhold Lenz: Werke und Briefe in drei Bänden, Sigrid Damm (Hg.), Bd. 3, Gedichte, München: Carl Hanser Verlag 1987, S. 114.
85: **Ueber die Dunkelheiten in Klopstock und andern.** In: Lenz und seine Schriften: Nachträge zu der Ausgabe von L. Tieck und ihren Ergänzungen, Edward Dorer-Egloff (Hg.), Baden: Verlag der J. Zehnder'schen Buchdruckerei 1857, S. 186
85: **Der Dichter, verliebt.** In: Jakob Michael Reinhold Lenz: Gesammelte Schriften, Bd. 1, Die Gedichte [u. a.], Franz Blei (Hg.), München, Leipzig: Georg Müller Verlag 1909, S. 100.
85: **Aus ihren Augen lacht die Freude.** In: Jakob Michael Reinhold Lenz: Werke und Briefe in drei Bänden, Sigrid Damm (Hg.), Bd. 3, Gedichte, München: Carl Hanser Verlag 1987, S. 170.
86: **Die erwachende Vernunft.** In: Jakob Michael Reinhold Lenz: Werke und Briefe in drei Bänden, Sigrid Damm (Hg.), Bd. 3, Gedichte, München: Carl Hanser Verlag 1987, S. 171.

Lessing, Gotthold Ephraim (1729 Kamenz in der Lausitz – 1781 Braunschweig)
62 f.: **Der Tanzbär.** In: Gotthold Ephraim Lessing: Werke, Bd. 1., Herbert G. Göpfert (Hg.), Darmstadt: Wissenschaftliche Buchgesellschaft 1996, (© 1970 Carl Hanser Verlag, München), S. 197 f.
63 f.: **Die Küsse.** In: Gotthold Ephraim Lessing ebd., S. 68.
64: **Die Türken.** In: Gotthold Ephraim Lessing ebd., S. 73.
71: **Merkur und Amor.** In: Gotthold Ephraim Lessing ebd., S. 10

Lichtenstein, Alfred (1889 Berlin – 1914 in der Nähe von Vermandovillers bei Reims)
186: **Die Dämmerung.** In: Kurt Pinthus (Hg.): Menschheitsdämmerung, Ein Dokument des Expressionismus, Reinbek bei Hamburg: Rowohlt 1993, S. 47.
193 f.: **Punkt.** In: Silvio Vietta (Hg.): Lyrik des Expressionismus, Tübingen: Max Niemeyer Verlag, 2. u. 3. Aufl., 1985, S. 35.
194: **Die Operation.** In: Silvio Vietta (Hg.) ebd., S. 76.
195: **Liebeslied.** In: Vollmer, Hartmut: Alfred Lichtenstein – zerrissenes Ich und verfremdete Welt, Aachen: Alano Verlag 1988, S. 164.

Loerke, Oskar (1884 Jungen bei Schwetz – 1941 Berlin)
217: **Leitspruch.** In: Oskar Loerke: Die Gedichte, Frankfurt am Main: Suhrkamp Verlag 1983, S. 614.

Logau, Friedrich von (1604 Brockut bei Nimptsch – 1655 Liegnitz)
32: **Hunger.** In: Friedrich von Logau: Sämtliche Sinngedichte, Gustav Eitner (Hg.), Tübingen 1872, Neudruck Hildesheim, New York: Georg Olms Verlag 1974, S. 34.
33: **David durch Michal verborgen.** In: Friedrich von Logau ebd., S. 47.
33: **Über den Tod eines lieben Freundes.** In: Friedrich von Logau ebd., S. 86
33: **Himmel und Erde.** In: Friedrich von Logau ebd., S. 244
34: **Der natürliche Mensch.** In: Friedrich von Logau ebd., S. 338

Mayröcker, Friederike (*1924 Wien)
262: **beim Anblick eines jungen Kindes in der Straße.** In: Friederike Mayröcker: Das besessene Alter, Gedichte 1986–1991, Frankfurt am Main: Suhrkamp Verlag 1992, S. 55.

Meyer, Conrad Ferdinand (1825 Zürich – 1898 Kilchberg)
166: **Der römische Brunnen.** In: Conrad Ferdinand Meyer: Sämtliche Werke, Historisch-Kritische Ausgabe, Hans Zeller (Hg.) u. Alfred Zäch (Hg.), Bd. 1. Gedichte, Hans Zeller (Hg.), Bern: Benteli-Verlag 1963, S. 170.

166 f.: **Der schöne Tag.** In: Conrad Ferdinand Meyer ebd. , S. 28.
167: **Zwei Segel.** In: In: Conrad Ferdinand Meyer ebd., S. 196.

Mörike, Eduard (1804 Ludwigsburg bei Stuttgart – 1875 Stuttgart)
140: **Ein Irrsal kam in die Mondscheingärten.** In: Eduard Mörike: Gedichte, Bernhard Zeller (Hg.), Stuttgart: Philipp Reclam jun. 1994, S. 69. [zuerst 1977]
141: **Um Mitternacht.** In: Eduard Mörike ebd., S. 71.
142: **Er ists.** In: Eduard Mörike ebd, S. 15.
142 f.: **Erstes Liebeslied eines Mädchens.** In: Eduard Mörike ebd., S. 16.
157: **Auf eine Lampe.** In: Eduard Mörike ebd., S. 61.

Neander, Joachim (1650 Bremen – 1680 Bremen)
44: **Der Lobende. Ps. CIII. 1.** In: Joachim Neander: Einfältige Bundeslieder und Dankpsalmen, Rudolf Mohr (Hg.), Leipzig: Evangelische Verlagsanstalt 2002, S. 32 f.

Neukirch, Benjamin (1665 Rydzyna in Schlesien – 1729 Ansbach)
48: **Auff die krönung des Römischen Königs Josephi.** In: Angelo George de Capua (Hg.) und Ernst Alfred Philippson (Hg.): Herrn von Hoffmannswaldau und andrer Deutschen auserlesener und bißher ungedruckter Gedichte erster theil, Tübingen: Max Niemeyer Verlag 1961, S. 133.
49: **An Sylvien.** In: Angelo George de Capua (Hg.) und Ernst Alfred Philippson (Hg.) ebd., S. 64.

Nietzsche, Friedrich (1844 Röcken bei Lützen – 1900 Weimar)
170: **Der Freigeist. Abschied.** In: Friedrich Nietzsche: Kritische Studienausgabe, Giorgio Colli und Mazzino Montinari (Hg.), Bd. 11, Nachgelassene Fragmente 1884–1885, München: Deutscher Taschenbuch Verlag de Gruyter, 2. Aufl., 1988, S. 329.

Opitz, Martin (1597 Bunzlau – 1639 Danzig)
18: **Ach liebste, laß uns eilen.** In: Martin Opitz: Weltliche Po-

emata 1644, Zweiter Teil, Erich Trunz (Hg.), Tübingen: Max Niemeyer Verlag 1975, S. 336.
19 f.: **Ich empfinde fast ein Grauen.** In: Martin Opitz ebd., S. 349 ff.

Platen, August von (1796 Ansbach – 1835 Syrakus)
136 f.: **Es liegt an eines Menschen Schmerz.** In: August von Platen: Werke in zwei Bänden, Bd. 1., Lyrik, Jürgen Link (Hg.), München: Winkler Verlag 1982, S. 217 f.

Prutz, Robert (1816 Stettin – 1872 Stettin)
161 f.: **Wo sind die Lerchen hingeflogen.** In: Thomas Rietzschel (Hg.): Revolutionsgedichte, Von Hölderlin bis Fried, Zürich: Arche Verlag 1989, S. 52.

Rathenow, Lutz (*1952 Jena)
265: **Kapitalismus mit Tübinger Antlitz.** In: Lutz Rathenow: Jahrhundert der Blicke, Neue Gedichte, Weilerswist: Landpresse Verlag, 2. Aufl., 1998, S. 7.

Rilke, Rainer Maria (1875 Prag – 1926 Valmont)
178 f.: **Ich fürchte mich so.** In: Rainer Maria Rilke: Die Gedichte, Frankfurt a. M.: Insel-Verlag 1990 (nach d. Werkausgabe, Ernst Zinn (Hg.), Frankfurt a. M. 1957), S. 188 f.
179: **Herbsttag.** In: Rainer Maria Rilke ebd., S. 344.
180 f.: **Der Panther.** In: Rainer Maria Rilke ebd., S. 451.
188 1: **Römische Fontäne.** In: Rainer Maria Rilke ebd., S. 475.
182: **Blaue Hortensie.** In: Rainer Maria Rilke ebd., S. 465.

Rühmkorf, Peter (1929 Dortmund – 2008 Roseburg in Schleswig-Holstein)
237 ff.: **Im Vollbesitz seiner Zweifel.** In: Peter Rühmkorf: Irdisches Vergnügen in g, Fünfzig Gedichte, Reinbek bei Hamburg: Rowohlt Verlag 1959, S. 27 f.

Sachs, Nelly (1891 Schöneberg – 1970 Stockholm)
221 f.: **Qual, Zeitmesser eines fremden Sterns.** In: Nelly Sachs: Fahrt ins Staublose, Die Gedichte der Nelly Sachs, Frankfurt am Main: Suhrkamp Verlag 1961, S. 28.

222 f.: **Chor der Geretteten.** In: Nelly Sachs ebd., S. 50 f.

Schiller, Friedrich (1759 Marbach am Neckar – 1805 Weimar)
111 f.: **Der Tanz.** In: Friedrich Schiller: Sämtliche Werke, Bd. 1, Gedichte, Dramen I, Lizenzausgabe der Wissenschaftlichen Buchgesellschaft, Darmstadt, 8. Aufl., 1987, S. 237 f.
113 f.: **Die Teilung der Erde.** In: Friedrich Schiller ebd., S. 205 f.
116: **Nänie.** In: Friedrich Schiller ebd., S. 242.

Schirmer, David (1623 Pappendorf bei Freiberg – 1687 Dresden)
34 f.: **Marnia und ein Buch.** In: David Schirmer: Poetische Rosen-Gepüsche 1657, Anthony J. Harper (Hg.), Tübingen: Max Niemeyer Verlag 2003, S. 77 f.

Schneider, Reinhold (1903 Baden-Baden – 1958 Freiburg im Breisgau)
219: **Entfremdet ist das Volk mir.** In: Reinhold Schneider: Gesammelte Werke, Bd. 5, Lyrik, Frankfurt am Main: Insel-Verlag 1981, S. 110 f.

Stadler, Ernst (1883 Colmar – 1914 bei Ypern in Belgien)
193: **Form ist Wollust.** In: Ernst Stadler: Dichtungen. Schriften. Briefe. Kritische Ausgabe, Klaus Hurlebusch (Hg.) und Karl Ludwig Schneider (Hg.), München: C. H. Beck 1983, S. 138.

Storm, Theodor (1817 Husum – 1888 Hademarschen)
160 f.: **Meeresstrand.** In: Theodor Storm: Sämtliche Werke in vier Bänden, Karl Ernst Laage (Hg.) und Dieter Lohmeier (Hg.), Bd. 1, Gedichte, Novellen 1848–1867, Dieter Lohmeier (Hg.), Frankfurt a. M.: Deutscher Klassiker-Verlag 1987, S. 14 f.
164 f.: **Geh nicht hinein.** In: Theodor Storm ebd., S. 93 f.

Stramm, August (1874 Münster – 1915 in den Rokitno-Sümpfen in Russland)
195: **Wiedersehen.** In: August Stramm: Gedichte, Dramen,

Prosa, Briefe, Jörg Drews (Hg.), Stuttgart: Philipp Reclam jun. 1997, S. 31.
198: **Patrouille.** In: August Stramm ebd., S. 70.
198: **Schlachtfeld.** In: August Stramm ebd., S. 59.

Tieck, Ludwig (1773 Berlin – 1853 Berlin)
114 f.:**Die Spinnerin.** In: Ludwig Tieck: Schriften in zwölf Bänden, Bd. 7, Gedichte, Ruprecht Wimmer (Hg.), Frankfurt a. M.: Deutscher Klassiker Verlag 1995, S. 110.
129: **An einen Liebenden im Frühling 1814.** In: Ludwig Tieck ebd., S. 321.

Trakl, Georg (1887 Salzburg – 1914 Krakau)
187: **Verfall.** In: Georg Trakl: Das dichterische Werk, Walter Killy (Hg.) und Hans Szklenar (Hg.), München: Philipp Reclam Jun., 4. Aufl., 1977, S. 39.
189 f.: **De profundis.** In: Georg Trakl ebd., S. 29 f.
190 f.: **Im Herbst.** In: Georg Trakl ebd., S. 20.
197: **Grodek.** In: Georg Trakl ebd., S. 112.

Tucholsky, Kurt (1890 Berlin – 1935 Göteborg)
203 f.: **Arbeit für Arbeitslose.** In: Kurt Tucholsky: Gedichte in einem Band, Ute Maack (Hg.) und Andrea Spingler (Hg.), Frankfurt a. M., Leipzig: Insel Verlag 2006, S. 601.

Uz, Johann Peter (1720 Ansbach – 1796 Ansbach)
58: **Ein Traum.** In: Johann Peter Uz: Sämtliche Poetische Werke, August Sauer (Hg.), Darmstadt: Wissenschaftliche Buchgesellschaft 1964, S. 24 ff.
67 f.: **Das Erdbeben.** In: Johann Peter Zu ebd., S. 149 f.

Voß, Johann Heinrich (1751 Sommersdorf in Mecklenburg – 1826 Heidelberg)
89 f.: **Der Kuss.** In: Johann Heinrich Voß: Idyllen und Gedichte, Eva D. Becker (Hg.), Stuttgart: Philipp Reclam jun. 1984, S. 58 f.
91: **Stand und Würde.** In: Johann Heinrich Voß ebd., S. 3.
92 f.: **Die Spinnerin.** In: Johann Heinrich Voß ebd., S. 61.

Weerth, Georg (1822 Detmold – 1856 Havanna)
153 f.: **Das Hungerlied.** In: Georg Weerth: Werke in zwei Bänden, Bd. 1, Gedichte, Kleine Prosa 1844–1848, Berlin, Weimar: Aufbau Verlag, 2. Aufl., 1967, S. 50.

Wolfenstein, Alfred (1888 Halle an der Saale – 1945 Paris)
192 f.: **Städter.** In: Kurt Pinthus (Hg.): Menschheitsdämmerung. Ein Dokument des Expressionismus, Reinbek bei Hamburg: Rowohlt 1993, S. 45 f., [zuerst 1920]

Wondratschek, Wolf (*1943 Rudolstadt)
253 f.: **In den Autos.** In: Wolf Wondratschek: ‚Chuck's Zimmer', Alle Gedichte und Lieder, München: Wilhelm Heyne Verlag 1981, S. 82.

Zesen, Philipp von (1619 Priorau bei Dessau – 1689 Hamburg)
26 f.: **Das Siebende Lied. Ermunterung zur Fröligkeit. Von lauter Dactylischen Versen.** In: Philipp von Zesen: Sämtliche Werke, Ferdinand van Ingen (Hg.), Bd. 1, 1. Teil, Lyrik I, Berlin, New York: Walter de Gruyter 1980, S. 91 f.

Verzeichnis der Gedichttitel und -anfänge

Abendlied **Matthias Claudius** 86 f.
Ach liebste, laß uns eilen **Martin Opitz** 18
Ach liebste, laß uns eilen, **Martin Opitz** 18
Ach weh, wo bin ich nun? bei lauter höllschen Mohren, **Angelus Silesius (Johann Scheffler)** 41
Air **Karl Krolow** 263
Alltags mit den Offiziellen **Theodor Fontane** 168

Als er der Phillis einen Ring mit einem Totenkopfe überreichte **Johann Christian Günther** 52
als ich plötzlich zwei Jahre alt war **Friederike Mayröcker** 262
Am Abend tönen die herbstlichen Wälder **Georg Trakl** 197
Am Abend, wenn die Glocken Frieden läuten, **Georg Trakl** 187

Am Turme **Annette von Droste-Hülshoff** 149
An alle Fernsprechteilnehmer **Hans Magnus Enzensberger** 240
An den Mond **Johann Wolfgang Goethe** 99
An die Gefangenen **Gertrud Kolmar** 213
An Doris **Heinrich Christian Boie** 68
An einen Knaben **Ludwig Christoph Heinrich Hölty** 69
An einen Liebenden im Frühling 1814 **Ludwig Tieck** 129
An König Wilhelm **Emanuel Geibel** 162 ff.
An seine Magdalis **Johann Christian Günther** 50
An Sylvien **Benjamin Neukirch** 49
An's Haff nun fliegt die Möwe, **Theodor Storm** 160 f.
Anakreon **Johann Wilhelm Ludwig Gleim** 57
Anakreon, mein Lehrer, **Johann Wilhelm Ludwig Gleim** 57
Annette an ihren Geliebten **Johann Wolfgang Goethe** 66
Anständiges Sonet **Ulla Hahn** 257 f.
Arbeit für Arbeitslose **Kurt Tucholsky** 203 f.
Auch das Schöne muß sterben! Das Menschen und Götter bezwinget, **Friedrich Schiller** 116
Auf dem Matthäikirchhof **Theodor Fontane** 168
Auf eine Lampe **Eduard Mörike** 157

Auf einem Häuserblocke sitzt er breit. **Georg Heym** 185
Auff die krönung des Römischen Königs Josephi **Benjamin Neukirch** 48
Aufruf. 1841 **Georg Herwegh** 147
Aufsteigt der Strahl und fallend gießt **Conrad Ferdinand Meyer** 166
Aus ihren Augen lacht die Freude **Jakob Michael Reinhold Lenz** 85
Aus ihren Augen lacht die Freude, **Jakob Michael Reinhold Lenz** 85
Ballade des äußeren Lebens **Hugo von Hofmannsthal** 176
Bäume **Sarah Kirsch** 258
Bedecke deinen Himmel, Zeus, **Johann Wolfgang Goethe** 78 ff.
Befehlt doch draußen, still zu bleiben! **Gottfried August Bürger** 89
Beförderer vieler Lustbarkeiten, **Friedrich von Hagedorn** 55 ff.
beim Anblick eines jungen Kindes in der Straße **Friederike Mayröcker** 262
Beschwörung (I) **Marie Luise Kaschnitz** 226
Bey Eröffnung des Feldzuges 1756 **Johann Wilhelm Ludwig Gleim** 64
Blaue Hortensie **Rainer Maria Rilke** 182
Böser Morgen **Bertolt Brecht** 232
Brächte der nächste Frühling meinem Arm dich, **Ludwig**

Christoph Heinrich Hölty 83 f.
Braun wie Kognak. Braun wie Laub. Rotbraun. Malaiengelb. Gottfried Benn 188 f.
Brecht sitzt wie eh und je Kurt Bartsch 247
Chausseestraße 125 Kurt Bartsch 247
Chor der Fräuleins Erich Kästner 208 f.
Chor der Geretteten Nelly Sachs 222 f.
Christiane Matthias Claudius 97
Da ging ich bei träger Kälte des Himmels Peter Huchel 243
Dämmrung will die Flügel spreiten, Joseph von Eichendorff 126 f.
Das Erdbeben Johann Peter Uz 67 f.
Das Fräulein stand am Meere Heinrich Heine 143
Das Fräulein stand am Meere Heinrich Heine 143
Das Göttliche Johann Wolfgang Goethe 107 ff.
Das Hungerlied Georg Weerth 153 f.
Das Lied vom Eisenarbeiter Karl Henckell 171 f.
Das Rädchen Ludwig Tieck 114 f.
Das Siebende Lied. Ermunterung zur Fröligkeit. Von lauter Dactylischen Versen Philipp von Zesen 26 f.
Das Spiegelbild Annette von Droste-Hülshoff 150 f.
Das Tanzlied des Totenschiffes B. Traven 202 f.

Das Wasser rauscht', das Wasser schwoll, Johann Wolfgang Goethe 101 f.
David durch Michal verborgen Friedrich von Logau 33
De profundis Georg Trakl 189 f.
Dein Hut lüftet sich leis, grüßt, schwebt im Wind, Ingeborg Bachmann 234 f.
Dein Schreiten bebt August Stramm 195
Deine Seele, die die meine liebet Else Lasker-Schüler 183
Dem Bürger fliegt vom spitzen Kopf der Hut, Jakob van Hoddis 186
Denn Furcht beherrscht seit langem Eure Tage Rudolf Hagelstange 221
Denn Furcht beherrscht seit langem Eure Tage Rudolf Hagelstange 221
Der adlige Rat Johann Heinrich Voß 91
Der Anger steht so grün, so grün, Ludwig Christoph Heinrich Hölty 75
Der Asra Heinrich Heine 158
Der Bauer Gottfried August Bürger 70 f.
Der den Tod auf Hiroshima warf Marie Luise Kaschnitz 235 f.
Der Dichter, verliebt Jakob Michael Reinhold Lenz 85
Der du von dem Himmel bist, Johann Wolfgang Goethe 100
Der dunkle Dichter Gottfried August Bürger 92
Der Erlkönig Johann Wolfgang Goethe 103 f.

Der Erobrungskrieg (1793) **Friedrich Gottlieb Klopstock** 94 ff.

Der ewge Gottessohn kommt her in diese Wüsten **Angelus Silesius (Johann Scheffler)** 40

Der Fall Evens ist Ursach, daß Gott Mensch worden **Angelus Silesius (Johann Scheffler)** 40

Der Fischer **Johann Wolfgang Goethe** 101 f.

Der Freigeist. Abschied **Friedrich Nietzsche** 170

Der Funker: „Ver-." Gewaltig endet so der Tag. **Marcel Beyer** 264

der glanze heldenplatz zirka **Ernst Jandl** 252

Der Gott der Stadt **Georg Heym** 185

Der habe lust zu würffeln und zu karten, **Simon Dach** 30 f.

der Herr der Insel **Stefan George** 177

Der Himmel war umzogen **Friedrich von Hardenberg (Novalis)** 119–121

Der Himmel war umzogen, **Friedrich von Hardenberg (Novalis)** 119–121

Der Ilmensee 1941 **Johannes Bobrowski** 241 f.

Der Kuß im Traume, aus einem ungedruckten Romane **Karoline von Günderrode** 122

Der Kuss **Johann Heinrich Voß** 89 f.

Der letzte Gast **Robert Gernhardt** 263 f.

Der Lobende Ps. CIII. 1 **Joachim Neander** 44

Der Mann soll seyn der Himmel; das Weib wil seyn die Erde, **Friedrich von Logau** 33

Der Mensch ist Ewigkeit **Angelus Silesius (Johann Scheffler)** 40

Der Mond ist aufgegangen **Matthias Claudius** 86 f.

Der natürliche Mensch **Friedrich von Logau** 34

Der Panther **Rainer Maria Rilke** 180 f.

Der römische Brunnen **Conrad Ferdinand Meyer** 166

Der Saal wird dunkel und wir sehn die Schnellen **Jakob van Hoddis** 191 f.

Der Schläfer im Walde **Georg Heym** 183 f.

Der schöne Tag **Conrad Ferdinand Meyer** 166 f.

Der Spinnerin Nachtlied **Clemens Brentano** 123 f.

Der Stern der Seelen, eine Phantasie *Ludwig Christoph Heinrich Hölty* 84

Der Tanz **Friedrich Schiller** 111 f.

Der Tanzbär **Gotthold Ephraim Lessing** 62 f.

Der ungewordne Gott wird mitten in der Zeit, **Angelus Silesius (Johann Scheffler)** 40

Der verdammte Übeltäter **Angelus Silesius (Johann Scheffler)** 41

Der Zürchersee (1750) **Friedrich Gottlieb Klopstock** 59–62

Die Alster **Friedrich von Hagedorn** 55

Die Dämmerung **Alfred Lichtenstein** 186
Die drei Zigeuner **Nicolaus Lenau** 146 f.
Die Erde hat gebebt und ihr geborstner Grund **Johann Peter Uz** 67 f.
Die Erinn'rung ist eine mysteriöse **Erich Kästner** 230
Die erwachende Vernunft **Jakob Michael Reinhold Lenz** 86
Die fischer überliefern dass im süden **Stefan George** 177
Die Gärten **Marie Luise Kaschnitz** 250
Die Gärten untergepflügt **Marie Luise Kaschnitz** 250
Die gestundete Zeit **Ingeborg Bachmann** 230 f.
„Die Krähen schrei'n **Friedrich Nietzsche** 170
Die künftige Geliebte **Ludwig Christoph Heinrich Hölty** 83 f.
Die Küsse **Gotthold Ephraim Lessing** 63 f.
Die Liebe fing mich ein mit ihren Netzen **Clemens Brentano** 115
Die Liebe fing mich ein mit ihren Netzen, **Clemens Brentano** 115
Die Liebe lehrt **Clemens Brentano** 124 f.
Die Liebe lehrt **Clemens Brentano** 124 f.
Die Loreley **Heinrich Heine** 138
Die Lotosblume ängstigt **Heinrich Heine** 137
Die Lotosblume ängstigt **Heinrich Heine** 137
Die Luft riecht schon nach Schnee **Sarah Kirsch** 253
Die Luft riecht schon nach Schnee, mein Geliebter **Sarah Kirsch** 253
Die Malabarischen Witwen **Karoline von Günderrode** 122 f.
Die Michal legt ein Bild ins Bett an David's stat **Friedrich von Logau** 33
Die Operation **Alfred Lichtenstein** 194
Die Pest ergriff den Leib der schönen Flavia, **Johann Christian Günther** 50 f.
Die Pest ergriff den Leib der schönen Flavia, **Johann Christian Günther** 50 f.
Die schlesischen Weber **Heinrich Heine** 152
Die Silberpappel, eine ortsbekannte Schönheit **Bertolt Brecht** 232
Die Sonnenblumen leuchten am Zaun, **Georg Trakl** 190 f.
Die Spinnerin **Johann Heinrich Voß** 92 f.
Die Spinnerin **Ludwig Tieck** 114 f.
Die Städte wachsen. Und die Kurse steigen. **Erich Kästner** 209
Die Steine feinden **August Stramm** 198
Die Sünd ist allein das Übel **Angelus Silesius (Johann Scheffler)** 41
Die Teilung der Erde **Friedrich Schiller** 113 f.
Die Türken **Gotthold Ephraim Lessing** 64

Die Türken haben schöne Töchter, Gotthold Ephraim Lessing 64
Die Verscheuchte **Else Lasker-Schüler** 218
Die Welt **Christian Hoffmann von Hoffmannswaldau** 42
Die wüsten Straßen fließen -lichterloh **Alfred Lichtenstein** 193 f.
Die Zeit fährt Auto **Erich Kästner** 209
Dies ist meine Mütze, **Günter Eich** 227 f.
Dieses Haus schien viel größer von innen **Hans Magnus Enzensberger** 266 f.
Drei Zigeuner fand ich einmal **Nicolaus Lenau** 146 f.
Drinnen und draußen **Hans Magnus Enzensberger** 266 f.
Du Kleine, willst du gehen? **Johann Heinrich Voß** 89 f.
Du liegst im großen Gelausche **Paul Celan** 248 f.
Du liegst im großen Gelausche **Paul Celan** 248 f.
Du mußt, was Gott ist, sein **Angelus Silesius (Johann Scheffler)** 39
Du nicht glücklich? stolzes Herz? **Jakob Michael Reinhold Lenz** 86
Durch so viel Formen geschritten, **Gottfried Benn** 233
Dv sihst, wohin du sihst nur Eitelkeit auff Erden. **Andreas Gryphius** 29
D-Zug **Gottfried Benn** 188 f.
Edel sei der Mensch, **Johann Wolfgang Goethe** 107 f.

Ein alter Tibetteppich **Else Lasker-Schüler** 183
Ein dicker Junge spielt mit einem Teich. **Alfred Lichtenstein** 186
Ein ersoffener Bierfahrer wurde auf den Tisch gestemmt. **Gottfried Benn** 187 f.
Ein gleiches **Johann Wolfgang Goethe** 101
Ein Irrsal kam in die Mondscheingärten **Eduard Mörike** 140
Ein Irrsal kam in die Mondscheingärten **Eduard Mörike** 140
Ein Küßchen, das ein Kind mir schenket, **Gotthold Ephraim Lessing** 63 f.
Ein Maulwurff in dem Geistlichen, im Weltlichen ein Luchs, **Friedrich von Logau** 34
Ein Strom entrauscht umwölktem Felsensaale, **Johann Wolfgang Goethe** 126
Ein Tanzbär war der Kett' entrissen, **Gotthold Ephraim Lessing** 62 f.
Ein Traum **Johann Peter Uz** 58
Eine Frau am Fenster allein **Ulla Hahn** 257
Einen jener klassischen **Rolf Dieter Brinkmann** 251
Einen jener klassischen **Rolf Dieter Brinkmann** 251
Einsamer nie – **Gottfried Benn** 216
Einsamer nie als im August: **Gottfried Benn** 216
Entbietung **Richard Dehmel** 172 f.

Entfremdet ist das Volk mir
  Reinhold Schneider 219
*Entfremdet ist das Volk mir,
  nur sein Leiden* **Reinhold
  Schneider** 219
Er ists **Eduard Mörike** 142
Erinnerung an eine Begegnung
  in Duderstadt **Robert Gernhardt** 256
Erklär mir, Liebe **Ingeborg
  Bachmann** 234 f.
*Erlaube mir, du freundlichster
  der Wirte,* **Jakob Michael
  Reinhold Lenz** 77
Erschrick nicht vor dem Liebeszeichen, **Johann Christian
  Günther** 52
Erstes Liebeslied eines
  Mädchens **Eduard Mörike**
  142 f.
*Es hat ein Kuß mir Leben
  eingehaucht,* **Karoline von
  Günderrode** 122
Es ist Abend. Vorbei gleiten
  Bertolt Brecht 232
Es ist alles eitel **Andreas
  Gryphius** 29
*Es ist der Tag im Nebel völlig
  eingehüllt,* **Else Lasker-
  Schüler** 218
*Es ist ein Stoppelfeld, in das ein
  schwarzer Regen fällt.* **Georg
  Trakl** 189 f.
Es ist ein Weinen in der Welt,
  Else Lasker-Schüler 180
*Es ist schon spät, es wird schon
  kalt,* **Joseph von Eichendorff**
  128 f.
Es kommen härtere Tage. **Ingeborg Bachmann** 230 f.
Es liegt an eines Menschen
  Schmerz **August von Platen**
  136 f.

*Es liegt an eines Menschen
  Schmerz, an eines Menschen
  Wunde nichts,* **August von
  Platen** 136 f.
Es sang vor langen Jahren
  Clemens Brentano 123 f.
Es schienen so golden die Sterne,
  Joseph von Eichendorff 144
Es schlug mein Herz **Johann
  Wolfgang Goethe** 72 f.
*Es schlug mein Herz. Geschwind
  zu Pferde!* **Johann Wolfgang
  Goethe** 72 f.
*Es stampft und dröhnt mit
  dumpfem Ton* **Karl Henckell**
  171 f.
*Es stand ein Sternlein am
  Himmel,* **Matthias Claudius**
  97
Es war, als hätt der Himmel
  Joseph von Eichendorff 145
*Es wird der bleiche tod mit
  seiner kalten hand* **Christian
  Hofmann von Hofmannswaldau** 46
Es zogen zwei rüstge Gesellen
  Joseph von Eichendorff
  135 f.
*Etwas, das keine farbe hat,
  etwas* **Hans Magnus Enzensberger** 240 f.
Euch, ihr Schönen, **Ludwig
  Christoph Heinrich Hölty**
  75 f.
*Europa zanckte sich und wolte
  gerne wissen,* **Benjamin
  Neukirch** 48
*Festen Tons zu seinen Leuten
  spricht der Herr der
  Druckerei:* **Ferdinand Freiligrath** 154–157
Form ist Wollust **Ernst Stadler**
  193

Form und Riegel mußten erst zersprringen, **Ernst Stadler** 193

Frankreich schuf sich frei. Des Jahrhunderts edelste Tat hub **Friedrich Gottlieb Klopstock** 93 f.

Freie Presse **Ferdinand Freiligrath** 154–157

Froh empfind' ich mich nun auf klassischem Boden begeistert **Johann Wolfgang Goethe** 109 f.

Froh empfind' ich mich nun auf klassischem Boden begeistert, **Johann Wolfgang Goethe** 109 f.

Früher sollen sie **Sarah Kirsch** 258

Frühling läßt sein blaues Band **Eduard Mörike** 142

Frühlingsfahrt **Joseph von Eichendorff** 135 f.

Fühl alle Lust fühl alle Pein **Jakob Michael Reinhold Lenz** 78

Fühl alle Lust fühl alle Pein **Jakob Michael Reinhold Lenz** 78

Füllest wieder Busch und Tal **Johann Wolfgang Goethe** 99 f.

Ganymed **Johann Wolfgang Goethe** 81 f.

Gedanken bei der Section eines Körpers **Barthold Hinrich Brockes** 81 f.

Geh aus, mein Herz, und suche Freud **Paul Gerhardt** 36 f.

Geh aus, mein Herz, und suche Freud **Paul Gerhardt** 36 f.

Geh nicht hinein **Theodor Storm** 164 f.

Gelassen stieg die Nacht ans Land, **Eduard Mörike** 141

Gott wird, was er nie war **Angelus Silesius (Johann Scheffler)** 40

Grenzen der Menschheit **Johann Wolfgang Goethe** 105 f.

Grodek **Georg Trakl** 197

Größers wolltest auch du, aber die Liebe zwingt **Friedrich Hölderlin** 118

Großstadtliebe **Mascha Kaléko** 207 f.

Grübinne versetzt eine burg **Simon Dach** 20

Guevara unter der Rollbahn mit abgehackten **Volker Braun** 266

Hälfte des Lebens **Friedrich Hölderlin** 117 f.

Hatem **Johann Wolfgang Goethe** 131

Hebt es schon an, dies **Marie Luise Kaschnitz** 226

Heimkehr **Hans Bender** 231

Helle Länder sind deine Augen. **Alfred Lichtenstein** 195

Herbsttag **Rainer Maria Rilke** 179

Herr von Gänsewitz zum Kammerdiener **Gottfried August Bürger** 89

Herr: es ist Zeit. Der Sommer war sehr groß. **Rainer Maria Rilke** 179

Himmel und Erde **Friedrich von Logau** 33

Hiroshima **Marie Luise Kaschnitz** 235 f.

Hochbeglückt in deiner Liebe, **Johann Wolfgang Goethe** 132

Hör, es klagt die Flöte **Clemens Brentano** 125
Hör, es klagt die Flöte wieder, **Clemens Brentano** 125
Horto recreamur amœno **Simon Dach** 30 f.
Hunger **Friedrich von Logau** 32
Hunger ist der beste Koch; **Friedrich von Logau** 32
Ich armes Mädchen! **Johann Heinrich Voß** 92 f.
Ich bin erzogen im Namen einer Weltanschauung **Uwe Kolbe** 255
Ich bitte, gebt mir Licht, **Jakob Michael Reinhold Lenz** 85
Ich dich besingen, Phyllis? – Nein! **Jakob Michael Reinhold Lenz** 85
Ich empfinde fast ein Grauen **Martin Opitz** 19 f.
Ich empfinde fast ein Grauen **Martin Opitz** 19 f.
Ich fürchte mich so **Rainer Maria Rilke** 178 f.
Ich fürchte mich so vor der Menschen Wort. **Rainer Maria Rilke** 178 f.
Ich gehe morgens nach Haus. **Emmy Hennings** 191
Ich liebe das und weiß nicht was **Daniel Czepko** 23
Ich sah, wie Doris bei Damöten stand, **Johann Wolfgang Goethe** 66
Ich saug' an meiner Nabelschnur **Johann Wolfgang Goethe** 82 f.
Ich saug' an meiner Nabelschnur **Johann Wolfgang Goethe** 82 f.

Ich selbst bin Ewigkeit, wenn ich die Zeit verlasse **Angelus Silesius (Johann Scheffler)** 40
Ich steh auf hohem Balkone am Turm, **Annette von Droste-Hülshoff** 149 f.
Ich war an Kunst, und Gut, und Stande groß und reich **Paul Fleming** 25 f.
Ich war an Kunst, und Gut, und Stande groß und reich. **Paul Fleming** 25 f.
Ich weiß doch: nur der Glückliche **Bertolt Brecht** 216 f.
Ich weiß nicht was soll es bedeuten, **Heinrich Heine** 138
Ich, Bertolt Brecht, bin aus den schwarzen Wäldern. **Bertolt Brecht** 205
Ie mehr du Würtze reibst, ie lieblicher sie schmeckt: **Daniel Czepko** 21
Ihr dürres Volck, leblose Leute, todte Stumme, **Daniel Casper von Lohenstein** 43 f.
ihr habt mir ein haus gebaut **Wolfgang Hilbig** 245
ihr habt mir ein Haus gebaut **Wolfgang Hilbig** 245
Im bleichen Sommer, wenn die Winde oben **Bertolt Brecht** 201 f.
Im düstern Auge keine Träne, **Heinrich Heine** 152
Im Flügel oben hinterm Korridor, **Theodor Storm** 164 f.
Im Herbst **Georg Trakl** 190 f.
Im Mai **Matthias Claudius** 71
Im Rahmen **Ulla Hahn** 257

Im Rock des Feindes, **Hans Bender** 231

Im Schatten der von mir gepflanzten Pinien **Robert Gernhardt** 263 f.

Im Sonnenlicht zerreißen Ärzte eine Frau. **Alfred Lichtenstein** 194

Im Thiergarten **Arno Holz** 175

Im Thiergarten, auf einer Bank, sitz ich und rauche; **Arno Holz** 175

Im Vollbesitz seiner Zweifel **Peter Rühmkorf** 237 ff.

In den Autos **Wolf Wondratschek** 253 f.

In einem Gärtchen am Contade *als der Dichter gebadet hatte mit Bleifeder auf eine Karte geschmiert* **Jakob Michael Reinhold Lenz** 77

In kühler Tiefe spiegelt sich **Conrad Ferdinand Meyer** 166 f.

In memoriam memoriae **Erich Kästner** 230

Ins Feld, ins Feld! Die Rachegeister mahnen. **Theodor Körner** 217 f.

Inventur **Günter Eich** 227 f.

Jedwedes blutgefügte Reich **Oskar Loerke** 217

Jenen freundlichen Stern, den Gespielen der Abenddämmrung, **Ludwig Christoph Heinrich Hölty** 84

jolifanto bambla ô falli bambla **Hugo Ball** 199

Kapitalismus mit Tübinger Antlitz **Lutz Rathenow** 265

Karawane **Hugo Ball** 199

Kaum warf ich meinen Blick auf das zerstückte Weib, **Barthold Hinrich Brockes** 54 f.

Kein Übel ist als Sünd: und wären keine Sünden, **Angelus Silesius (Johann Scheffler)** 41

Kennet euch selbst **Friedrich Gottlieb Klopstock** 93 f.

Kennst du das Land, wo die Zitronen blühn, **Johann Wolfgang Goethe** 104 f.

Kinematograph **Jakob van Hoddis** 191 f.

Kleine Aster **Gottfried Benn** 187 f.

Komm beiß dich fest ich halte nichts **Ulla Hahn** 257

Komm in den totgesagten park und schau **Stefan George** 178

Komm in den totgesagten park und schau **Stefan George** 178

Krieg ist mein Lied! Weil alle Welt **Johann Wilhelm Ludwig Gleim** 64 f.

Kriegslied **Matthias Claudius** 88

Künstlich erhöheter Raub **Daniel Casper von Lohenstein** 42 f.

Langsam beginnen die Steine sich zu bewegen und zu reden. **Wilhelm Klemm** 196

Laß die heilgen Parabolen **Heinrich Heine** 158 f.

Laß die heilgen Parabolen, **Heinrich Heine** 158 f.

Lasset uns Meyen und Kräntze bereiten, **Philipp von Zesen** 26 f.

Lebenslauf **Friedrich Hölderlin** 118

Leitspruch **Oskar Loerke** 217
Liebeslied **Alfred Lichtenstein** 195
Lied der schwarzen Jäger **Theodor Körner** 127 f.
Lied und Gebilde **Johann Wolfgang Goethe** 133
Lobe den Herren, den mächtigen König der Ehren, **Joachim Neander** 44 f.
Lotosblume **Heinrich Heine** 159 f.
Mächtiges Überraschen **Johann Wolfgang Goethe** 126
Mädchen, du gehörst dir nicht mehr. **Karl Krolow** 263
Mag der Grieche seinen Ton **Johann Wolfgang Goethe** 133
Maifest **Johann Wolfgang Goethe** 73 f.
Man lernt sich irgendwo ganz flüchtig kennen **Mascha Kaléko** 207 f.
Manche haben sich gerettet **Rose Ausländer** 246
Marnia und ein Buch **David Schirmer** 34 f.
Maylied **Ludwig Christoph Heinrich Hölty** 75
Meeresstrand **Theodor Storm** 160 f.
Mein andrer Ich ist tod! O Ich, sein andrer Er, **Friedrich von Logau** 33
Mein Herz, mein Herz ist traurig **Heinrich Heine** 139
Mein Herz, mein Herz ist traurig, **Heinrich Heine** 139
Mein Kind, ich bin der Huld nicht wert, **Johann Christian Günther** 50

Merkur und Amor **Gotthold Ephraim Lessing** 71
Merkur und Amor zogen **Gotthold Ephraim Lessing** 71
Middle Class Blues **Hans Magnus Enzensberger** 244 f.
Mignon **Johann Wolfgang Goethe** 104 f.
Minnelied **Ludwig Christoph Heinrich Hölty** 75 f.
Mit festlich tiefem Frühgeläute **Emanuel Geibel** 162 f.
Mit gelben Birnen hänget **Friedrich Hölderlin** 117 f.
Mit verklebten Augen blieb ich ein Gläubiger, **Uwe Kolbe** 255
Mittel gegen den Hochmut der Großen **Gottfried August Bürger** 93
Mondnacht **Joseph von Eichendorff** 145
Nach dem Cabaret **Emmy Hennings** 191
Nach dem Massaker der Illusionen **Volker Braun** 266
Nah sind wir, Herr, **Paul Celan** 236
Nah wie Löcher eines Siebes stehn **Alfred Wolfenstein** 192 f.
Nänie **Friedrich Schiller** 116
Natur und Kunst, sie scheinen sich zu fliehen **Johann Wolfgang Goethe** 116
Natur und Kunst, sie scheinen sich zu fliehen **Johann Wolfgang Goethe** 116
„Nehmt hin die Welt!" rief Zeus von seinen Höhen **Friedrich Schiller** 113 f.
Nicht ein Flügelschlag ging durch die Welt, **Gottfried Keller** 153

Nicht Gelegenheit macht Diebe, **Johann Wolfgang Goethe** 131

Nicht zu predigen, habe ich mich an diesem Holztisch **Peter Rühmkorf** 237

Nicht zürne: daß mein Herz so heissen Brand ausübet, **Daniel Casper von Lohenstein** 42 f.

niedliche achterbahn **Thomas Kling** 260 f.

niedliche achterbahn **Thomas Kling** 260 f.

Nirgends hin, als auf den Mund, **Paul Fleming** 24

Noch unverrückt, o schöne Lampe, schmückest du, **Eduard Mörike** 157

Nun empfind ich keinen Grauen, **David Schirmer** 34 f.

Nur zwei Dinge **Gottfried Benn** 233

O Traum, der mich entzücket! **Johann Peter Uz** 58

Oh, ich hab euch ein Lied singen wollen, das die Erde erregt, **Gertrud Kolmar** 213

Ohne Nachtheil **Daniel Czepko** 23 f.

ottos mops **Ernst Jandl** 249

ottos mops trotzt **Ernst Jandl** 249

Patrouille **August Stramm** 198

Portrait eines alten Mannes **Wolf Biermann** 247 f.

Prometheus **Gottfried August Bürger** 91 f.

Prometheus hatte kaum herab in Erdennacht **Gottfried August Bürger** 91 f.

Prometheus **Johann Wolfgang Goethe** 78 ff.

Punkt **Alfred Lichtenstein** 193 f.

Qual, Zeitmesser eines fremden Sterns **Nelly Sachs** 221 f.

Qual, Zeitmesser eines fremden Sterns, **Nelly Sachs** 221 f.

Reißt die Kreuze aus der Erden! **Georg Herwegh** 147

Römische Fontäne **Rainer Maria Rilke** 181

Rote Dächer! **Arno Holz** 173 f.

Rudern, Gespräche **Bertolt Brecht** 232

's ist Krieg! 's ist Krieg! O Gottes Engel wehre, **Matthias Claudius** 88

Sagt es niemand, nur den Weisen, **Johann Wolfgang Goethe** 130 f.

Sankt Lykophron baut Schöppenstädts Palast, **Gottfried August Bürger** 92

Schallendes Schweigen **Rose Ausländer** 246

Schaust du mich an aus dem Kristall, **Annette von Droste-Hülshoff** 150 f.

Schlacht an der Marne **Wilhelm Klemm** 196

Schlachtfeld **August Stramm** 198

Schläft ein Lied in allen Dingen, **Joseph von Eichendorff** 145

Schlechte Zeit für Lyrik **Bertolt Brecht** 216 f.

Schluss des 1648sten Jahres **Andreas Gryphius** 31 f.

Schmück dir das Haar mit wildem Mohn, **Richard Dehmel** 172 f.

Schollenmürbe schläfert ein das Eisen **August Stramm** 198
Schön ist, Mutter Natur, deiner Erfindung Pracht **Friedrich Gottlieb Klopstock** 59–62
Schwarze Milch der Frühe wir trinken sie abends **Paul Celan** 224 ff.
Schweigen **Eugen Gomringer** 250
schweigen schweigen schweigen **Eugen Gomringer** 250
Sehnsucht **Joseph von Eichendorff** 144
Seht, Genossen, diesen Weltveränderer: Die Welt **Wolf Biermann** 247 f.
Sein Blick ist vom Vorübergehn der Stäbe **Rainer Maria Rilke** 180 f.
Seit Morgen ruht er. Da die Sonne rot **Georg Heym** 183 f.
Selige Sehnsucht **Johann Wolfgang Goethe** 130 f.
„*Sie haben die Züge dessen,* **Robert Gernhardt** 256
Sieh jene Kraniche in großem Bogen! **Bertolt Brecht** 211 f.
Siehe, wie schwebenden Schritts im Wellenschwung sich die Paare **Friedrich Schiller** 111 f.
So soll der purpur deiner lippen **Christian Hoffmann von Hoffmannswaldau** 47 f.
So wie das letzte Grün in Farbentiegeln **Rainer Maria Rilke** 182
Soll ich mein letztes End und ersten Anfang finden, **Angelus Silesius (Johann Scheffler)** 39

Song **Rose Ausländer** 258 f.
Sonnet. Vergänglichkeit der Schönheit. **Christian Hoffmann von Hoffmanswaldau** 46
Spiele wohl! Das Leben ein Schauspiel. **Daniel Czepko** 21 f.
Städter **Alfred Wolfenstein** 192 f.
Stand und Würde **Johann Heinrich Voß** 91
Stellung suchen Tag für Tag, **Kurt Tucholsky** 203 f.
Suleika **Johann Wolfgang Goethe** 132
Tag X **Durs Grünbein** 261
Täglich ging die wunderschöne **Heinrich Heine** 158
Tausend Blumen um mich her, **Matthias Claudius** 71
Tenebrae **Paul Celan** 236 f.
Terzinen über die Liebe **Bertolt Brecht** 211 f.
Thränen des Vaterlands. anno 1636 **Andreas Gryphius** 28
Todesfuge **Paul Celan** 224 ff.
Todestag **Ursula Krechel** 259 f.
Träume **Günter Eich** 228 f.
Über allen Gipfeln **Johann Wolfgang Goethe** 101
Über den Tod eines lieben Freundes **Friedrich von Logau** 33
Uberschrift des Tempels der Ewigkeit **Daniel Casper von Lohenstein** 43 f.
Ueber die Dunkelheiten in Klopstock und andern *Jakob Michael Reinhold Lenz* 85
Um Mitternacht **Eduard Mörike** 141

Und immer wieder schickt ihr mir Briefe, **Erich Kästner** 210 f.
Und Kinder wachsen auf mit tiefen Augen, **Hugo von Hofmannsthal** 176
Und wo bleibt das Positive, Herr Kästner? **Erich Kästner** 210 f.
Unglück prüfet das Gemüthe. Von der Tugend. **Daniel Czepko** 21
Unvergeßbare Sommergrüße **Arno Holz** 173
Verehrter Herr und König, **Georg Weerth** 153 f.
Verfall **Georg Trakl** 187
Verklirrter Herbst **Marcel Beyer** 264
Viel Klagen hör ich oft erheben **Gottfried August Bürger** 93
Vom armen B.B. **Bertolt Brecht** 205 f.
Vom Schwimmen in Seen und Flüssen **Bertolt Brecht** 201 f.
Vorschlag, die Architektur mit der Lyrik zu verbinden **Bertolt Brecht** 215
Wacht auf, denn eure Träume sind schlecht! **Günter Eich** 228 f.
Wahrhaftig, wir beide bilden **Heinrich Heine** 159 f.
Waldgespräch **Joseph von Eichendorff** 128 f.
Wandrers Nachtlied **Johann Wolfgang Goethe** 100
War ists, euer jugend zier, **Simon Dach** 20
Warum die schönen Baulichkeiten nicht beschriften **Bertolt Brecht** 215

Was bleibt von einer sehr gestorbenen Frau **Ursula Krechel** 259
Was fluchst du, Sylvia, wenn meine schwartze hand **Benjamin Neukirch** 49
Was gehn euch meine Lumpen an? **B. Traven** 202 f.
Was im Netze? Schau einmal! **Eduard Mörike** 142 f.
Was ist dein Lebenslauff und Thun, o Mensch? ein Spiel. **Daniel Czepko** 21 f.
Was ist die Welt, und ihr berühmtes gläntzen? **Christian Hofmann von Hofmannswaldau** 42
Was mehr als diese Zier **Daniel Czepko** 23
Was stehst du da und marterst dich, **Heinrich Christian Boie** 68
Weil die Angel offen stunden, **Daniel Czepko** 23 f.
Weltende **Else Lasker-Schüler** 180
Weltende **Jakob van Hoddis** 186
Wenn der uralte **Johann Wolfgang Goethe** 105
Wenn nicht mehr Zahlen und Figuren **Friedrich von Hardenberg (Novalis)** 119
Wenn nicht mehr Zahlen und Figuren **Friedrich von Hardenberg (Novalis)** 119
Wer bist du, Fürst, daß ohne Scheu **Gottfried August Bürger** 70 f.
Wer reitet so spät durch Nacht und Wind? **Johann Wolfgang Goethe** 103

Whisky ist transparent **Rose Ausländer** 258 f.

Wie er wolle geküsset seyn **Paul Fleming** 24

Wie herrlich leuchtet **Johann Wolfgang Goethe** 73 f.

Wie im Morgenrot **Johann Wolfgang Goethe** 81

Wie sich der Liebende freut, wenn nun die Geliebte, der hohen **Friedrich Gottlieb Klopstock** 94 ff.

Wieder fünf Stunden in T., fleißig **Lutz Rathenow** 265

Wiedersehen **August Stramm** 195

wien: heldenplatz **Ernst Jandl** 252

Wildnis. Gegen den Wind. **Johannes Bobrowski** 241 f.

Winternacht **Gottfried Keller** 153

Winterpsalm **Peter Huchel** 243

Wir Geretteten, **Nelly Sachs** 222 f.

Wir hämmern auf die Schreibmaschinen. **Erich Kästner** 208 f.

Wir können nicht klagen. **Hans Magnus Enzensberger** 244 f.

Wir sind doch numehr gantz, ja mehr denn gantz verheeret! **Andreas Gryphius** 28

Wir waren ruhig, **Wolf Wondratschek** 253 f.

Wo sind die Lerchen hingeflogen **Robert Prutz** 161 f.

Wo sind die Lerchen hingeflogen, **Robert Prutz** 161 f.

Wohin die Morgen als Pioniergruß zart **Durs Grünbein** 261

Wohl dir, dem noch der bleiche Mund **Ludwig Christoph Heinrich Hölty** 69 f.

Wonne glänzt von allen Zweigen, **Ludwig Tieck** 129

Wünschelrute **Joseph von Eichendorff** 145

Zeuch hin, betrübtes Jahr! zeuch hin mit meinen schmertzen! **Andreas Gryphius** 31 f.

Zum Flammentode gehn an Industranden **Karoline von Günderrode** 122 f.

Zwei Becken, eins das andre übersteigend **Rainer Maria Rilke** 181

Zwei Segel **Conrad Ferdinand Meyer** 167

Zwei Segel erhellend **Conrad Ferdinand Meyer** 167

Zwielicht **Joseph von Eichendorff** 126